高校思政课教学改革与创新研究

李鸿雁　张　雪　著

延边大学出版社

图书在版编目（CIP）数据

高校思政课教学改革与创新研究 / 李鸿雁，张雪著
. -- 延吉：延边大学出版社，2022.4
ISBN 978-7-230-03112-7

Ⅰ.①高… Ⅱ.①李… ②张… Ⅲ.①高等学校－思
想政治教育－教学研究－中国 Ⅳ.①G641

中国版本图书馆CIP数据核字(2022)第065663号

高校思政课教学改革与创新研究

著　　者：李鸿雁　张　雪
责任编辑：具红光
封面设计：正合文化
出版发行：延边大学出版社
社　　址：吉林省延吉市公园路977号　　　邮　　编：133002
网　　址：http://www.ydcbs.com　　　E-mail：ydcbs@ydcbs.com
电　　话：0433-2732435　　　传　　真：0433-2732434
印　　刷：廊坊市海涛印刷有限公司
开　　本：710×1000　1/16
印　　张：17
字　　数：270 千字
版　　次：2022 年 4 月 第 1 版
印　　次：2022 年 6 月 第 1 次印刷
书　　号：ISBN 978-7-230-03112-7

定价：72.00元

前　　言

　　高校思政课关系到培养什么人、怎样培养人以及为谁培养人这个根本问题，是加强大学生思想政治教育的主阵地和主渠道，其教学的实效性能够不断提高大学生的思想政治素质和道德素质，培养大学生正确的价值观念和科学的思维意识。但是，当前我们的高校思政课教学还存在一些问题以及与社会发展不适应的地方，这导致当前高校思政课教学的实效性和针对性都存在一定的不足。同时，全球化进程的推进、网络信息的更替，要求全面发展的人才既具有扎实的专业功底，又具有高尚的道德品质，还要具有除尘革新的意识境界，因此，对高校思政课教学进行改革创新显得尤为重要。

　　对当前高校思政课教学进行改革创新能够不断提高大学生的政治素质、思想素养，实现全员育人、全程育人、全方位育人，确保培养中国特色社会主义事业的合格的建设者和可靠的接班人。另外，对高校思政课进行教学改革创新最根本的途径就是要坚持党的领导，坚持用中国特色社会主义思想铸魂育人，引导学生自觉地将"爱国情、强国志、报国行"融入坚持和发展中国特色社会主义事业、建设社会主义现代化强国、实现中华民族伟大复兴的奋斗之中。

　　基于此，本书在内容编排上共设置九章，分别是高校思政课教学概述、高校思政课教学改革与创新的方向——增强学生的主体性、高校思政课教学改革与创新的方向——走融合发展之路、高校思政课教学方法的改革与创新、高校思政课教学模式的改革与创新、多媒体技术在高校思政课教学改革中的创新应用、高校思政课教学实效性评价体系的改革与创新、高校思政课教学创新研究——以"云课堂"为例、高校思政课实践教学创新研究——以"实践研学"为例。

　　本书结构清晰，内容流畅，思维缜密，逻辑性强，详细论述了高校思政课教学的相关内容，对当前进一步加强新时代高校思政课教学改革与创新具有十分重要的参考价值。

　　本书第一至第四章主要由张雪撰写，共计 11 万字；第五至第九章主要由李鸿雁撰写，共计 16 万字。

　　笔者在撰写本书的过程中，得到了许多专家、学者的帮助和指导，在此表示诚挚的谢意。由于笔者水平有限，加之时间仓促，书中涉及的内容难免有疏漏之处，希望各位读者多提宝贵意见，以便笔者进一步修改，使之更加完善。

笔者

2022 年 3 月

目　录

第一章　高校思政课教学概述

第一节　高校思政课教学
应遵循的原则

教学活动作为人类所特有的社会实践活动，需要遵循基本的教学规范。教学活动之所以是教学活动而非其他活动，表明了教学活动本身已经内在地包含或遵循了一定的教学原则。因此，教学原则在教育理论中占有十分重要的地位。高校思政课的教学原则反映了大学生思想政治教育的客观规律，是顺利开展思政课教学活动必须遵循的基本规范和工作准则。正确把握和运用思政课教学原则，对于促进思政课教学改革和提高教学实际效果具有积极的作用。

一、高校思政课教学原则的基础

（一）高校思政课教学原则的基本特性

高校思政课教学原则是指在我国高等教育中，根据思政课教学目的，总结思政课教学实践经验、反映思政课教学规律、用以指导思政课教学活动的基本准则。它是一般教学原则在高校思政课教学中的具体运用，是开展思政课教学必须遵循的基本要求。为进一步理解思政课教学原则的基本内涵，我们可以将其特性概括为以下方面：

第一，高校思政课教学原则的合目的性。教学目的是教学工作的出发点和归宿，它规定了教学活动的发展方向和预期目标，指导和支配着教学活动的各个方面。高校思政课是大学生思想政治教育的主渠道，是帮助大学生树立正确的世界观、人生观、价值观的重要途径，体现了社会主义大学的本质要求，是大学生长远发展的根本保证。这是思政课教学的性质、目的和任务所在，思政课教学原则必须符合这一课程性质和教学目的、任务的要求。

第二，高校思政课教学原则的合规律性。教学规律客观存在于教学活动之中，教学原则的任务之一就是要反映和体现教学规律。思政课教学规律，就是教学过程中诸要素之间内在的、本质的、必然的联系。思政课教学原则之所以是指导思政课教学活动的基本原理和行为准则，就是因为它反映了思政课教学规律的客观要求。因此，只有那些符合实际情况、真正反映思政课教学规律的原则，才是正确的、科学的，否则就是错误的、不科学的。

第三，高校思政课教学原则的抽象概括性。教学原则是在教学实践中形成的，但又不是对教学实践经验的简单归纳和总结，而是将概念原理体系化之后形成的理性认识，是通过深入的理论思维进行抽象的产物。高校思政课教学原则正是基于教学实践，对经过实践反复检验的教学经验进一步抽象和概括出来的。

第四，高校思政课教学原则的规范性。高校思政课教学原则是高校思政课教学活动的基本要求和准则，因而具有一定的规范性，但它又不是具体的教学规则或教学方法，而是高校思政课教学活动中根本性问题的最基本的解决方法。因此，我们必须全面审视和分析教学过程中的基本矛盾，并站在较高的视点来建构高校思政课的教学原则。

另外，随着高校思政课教学经验的不断积累和人们对思政课教学本质、规律认识的深化，高校思政课教学原则也在不断地变化和发展，并被打上鲜明的时代烙印。

（二）高校思政课教学原则的确立依据

高校思政课教学原则是在长期的教学实践中，紧紧围绕思政课教学目标、任务，通过不断认识和探寻思政课教学规律形成和发展起来的。它的确立既有坚实的实践基础又有科学的理论依据，既有丰富的思想借鉴又有现实的政策依据。

第一，高校思政课教学的实践经验，是思政课教学原则的直接依据。高校思政课教学原则，归根到底是对思政课教学实践及其客观规律主观认识的产物，是对思政课教学实践经验的概括和总结。人们在长期的思政课教学过程中，积累了许多成功的经验和失败的教训。这些经验和教训经过抽象、提炼和升华，最终形成了具有普遍指导意义的教学原则。由此可见，思政课教学原则来源于教学实践而又高于教学实践，它以思政课教学实践经验为依据，又对思政课教学实践具有指导意义。同时，教学实践也是检验教学原则是否正确的标准。

第二，高校思政课教学的客观规律，是思政课教学原则的根本依据。高校思政课只有遵循教学规律的客观要求，才能达到教学的预期目标和效果。作为高校课程体系的重要组成部分和大学生思想政治教育的主渠道，思政课教学原则既具有一般性规律，又具有自身的特殊性规定。换而言之，思政课教学的规律性，反映了其系统内部诸要素（教育者、受教育者、教学内容、教学方法等）之间的本质联系，决定了思政课教学的科学性原则、主体性原则、层次性原则等。高校思政课与社会经济、政治、文化等外部环境之间的必然联系，决定了思政课教学必须坚持方向性原则、求实性原则、渗透性原则等。因此，高校思政课教学原则是思政课教学规律的体现，思政课教学规律是高校思政课教学原则的内在依据。

第三，古今中外的教育思想，是思政课教学原则的理论依据。高校思政课教学原则不仅是对教学实践经验的抽象概括，也是在继承和借鉴古今中外教育思想或教学理论的基础上逐步确立和完善起来的。我国古代有着非常丰富的教育思想。随着现代教学理论体系的不断丰富和发展，教学原则体系也呈现出百家争鸣的态势，各个教学理论流派推出了诸多不同的教学原则体系，为我国高校思政课教学原则的确立提供了重要的理论来源。

（三）高校思政课教学原则的重要意义

高校思政课教学原则作为高校思政课教学活动必须遵循的一般原理或准

则，贯穿于思政课教学全过程，对思政课教学的顺利开展及其目标、任务的实现具有十分重要的意义。

第一，高校思政课教学原则，保障了思政课教学的方向。高校思政课不仅具有深刻的知识性和理论性，而且具有鲜明的思想性和政治性。作为大学生思想政治教育的主渠道，高校的思政课教学能否坚持中国特色社会主义政治方向和体现党的教育方针，直接关系到自身"培养什么人"的根本问题。高校思政课教学原则是思政课教学的基本准绳和法则。高校思政课教学原则的贯彻实施能够保证思政课教学的正确方向和体现社会主义大学的本质要求。

第二，高校思政课教学原则，影响着思政课教学实施过程。高校思政课教学原则作为教学活动的准则，在一定程度上决定着教师对教学内容、教学方法与手段、教学组织形式的选择，进而直接指导和调控着思政课的教学过程。在高校思政课教学过程中，教学原则作为最重要的因素之一，能够完成推动课程教学的任务。对高校思政课教学原则的研究，需要建立在对其特征、内涵足够了解的基础上。同时，研究人员还要明确其在高校思政课教学过程中的作用。

第三，高校思政课教学原则，促进了思政课教学的科学化。高校思政课教学原则是思政课教学规律的体现。思政课教学遵循相应的原则进行，就会更加科学化，思政课教学活动中的偏差和失误就会减少，教学活动就会变得顺畅而有效。相反，如果脱离教学原则的规范和要求，思政课教学活动就会失去科学性而难以取得实效。随着时代发展和国际、国内形势的变化，高校思政课教学的环境条件、任务要求、教学模式等将会出现新的特点和变化，与之相适应的教学原则也会在发展中不断丰富和完善。这就要求在教学原则指导下的高校思政课教学实践必须进一步深化改革，不断探索与创新，这无疑有助于提高教学的科学化水平。

二、高校思政课教学的根本原则

高校思政课教学的根本原则，是思政课根本问题的主观反映，因而是思政课教学活动的指导方针、根本要求和准则。这个根本原则就是理论联系实际。坚持这一根本原则是进一步加强和改进高校思政课教学、增强教学针对性和实效性的客观要求。

（一）高校思政课教学的针对性要求

坚持理论联系实际的根本原则，是高校思政课教学的必然要求。坚持理论联系实际的原则，是由思政课教学的任务和要求所决定的。从理论教育的角度来看，思政课教学只有立足于学生的思想特点，并结合恰当的现实材料，才能被学生深刻理解和领会；从能力培养的角度来看，能力总是和人完成一定的实践活动联系在一起的。离开了具体的实践，人的能力既不能表现出来，也不能得到发展。学生的思想政治品德及其分析、解决实际问题的能力正是在参加实践、接触社会的过程中逐渐形成的。由此可见，理论联系实际是完成高校思政课教学任务的必由之路和根本途径。

坚持理论联系实际的原则，是由大学生思想政治品德形成的过程的特点所决定的。人的思想政治品德是由知、情、意、信、行诸要素相互作用而形成的，这是一个辩证发展的过程。这一过程是在思想政治理论教育和社会实践相结合的基础上不断演进的。但是，学生对理论知识的认知并不能自然而然地转化为正确的世界观、人生观、价值观，还需要经过情感、意志、信念的催化。此外，学生更要在实践活动中履行一定的思想道德义务，才能完成从认知到行为的内化过程。实践对于促进大学生了解社会、了解国情，增长才干、奉献社会，锻炼毅力、培养品格，增强社会责任感具有不可替代的作用。因此，要促进大学生思想政治品德的形成与发展，把思政课的教学要求内化为学生的思想品质和价值观念，真正实现是非判断、价值判断和价值选择的统一，思政课教学就必须坚持理论联系实际的根本原则。

另外，如何引导大学生正确认识当今世界错综复杂的形势并把握国际局势的发展变化和人类社会的发展趋势，如何引导大学生正确认识国情和社会主义建设的客观规律，如何引导大学生正确认识自己肩负的历史使命，努力成为德智体美全面发展的中国特色社会主义事业的建设者和接班人，是思政课教学面临的重大而紧迫的课题。这就要求思政课坚持正确的教学方向，坚持理论联系实际，贴近实际、贴近生活、贴近学生，进一步深化教学改革与创新，不断开创教学新局面。

（二）高校思政课教学的时效性要求

高校思政课依然保持强大的生机与活力，根本原因在于始终坚持理论联系实际的原则和方法。面对新形势、新情况，高校思政课要贯彻理论联系实际的根本原则，应着重把握以下方面：

第一，掌握理论，了解实际——理论联系实际的基本前提。要做到理论联系实际，高校思政课就要有广博的知识积累和合理的知识结构，尤其要注重吸取哲学社会科学和自然科学方面的知识。这样，高校思政课才能在教学中有针对性地联系实际并对理论的内涵进行科学的阐释。因此，思政课教师必须充分地了解与教学有关的各种实际情况，如理论本身形成与发展的实际、学生的实际、社会的实际等。

第二，注重联系，强化分析——理论联系实际的关键所在。正确掌握理论和全面把握实际是理论联系实际的两大要素，而真正实现两者的有机结合和统一，关键在于抓牢"联系"这一环节：第一，理论联系实际要紧紧围绕教学目的，不要为满足学生的猎奇心理而脱离教学目的去盲目追求课堂教学的趣味性、生动性，甚至将理论教学娱乐化、庸俗化；第二，理论联系实际要以理论分析实际，以事实说明原理，既要帮助学生了解理论是如何从大量现象或材料中被科学地提取出来并反映客观事物本质的，也要帮助学生运用理论去分析、解决实际问题，在把握理论的基础上提高运用理论的能力；第三，理论联系实际要在内容和方法上寻求最佳结合点，教师要吃透大纲要求和教材内容，把握教学的重点、难点，精心设计教学方案，同时慎重选择贴近学生、贴近现实的典型材料，针对学生存在的普遍性问题，抓住重点，启发学生思考。

第三，内外结合，藏息相辅——理论联系实际的有效途径。在高校思政课教学中，教师要通过多种形式引导学生参加相应的课外主题教育和社会实践活动，帮助学生更通俗、直观地理解和掌握课堂理论教学内容，并运用所学的知识、原理分析和解决实际问题，这也是思政课贯彻理论联系实际原则的重要环节和有效途径。因此，高校思政课所有课程都应加强实践环节；建立和完善实践教学保障机制，探索实践育人的长效机制；围绕教学目标，制定大纲，规定学时，提供必要经费；加强组织和管理，把实践教学与社会调查、志愿服务、公益活动、专业课实习等结合起来，引导大学生走出校门，到基层去，到工农群众中去；通过形式多样的实践教学活动，提高学生思想政治素质和观察分析社会现象的能力，以达到深化教学效果的目的。

三、高校思政课教学的具体原则

高校思政课教学的具体原则，是理论联系实际这一根本原则的体现和运用。它是由多层次原则相互联系、相互作用而有机构成的一个系统。除一般课程的教学原则外，高校思政课还有因其自身特点而需要遵循的具体原则，如图1-1所示。

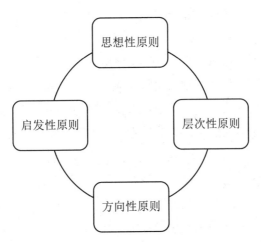

图 1-1　高校思政课的具体原则

（一）思想性原则

思想性原则，是指高校思政课教学不仅使学生掌握一定的知识、理论，而且通过相关知识、理论的传授对学生进行崇高理想信念和科学世界观、人生观、价值观教育，提高学生的思想道德修养和政治觉悟。知识性与思想性的统一，是任何课程教学永久体现教育性规律的反映。高校思政课教学贯彻思想性原则，对教师有以下要求：

第一，明确教学目的，认真钻研教材内容。贯彻思想性原则是实现思政课教学目的的重要步骤。思政课教师作为直接实施教学活动的主导力量，应充分认识这一原则的内涵及意义。其核心在于通过相关知识、理论的传授对学生进行思想政治教育，提高他们的思想觉悟和认识水平，而决不能单纯地把思政课看成知识、理论的传授。为此，教师要深入领会教材内容，准确把握知识、理论的科学性和思想性，做到方向明确、目标清晰，并在教学过程中，抓住重点、难点，以知识、理论的科学性突出教学的思想性，努力引导学生形成正确的科学观点；同时，以教学的思想性促进学生对相关知识、理论的学习和把握，提高他们对是非、善恶、美丑的分辨能力，以实现知识体系向信仰体系转化的目的。

第二，严格遵守职业道德，注重发挥人格魅力。高校思政课教师作为高校教师队伍的一支重要力量，是大学生健康成长的指导者和引路人。这一角色定位要求教师在贯彻思想性原则时坚持正确的政治方向，践行社会主义核心价值体系，遵守国家法律法规和教师职业道德，坚持学术研究无禁区、课堂讲授有纪律，帮助和引导学生形成正确的世界观、人生观和价值观；不断提升理论水平和人格修养，不仅注重以自己深厚的理论功底和深邃的学术魅力去吸引学生，更要注重通过自己的言行，以崇高的敬业精神和强烈的社会责任感，以及坦荡的胸怀、正直的为人、端庄的仪表去感染和熏陶学生，让学生从对教师的敬佩和信赖中自觉接受和认同相关知识、理论，并使他们通过教师的品行思考如何立志、树德和做人。

第三，紧密联系学生的实际情况，讲究教学方法艺术。贯彻思想性原则的根本目的，是以知识、理论为载体对学生进行生动的、有针对性的思想政治教育，引导学生把知识、理论转化为正确的思想观念和科学的人生信仰。为此，教师要正确处理知识性与思想性之间的关系，既不能单纯地进行知识、理论的传授而不回答和解决学生的思想困惑，又不能脱离知识、理论，片面强调思想教育而陷入空洞的说教。与此同时，教师要注重理论联系实际，根据学生的年龄特征和学习特点，通过多种多样的教学形式和方法，将思政课教学的知识性与思想性有机结合起来，充分发挥学生学习的主体作用，激发学生学习的积极性和主动性，最终使学生在知识、理论的学习上有提高，在思想、观念上有改进。

（二）启发性原则

启发性原则，是指在高校思政课教学中，教师要注重营造宽松、民主、和谐的教学氛围，激发和调动学生的主体意识和学习热情，启发和引导学生积极参与课堂和独立思考，促进学生对知识、理论的理解和掌握，提高学生分析和解决实际问题的能力。这一原则是教学与发展相互影响和相互促进规律的反映，教学不仅要给学生传授知识和技能，还要促进学生的思维、意志、情感及创造力的发展。高校思政课教学贯彻启发性原则，对教师的基本要求主要包括以下方面：

第一，发扬教学民主，确立学生主体地位。大学生既是思政课的教学对象，又是学习思政课的主体。高校思政课教学只有经过学生的思考、认同及内化才能发挥作用，只有调动学生的学习积极性，使其主动接受教育，才能产生良好效果。这一特点要求思政课教学必须树立正确的学生观，注重营造民主的环境和氛围，激发学生的主体意识，尊重学生的主体地位。只有建立民主平等的师生关系，学生才可能真正做到自由地、充分地提问和独立地思考，教师的启发才可能是有针对性的和有效的。

第二，创设问题情境，启发学生积极思考。贯彻启发性原则必须做到有的放矢，否则，教学活动就没有针对性。而所谓的"的"，就是要根据教学内容，结合学生关注的社会问题或其自身的思想困惑，创设一定的问题情境，教师以非真理代言人和学术权威的角色，引导学生在此情境中提出问题、积极思考和深入探究，使教学活动紧紧围绕提出问题和分析问题、解决问题而组织起来，并以此激发学生的学习兴趣，达到师生之间、学生之间的启发与互动。需要强调的是，问题情境的创设要具有新颖性、双向性和灵活性，并与思政课教学内容及学生的身心特点和思想实际相适应。

第三，运用多种方法，适当深化教学内容。贯彻启发性原则要摒弃机械的和教条的，而要以图文并茂、视听结合的问题形式来吸引学生的注意、唤醒学生的思维，以专题讲授、问题讨论、师生对话、案例分析、思维助产等多种方法激发学生的主体意识，引导学生进行思考探究，从而变单向灌输为双向互动、变注入式教学为启发式教学。同时，教学内容的选择和讲授要有适当的广度和深度，重点、难点要鲜明、突出，分析问题要深入浅出、循循善诱、有理有据，教师独到的视角和见解往往能给学生留下深刻的思考和启迪。

（三）方向性原则

所谓方向性原则，是指高校思政课要始终保持教育教学的正确方向。这一原则反映了高校思政课的根本性质和目的，体现了社会主义大学的本质特征。坚持正确的教学方向，既是思政课的价值所在，也是实现其价值的首要途径。在国际、国内形势发生巨大变化的新形势下，高校思政课坚持方向性原则显得尤为重要。

第一，贯彻方向性原则要突出理论指导。思政课教学只有真正做到科学性与政治性的统一、知识性与思想性的统一、理论与实践的统一，才能坚持以人为本，提高教学的针对性和实效性。

第二，贯彻方向性原则要增强使命意识。大学生历史使命感教育是思政教育中的一项重要内容，也是其成长成才的关键。大学生是民族的希望，他们的认知、意识和行动关系到社会主义核心价值体系的建立。他们要在复杂的社会环境中认清自己的社会角色，通过实践实现自身社会价值和自我价值的统一。家庭教育、高校教育、社会教育只有长期不懈地共同努力，形成强大的教育合力，才能引导大学生深刻领会自己肩上的历史使命，更好地肩负起社会赋予的责任和使命。

第三，贯彻方向性原则要讲究科学方法。教师要摒弃生硬的与教条的，解放思想，实事求是，通过精心设计和组织教学活动，探寻方向性原则与教学目标之间的契合点，进一步增强教学的亲和力和吸引力，使方向性原则贯穿于思政课教学的全过程。

（四）层次性原则

层次性原则，是指高校思政课教学要从大学生的年龄特征和身心特点出发，针对大学生们不同的学科专业、成长需求和思想状况等，区分对待，因材施教，有目标、有计划、分层次地进行教学活动，以进一步增强教学的针对性和实效性。这一原则的实质就是承认大学生的个体差异，在把握大学生整体思想状况的前提下，分析不同学生的层次特点，有的放矢地施加教育影响，从而实现教学的预期目标。因此，层次性原则是理论联系实际的根本原则的重要体现。高校思政课教学贯彻层次性原则，要求教师做到以下要求：

第一，深入调查研究，准确把握学生的思想特点。这是贯彻层次性原则的基本前提。要充分认识和了解学生的实际情况，就必须多层次、多角度、全方位地进行调查研究，既要结合他们的家庭因素、经济状况、成长经历等客观条件进行分析，又要联系其学科专业、认知特点、思维方式等主观条件加以认识，既要进行静态的观察，又要加以动态的比较。只有这样，才能科学地把握学生的不同状况和特点，从而有针对性地开展教学活动。

第二，整体统筹规划，合理确定教学的目标。在进行调查研究、了解学生特点的基础上，要区分层次，根据思政课教学的总体要求，针对不同学生群体的实际情况确立适宜的教学目标。例如，对于学生干部、党员和入党积极分子，应该坚持高标准、严要求，而对于一般学生则引导他们在遵循基本要求的基础上，不断追求更高层次的目标；对于文科专业的学生，可在知识、理论的深度和广度上进行深化和拓展，而对于工科专业的学生，则要求他们掌握一般要求。需要指出的是，贯彻层次性原则绝不是消极地适应学生的思想水平，而是着眼多数，鼓励先进，循序渐进，把先进性要求与广泛性要求结合起来，促使不同层次和特点的学生经过努力达到不同的教学目标，并都能在各自的基础上不断进步。

第三，根据不同对象，恰当地选择教学内容和方法。大学生作为一个整体，他们有着相当的智力水平、相近的心理发展特征，以及相同的校园教育环境和社会化任务等诸多共同方面。然而，不同学科或同一学科的不同专业又有着不尽相同的培养目标，他们的思维方式、成才目标以及所面临的困惑、问题等各不相同。这又导致了不同的大学生有不同的个性。这就要求教师在教学内容和方法的选择上既要遵循共同性、统一性的要求，又要根据不同学生的个性和特点而有所调整。

第二节　高校思政课的教学方法

一、高校思政课教学方法的特性

作为一种教学活动，高校思政课教学与其他学科的教学一样，在教学方法上有着共性。但是，思政课教学方法又有着与其他学科教学方法不同的特征，主要表现为以下方面：

（一）方向性与原则性

高校思政课的性质和地位决定了其教学方法的方向性和原则性。高校思政课是国家规定的大学生的必修课，它的开设体现了党的教育方针，是社会主义大学的本质特征，具有鲜明的政治性和意识形态性，是党和国家事业长远发展的根本保证，因而在整个高等教育中具有十分重要的地位和作用。明确高校思政课的这一性质和地位，对于教学方法的选择具有重要意义：它要求思政课教师必须明确教学任务和目标方向，从单纯地进行知识传授的教学思路中走出来，坚决克服主观盲目性和随意性，站在培养什么人、怎样培养人以及为谁培养人的政治高度，在思政课教学原则的指导下，围绕思政课的教学内容，针对教学对象的心理特点和思想实际，探索和研究科学的教学方法，以服务于高校思政课的教学目的，保证大学生成长成才的正确方向。

（二）时代性与启发性

高校思政课的课程设置及目标决定了其教学方法的时代性和启发性。高校思政课是对大学生进行思政教育的主渠道和主阵地。科学的课程设置是加强和改进思政课教学的基本环节。高校思政课课程设置，要体现与时俱进的理论品格，更好地适应时代发展的要求；要突出重点，更好地吸收理论和实践发展的最新成果。为此，高校思政课课程设置及其教学内容体系的时代性，要求思政课教学方法也必须突出其时代特征。从教学目标的角度看，高校思政课教学不仅要重视对大学生进行系统的教育，帮助学生掌握中国特色社会主义基本理论和基本观点，更要发挥学生的学习积极性和主动性，促进理论知识向素质能力的转化和知与行的统一，指导学生运用正确的世界观和方法论去认识和分析现实问题。教育的任务在于塑造学生的世界观，要求教学不仅要能促进学生知识量的增加，而且要能促进学生信念的形成，这就要求思政课教学坚持开拓创新，积极改革教学形式和方法，不断增强说服力和感染力，从而使学生坚定信念。

（三）针对性与多样性

高校思政课的学科特点决定了其教学方法的针对性和多样性。一般情况下，任何一门课程都有两个不同的对象，即学科的研究对象和课程的教学对象。而对于高校思政课而言，这两个对象却是统一的。高校思政课是我国特有的一门政治性、科学性和实践性都很强的学科。一方面，这门学科以大学生全面发展为目标，把大学生形成正确世界观、人生观、价值观的客观过程作为研究对象；另一方面，这门学科要遵循大学生形成正确的世界观、人生观、价值观的客观规律，把大学生作为课程的教学对象。"两个对象的统一"突出了大学生在思政课教学过程中的特殊地位。他们既是课程内容的学习者，又是课程内容的践行者。这就要求思政课教学方法的选择必须针对学生的思想实际和成长需要，才能取得教学实效。同时，高校思政课又是一门理论性和知识性较强的综合性学科，它不仅以科学的世界观、方法论来分析和回答问题，而且综合运用伦理学、政治学、经济学、历史学、心理学、教育学、法学、美学等多学科知识，并吸收和借鉴古今中外人类社会文明成果，使理论教育与文化知识融为一体。高校思政课的这一特性，决定了它不是仅靠单一的教学方法即可发挥教学实效的，而必须善于借鉴和采纳多学科的教学方法。

此外，随着科学技术的飞速发展和国际、国内形势的变化，以及教学环境和条件的改善和优化，高校思政课教学方法在新的情况面前绝不能故步自封、墨守成规，而必须在继承和发扬传统教学方法优势的同时，与时俱进、不断创新。

二、高校思政课教学方法的类型

（一）系统灌输法

系统灌输法是指采取讲解和报告等形式，系统地阐述思想政治问题或道德伦理问题，以提高学生的思想、政治、道德方面的认识水平和思想觉悟的方法。系统灌输法的主要作用在于，帮助受教育者形成并发展思想品德结构的"知""情""意""行"中"知"这一方面，即帮助学生形成和提高道德认识。

系统灌输法有利于发展学生的道德认识。在运用系统灌输法的时候，教师首先要了解学生现有的认识水平和学生在道德认识方面存在的问题，根据具体情况，进行讲解和报告。如，有的学生受家长和社会的影响，又看到一定时期内物价的局部上涨，产生了对目前改革形势的模糊认识。针对这种情况，教育者可以邀请改革政策制定部门的负责人或改革企业家谈谈改革的理论依据及改革过程的曲折性、艰难性等，提高学生的认识。

（二）对话、谈话及谈心法

1.对话法

随着年龄的增长，学生的独立意识和参与意识不断地增强，要求与领导、教师直接对话，表达自己的意愿和对学校、班级中各种事情的想法。因此，对话就成了沟通领导、教师与学生心灵、思想的通道，对话也就成了对学生进行思想政治教育的新形式、新方法。

①对话的前提——真诚。对话的目的是教师和学生双向敞开心扉，沟通情况，互相理解，使学生得到哲理的启迪、心灵的感染和情操的熏陶，达到分清是非、坚定信念、升华精神境界的目的。作为教育者的教师要在对话中给学生以诚挚感、信任感。教师要做到两点：一是讲真话，讲心里话；二是说话算数。

②对话的基础——平等。"对话"要求教育者与被教育者必须处于地位完全平等的状态。教育者必须有诚恳、谦虚的态度。

③对话的目的——沟通思想、激励前进。对话的目的是领导者、教师与学生互激、互励、互促、互教。在对话中，教师既要受学生的监督和批评，又要培养学生追求真理的精神、通情达理的品质，引导和激励学生奋发向上、努力进取。

2.谈话法

个别谈话是教师做好学生思政教育的基本途径。与学生个别谈话时，教师要注意力集中，针对性强，观点明确，意见表达完整，反馈迅速。个别谈话进行的必要条件有以下几点：

①有信任感。相互信任是个别谈话的首要条件。当教师得到学生信任后，学生会把教师看作亲近的人，教师的话具有真实性和正确性，学生会把教师的要求变为自觉的行动。

②循循善诱，以理服人。对学生提出的问题，教师要及时予以解决。教师在各种情况下，都要注意学生的思想情绪，引导学生不断进步。

③采取合适的方法。跟学生谈话是为了解决问题，所以教师要依据学生的不同性格和气质采取不同的方法。对自尊心强的人，教师在说话时应多采取暗示法启发其领悟；对感情易于冲动的人，教师要特别注意不说有刺激性的话。教师在谈话时一定要以平等的态度对待学生，要以诚相待，尊重学生的人格，这样才能使学生保持心理平衡，不断激发其上进心。

3.谈心法

集体谈心是教育者召集两个或两个以上受教育者,通过谈心、讨论的形式,解决受教育者思想品德发展过程中出现的问题的方法。集体谈心法解决问题的范围不限于受教育者思想品德结构的"知",即道德认识这一方面,也可以是"情""意""行"等方面,受教育者的思想品德发展过程是受教育者现有思想品德结构与社会要求之间矛盾发展的过程。受教育者由于思想品德发展水平或自我评价水平有限,意识不到矛盾的存在,而教育者要帮助受教育者意识到矛盾的存在并加以解决,集体谈心法是一种很好的方式。

要运用好集体谈心法,教育者平时对受教育者的观察是关键,教育者在谈心之前要有充分的准备。首先,教育者要确定谈话主题。倘若个别人有思想上的矛盾,谈话的主题可以小一些;倘若班级中大部分人有共同的问题,教师先找班干部商量,再确定谈话主题。其次,教师要注意寻找学生思想或行为上的问题,在此基础上展开对话。在谈心过程中,教师要确保与学生的谈话能围绕一个中心进行,一次只解决一个问题。最后,在与学生对话过程中,教师要态度诚恳,开诚布公,慎重选词,尽量发扬民主,使学生处于与教育者平等的地位,让学生敢于发表自己的看法,这样才能使谈话顺利进行,真正解决问题。

现在的学生思想活跃、善于思考,但由于他们受知识背景或思想品德发展水平的限制,不能正确地解决自己思想上的问题。集体谈心法对目前的教育者而言有更重要的意义。

(三)陶冶情操法

学生喜欢鲜艳的色彩、悦耳的声音、芬芳的气味。随着年龄和知识的增长,学生希望开展既有思想性又有艺术性的文学、音乐、舞蹈、戏剧表演和绘画等艺术活动,以开阔视野、增长知识、活跃课余生活、陶冶情操。

美的环境是保障学生身心健康的重要条件。教师要引导学生创造舒适、美好的生活和学习环境。例如绿化、美化校园,使校园保持整洁、美观的面貌。教室桌椅排列整齐,门窗明亮,窗台上放些盆花,有利于学生健康成长。

高校应根据自己的特点建设富有特色的校园文化,使校园成为文明的乐园。例如，在走廊内陈列学生的绘画和艺术作品，举办周末文艺晚会、艺术节、体育节等，使校园充满歌声、笑声、欢乐声。

班风、校风是集体成员精神面貌的反映，既是集体培育的结果，又是影响集体的教育因素，优良的校风、班风是学生在耳濡目染、潜移默化中，逐渐养成良好的道德情操的必然条件。

美好的环境（包括自然和社会环境）不仅能使学生感到舒适、愉快，而且能对学生的思想情操产生良好的影响。

（四）榜样示范法

榜样示范法是指通过革命领袖、革命先烈、英雄模范等先进人物的优秀事迹、模范行为影响学生的意识和行为的一种思想教育方法。

树立榜样，以感人的先进事迹及其具体、生动的形象为学生树立学习的典范，能够产生强大的感染力、说服力，对学生社会主义觉悟的形成、共产主义品质的培养有较大的影响，并能成为学生奋发向上的驱动力量。

榜样示范要"高、近、小、行"结合。"高"就是让高大的英雄模范人物的形象在学生心中扎根。"近"就是选择和学生生活有密切联系，学生经常碰得到、看得见、学得到的先进人物作为榜样。"小"就是学先进只能一点一滴地学，从小事做起，从我做起，从现在做起，教师不能抽象地提出过高的要求。"行"就是教育学生在正确认识的指导下形成信念并指导自己的行动。

（五）"导之以行"法

"导"就是要从学生的实际出发，采取正确的、学生容易接受的教育方法，引导其健康地成长。

坚持疏导的方针组织教育活动，是符合青少年学生的特点的。学生正处在体力、智力、技能、创造力逐渐形成和发展的时期，好奇、好动、好思考、好表现自己，自尊、敏感、求知欲强，奋发上进。此外，这个阶段的学生还爱好广泛、富于幻想、喜欢冒险、崇拜英雄行为等，正是接受教育的极好时机。

教育作为一个复杂的系统，又是分层次的，并具有不同类型。学生在思想意识上、个性气质、兴趣爱好等方面多有不同，教师如果对学生只是采取"堵"的办法，实际上就是否认学生的个性特点，因而在教育过程中也就不可能理解学生的心理需求。这难免使教师处在与学生对立的地位，发挥不了思想教育应有的作用。

在对学生进行教育实践的过程中，贯彻疏导方针是一项复杂而艰巨的任务，教师要善于因材施教。

教师善于抓住学生思想上的"兴奋点"。兴奋点就是反映在学生身上的思想敏感点。教师不能用"堵嘴巴"的办法教育学生，思想是堵不住的，重要的是要引导学生思考问题，并以爱护之心，帮助学生分清是非，辨明善恶。疏导比批评好，正面引导效果较好，学生进步较大。

教师要真切了解每个学生的个性特点，有针对性地做好疏导教育工作。一个班的整体学生存在优秀生与后进生之别。如果教师只爱优秀生，对优秀生的缺点姑息、迁就，而对后进生情感淡漠，稍有差错就加以训斥，那就必然造成优秀生的缺点得不到纠正，后进生失掉上进心。优秀生、后进生都得不到应有的指导和教育。因此，教师必须面对全体学生去做工作，必须从学生的实际情况出发，实事求是，循序渐进。导之以行的工作方法是行之有效的好方法，导之以行才能使学生的思想境界向新的目标升华。

第三节　高校思政课的教学内容

落实好立德树人根本任务，发挥好高校思政课育人主渠道功能，需不断提升教学实效，以增强理论说服力、课堂吸引力、时代感召力。课堂教学总是围绕一定的内容进行的。一般而言，教材是教学的基本材料，包含着教学的主要内容，但教材内容不等于教学内容。在实际的课堂教学中，在深入研究教材和了解学生的基础上，教学内容如何安排、教学主题如何升华等问题，教师都需要给予高度关注。

一、高校思政课教学内容的选择

教学内容是指根据教学目标有目的地选择并按照一定的逻辑思路组织编排而成的知识体系。这种知识体系主要通过教师为实施教学活动而设计的具体教学方案中表现出来，体现了教师对教学内容的选择和安排。

（一）教学内容的选择依据

一般而言，教科书是教学内容的主体，但仅仅依据教科书来安排全部教学内容是不够的。教师选择和安排教学内容必须有以下多方面的基本依据。

1.时代发展需求

教育作为培养人的活动，总存在于一定的现实社会之中，要适应社会发展的需要。尤其是思想政治学科，具有更强的国家意志和时代特色，其教学内容的选择必须反映国家和社会发展的要求。

（1）体现国家的要求

思想政治学科是培养学生社会主义公民素质的课程，重点是要提高学生的符合我国社会主义发展要求的思想政治和思想品德素质。因此，思想政治学科教学内容必须体现国家思想道德建设的基本精神，反映国家对青少年思想政治和思想品德素质的基本要求。

（2）反映社会发展的要求

一方面，社会生产力的发展水平、经济政治制度、社会意识形态，都会对学生的素质提出一定的要求，而且随着社会的发展，这种要求会不断变化。思想政治学科教学内容必须体现这种社会要求的变化，能够引导学生认同社会主流的价值观念、思想意识和社会生活方式，使学生能够适应社会，并肩负起改造和建设社会的重担。另一方面，学生是社会中的一员，以后要走进社会，适应社会生活，这也要求思想政治学科教学内容要考虑让学生接触社会、了解社会，掌握一些解决社会问题的基本技能。

2.思想政治学科特点

每个学科都有自己特定的学科内容。思想政治学科作为一门独立的课程，有与其他课程不同的性质和任务，也有体现这种性质和任务的不同内容。因此，思想政治学科教学内容设计必须考虑本学科的特性，以本学科的内容为边界。在坚持教学内容体现学科性的基础上，教师在选择教学内容的过程中还要注意教学内容的现代化，实现教学内容的不断更新。例如，思想政治学科教学内容要引入本学科发展的新理论和新思想，展现我国社会主义建设的新成就和世界发展的新趋势，用正确的观念去研究、分析社会发展的新形势和面临的新情况、新问题等。

3.课程标准与教材

思想政治学科课程标准是国家最高教育行政部门制定的，规定了课程性质、课程目标、课程内容要求等，并用以指导、规范、评价课程与教学活动的纲领性文件。它是学生通过该课程的学习所要达到的最基本要求的原则规定，体现了该课程的基本内容范围和思路，为教师提供了选择教学内容的根本依据。

思想政治学科教材是依据课程标准编写的，是课程标准的具体化。教材承载着教学的主要内容，是实现教学目标的重要工具。课程标准明确规定了思想政治课程的教学目标和课程内容，这些目标和内容主要通过教材体现出来，也需要借助教材在教学中实现。教材不仅编选了学科的相关知识，而且以一定的知识为基础和载体，引导学生运用基本知识和观点去分析说明实际问题，培养学生的学科能力，并将一定的观点、思想转化为学生的认识、信念，成为他们言行的准则，促进学生情感态度及价值观的形成。

4.教学主体目标

教学内容是为实现教学目标服务的，教师对教学内容的选择要围绕教学目标进行，看哪些内容最能体现教学目标。例如，解释某一概念或原理，应选用能够充分说明概念或原理的典型事例，而不应该罗列与概念和原理关系不密切的许多例子，或者对事例的某些细节即兴随意发挥。一节课的教学内容一定要精当，教师要深入钻研教材，依据教学目标，瞄准教材的重点、训练的难点、学生的疑点、语言发展的生长点、技能的培养点、情趣的激发点、思维的发散点、合作的讨论点、育人的关键点、知识的引申点等，在此基础上精选出教学内容。精选出的教学内容要指向教学目标，为实现教学目标服务。

5.学生的实际情况

教学内容最终是供学生学习用的，这就意味着应将学生自身特点作为教学内容设计的重要依据。

（1）考虑学生的身心特点和思想特点

学生的身心发展在各年龄阶段会呈现出不同的特点，教学内容的深度、广度和结构，要符合他们的年龄特点，既不能超过学生可能接受的限度，又要能促进学生智力的发展。同时，学生思想活跃、思维敏捷、勇于创新，但由于缺乏社会经验、生活范围狭窄，往往对社会现象和人生的有关问题产生片面的看法，教学内容要及时反映学生的思想特点，力图解决学生的思想问题。

（2）符合学生的生活基础和发展需要

贴近学生生活、符合学生发展需要的教学内容，能够更好地激发学生的学习兴趣和动力，使学生乐于接受，提高学习效率和质量。也只有这样的内容，才能更好地为学生的终身学习和未来的各项活动奠定基础。

（二）学科教学知识的选择特性

思想政治学科教学内容的基本性质是知识，它具有间接经验和直接经验两种形态。间接经验即理论化、系统化的书本知识，主要包括学科的基本概念、基本原理、基本观点等，它是人类认识的基本成果；直接经验是与学生现实生活及其需要直接相关的知识和技能，如社会生活经验、学生观察和处理各种现象和现实问题的经验与技能技巧等。在思想政治课堂教学内容的选择过程中，教师无论选择怎样的知识，都要坚持科学性、基础性、可接受性等方面的要求。

第一，科学性。科学性指教学内容观点准确、论据确凿、表述规范。教学内容中涉及的基本概念、基本原理和基本观点，都应该是经过实践检验过的，具有科学性和真实感。科学和真实，是思想政治教育的重要特征，也是提高思想政治课程可信度的重要基石。只有教学内容科学真实，才能使学生相信并践行，起到教育人、感染人的作用。

第二，基础性。基础教育阶段主要是为学生发展奠定基础的，因此，各学科教学内容的选择都要注重基础性，思想政治学科也不例外。一方面，思想政治课教学内容应该是本学科的基本知识和技能；另一方面，思想政治课教学内容应该能够使学生终身受益，能够为学生终身发展奠定基础。

思想政治学科涉及经济、政治、文化、哲学、道德、法律等多方面的知识，其中每一方面都有严密的逻辑体系和丰富的知识内容，思想政治课教学不可能严格按照这种学科的理论体系对每一方面的知识进行系统完整的教学，必须着眼于学生的终身发展，精心选择适应学生终身学习要求的教学内容，这些内容应该具有基本性和迁移性的特点。所谓基本性，就是所选择的教学内容能够为学生形成基本的思想品德和思想政治素质奠定基础；所谓迁移性，就是所选择的教学内容与其他学科的理论及现实生活有较强的关联，能够在新的情境中解决问题，并在解决问题的过程中提高学生的知识、能力和思想素质。

第三，可接受性。可接受性指立足于教学目标，把高难度和量力性原则有机结合起来，使内容的难度恰好落在学生通过努力可以达到的潜在能力的"最近发展区"上。为此，教师要把握好教学内容的广度和深度。广度是指教学内容的宽广程度，广度控制不好，内容太多，学生难以消化；深度是指教学内容的难易程度，教学内容过深、过难，学生不易理解，会挫伤学生学习的积极性，影响学生的学习兴趣。

（三）教学素材选择的分类与特性

教学素材也称教学材料，是教学内容的各种形式的载体。这里说的教学素材主要是指教师在教学中用以分析和论证基本知识的各种材料，它与思想政治学科知识密切联系，也是教学内容的重要组成部分。思想政治课教学中对基本概念、基本原理、基本观点的分析，都要以客观事实为依据，都需要借助大量的教学素材来论证，同时思想政治课相关理论相对枯燥，学生往往学习热情不高、动力不足、兴趣不大，这也要求思想政治教师在教学中要善于抓住社会热点和敏感问题，收集和运用各种最新的素材充实和说明理论观点，提高学生的学习兴趣，增强思想政治课的吸引力。可见，教学素材在思想政治课教学中具有重要意义。

1.教学素材的分类

思想政治学科的教学素材多种多样，我们可以从不同的角度进行不同的分类。

第一，根据教学素材的载体进行分类，主要有文本素材、图表素材、音像素材、课堂生成性素材等。

文本素材是指以文本形式呈现出来的教学素材，包含文本形式的政策法规、时政要闻、故事案例、名人名言、习题试卷等。文本素材一般比较容易获得，也便于加工和整理，在常规课堂教学中最为常见。

图表素材是指以图表、照片、漫画等形式呈现出来的教学素材，这类素材比较形象直观，便于学生观察、分析。

音像素材是借助媒体声音、动画、录像、影视资料等表现出来的教学素材，这类素材能对学生的感官产生直接影响，给学生带来极大的视听享受，有利于激发学生学习的兴趣，深受学生追捧和喜爱。

课堂生成性素材是指在课堂教学过程中动态生成的资源，有随机性、突然性、生活性的特点，比较考验教师的捕捉和应激转化的能力，如果教师能灵活机智地处理，往往会起到出其不意的效果。

第二，根据教学素材的内容进行分类，主要有情景材料、事例材料、引文材料、数据材料等。

情景材料一般是教师借助语言、实物、现代化教学手段等创设的教学情景，这类材料通常是生活中的人物、场景等的再现，具有生活化的特色。

事例材料一般是国内外时事热点、寓意深刻的历史典故、生活中的典型事例等，这类材料具有时代性、综合性的特点，可以锻炼学生提取有效信息，进行科学的判断、推理、归纳、预测，以及分析、解决问题等方面能力。

引文材料一般是著作中的原文、名人名言、党和国家领导人的重要讲话或指示、新闻媒体中的重要文章或国际、国内社会生活中有一定倾向性的观点，这类材料的共同特点是涉及重大的理论问题或者当前社会生活中的热点问题。

数据材料一般是用来表现有关事物状况的数据和表格，如环境、资源、产业等的发展信息。

第三，根据教学素材的呈现方式进行分类，主要有静态素材和动态素材。

静态素材是教师通过文字、实物、多媒体等方式，将文本、图像、模型等直接呈现给学生的一类素材。

动态素材是指教师借助或设计一个真实的情景，如采用角色扮演、科学实验、辩论赛、游戏等方式呈现给学生的一种素材形式。相对于静态素材，动态素材具有活动性、间接性等特点，其呈现大多需要学生的参与和配合，因而更受欢迎，学生的参与度高、兴趣浓厚。

2.教学素材选择的特性

在思政课教学内容的选择过程中，无论选择怎样的教学素材，教师都要坚持典型性、真实性、新颖性、趣味性、可探究性等方面的要求。

（1）典型性

教学素材是用来引导学生分析和论证相关理论知识的。因此，教学素材所提供的信息和资料，必须最大限度地蕴含相关的知识和道理，使学生能够通过对素材的分析理解和掌握相关学科知识，完成教学任务，实现教学目标。教学素材在体现某种观点的同时，还要尽量考虑对学生的教育作用，力求情趣高雅、格调高尚，有利于学生陶冶情操、勤奋向上，促进学生养成良好的政治思想道德素质。教师要切忌选择低级庸俗的素材，避免因素材选用不当而对学生的健康成长产生消极影响。

（2）真实性

只有真实的素材才最具有说服力，才能更有效地提高学生的兴趣，充分调动学生的积极性，让学生在良好的状态下完成学习任务。为此，教学中所选用的素材要尽可能真实、具体，让学生信服。即使教师出于某种原因需要对素材进行虚构，素材也要源于生活和实际，与真实的情况相接近。

（3）新颖性

选用的素材要尽量源于现实生活，是现实生活中新发生的情景和事件。所选用的素材离现实越近，离学生越近，学生越觉得真实可靠，参与讨论的积极性就越高，教学效果自然也就越好。即使选用的是旧的素材，教师也要注意赋予其新的含义，从新的角度提出问题，引导学生从新的角度去分析讨论。

（4）趣味性

选择的素材要力求具体、形象、生动，具有较强的吸引力，能够激起学生的兴趣和求知欲望，引发学生的积极思考和探索，使他们积极主动地分析、研究其中蕴含的理论知识和基本观点，并使学生对所学的理论知识有认同感。

（5）可探究性

素材是用来让学生在发现和解决问题的过程中建构知识的，所以素材应有一定的复杂性和对不同观点的包容性，能够让学生在认知上产生冲突，具有分析探讨的价值，能够启发学生的思维，引导学生深入思考。

二、高校思政课教学内容的编排

教学内容编排，是指对选定的教学内容进行合理的组织和安排，使之形成系统化的教学内容体系。在课堂教学内容选定后，教师就需要对这些内容进行恰当的编排，以使学生能够快速有效地掌握知识，顺利地达到教学目标。

（一）内容编排的主要取向

在教学内容的组织编排上，长期以来存在着多种不同的认识和取向。了解这些教学内容编排的取向，对于教师掌握教学内容编排的方法，开展教学内容编排的实践都具有重要意义。一般而言，教学内容的组织编排主要存在以下取向。

1.直线式与螺旋式

所谓直线式，就是遵循学科自身的逻辑联系，按照教学内容在学科体系中的先后顺序进行线性排列。所谓螺旋式，就是要强调教学内容在不同学习发展阶段的层次性，根据不同阶段的教学目标，对教学内容进行不同程度、不同层次的组织编排，形成一个教学内容随着学习阶段的发展螺旋式上升的内容体系。

直线式与螺旋式也是各有利弊的，一般而言，直线式可以避免不必要的重复，螺旋式则容易照顾到学生认知的特点。以往我国思想政治学科教学内容的组织编排取向主要是直线式的，现在则更注重螺旋式的思维特点，力求形成直线式前进与螺旋式上升并重的教学内容体系。

2.知识序与认知序

所谓知识序，是指学科知识内在的逻辑性。任何学科的知识都是一个有机的统一体，其事实、概念、法则、原理之间是相互联系的，具有内在的逻辑性、系统性、连贯性，这种内在联系即为知识本身的"序"。教学内容的组织编排，要尊重学科知识本身的系统性，不能完全脱离学科知识的内在逻辑体系。所谓认知序，就是指学生学习活动内在的认知规律。学生的认识发展遵循从已知到未知、从感知到理解、从巩固到运用、从具体到抽象、从易到难、由简到繁、由近及远的过程，而且教学活动只有在与学生原有的经验、知识、能力等联系起来时，才能在最大程度上激发学生的学习兴趣与学习积极性，这就是学习者的认知序。教学内容的组织编排，必须考虑学生现有的智能水平和心理特征，遵循学生的认知发展规律。

学科的知识序与学生的认知序是不一样的，它们各有特点和优势，以往我国的思想政治课教学中，往往更多地强调知识序，忽略或淡化认知序，这种做法虽然有利于学生对学科知识的系统把握和完整理解，但难以激发学生的学习热情，难以调动学生学习的积极性和主动性。随着基础教育改革的发展，现在思想政治课教学强调知识序与认知序结合。教学内容的组织编排既要考虑知识序，又要遵循学生的认知序。教师要通过对教学内容的合理组织，把学科的知识结构和学生的认知结构很好地结合起来，促进学生的发展。

3.学科逻辑与生活逻辑

所谓学科逻辑，就是指按照学科知识本身的逻辑结构和内在联系来组织教学内容，强调学科知识的系统性和完整性。所谓生活逻辑，就是以社会生活和学生生活为基础，按照学生的生活经验和生活需求来组织编排教学内容，强调教学内容的生活化。

以往我国思政课教学内容主要是按照学科逻辑来编排的，强调学科体系的完整性和知识的系统性，这有利于学生对学科知识的系统理解和运用。随着基础教育改革的发展，思政课教学内容的组织编排更关注学生的生活逻辑，强调紧扣社会生活的主题，立足于学生现实的生活经验，着眼于学生的发展需求，把对理论观点的阐述融入社会生活的主题之中，力图实现学科知识与生活现象、理论逻辑与生活逻辑的有机结合。

4.纵向组织与横向组织

所谓纵向组织，是指按照一定的依据和标准对选定的教学内容按照先后顺序进行排列。教师既可以按照学科自身的知识体系进行排列，也可以按照学生的认识规律进行排列。通常比较一致的做法是按照学科内容的逻辑顺序，兼顾学生认识发展的规律，遵循由浅入深、由易到难、由简单到复杂、由具体到抽象的原则进行组织排列。横向组织是指打破学科之间的界限和传统的知识体系，探求选定的教学内容之间的横向联系，并根据这种新的联系对内容加以整合，形成一个有机整体。教学内容的横向组织是与学科发展综合化的趋势相一致的，它有利于消除学科之间彼此孤立、壁垒森严的对立局面，设计出不同于学科知识结构的综合性内容体系，也有利于把学生的需要、兴趣、经验等整合在一起，激发学生的学习积极性和主动性，提高学习效果。

以前我国思想政治课教学内容主要是以纵向组织的，强调按照学科自身的逻辑结构和学生的认识规律构建课程与教学内容体系。近年来的思想政治学科教学改革则在保持纵向组织的同时，特别重视横向组织，形成一个立体的教学内容编排方法。事实上，思想政治学科具有很强的综合性特点，加强教学内容的综合性，重视学科知识与社会实际和学生经验的整合，实现纵向组织与横向组织的有机结合，应该是教师坚持的方向。

（二）内容编排的常见方式

编排课堂教学内容，传统的做法往往是对教材内容结构进行简单的复述，呈现的是教材中的知识线，是线性的、平面的，往往很难引起学生的思维冲突，很难唤起学生的参与意识。

　　随着基础教育改革的发展，现在对教学内容的编排，强调从既定的教学目标出发，根据学生的认识规律、情感与能力发展的规律，设置问题情境，激发学生的思维，以任务驱动的方式，让学生完成一个个学习目标。在这种改革的背景下，多种多样的教学内容编排方式被开发出来，每种编排方式都各有利弊，教师要善于权衡利弊、恰当选择、取长补短、综合运用。总结广大思想政治教师的教学实践经验，教学内容组织编排的常见方式主要有以下四种：

　　①以教材思路为中心编排教学内容。教材是教学的主要材料，包含着教学的主要内容。同时，教材本身就是兼顾学科知识和学生认识发展规律而编排的内容体系，有系统的逻辑结构和密切的内在联系。因此，教师在确定教学内容的基础上，可以依照教材的编写思路和内容线索，对教学内容进行组织编排，形成教学内容体系。

　　②以基本概念和原理为中心编排教学内容。每节课教学都是以一定的概念、原理为基本内容的，因此，以基本概念和原理为中心编排教学内容是课堂教学中组织编排教学内容的一种重要方式。教师可以在全面系统地研究教材的基础上，以基本概念和原理为核心，设疑激趣、精心点拨、重点突破、带动全局。这种教学内容编排方式的基本结构是：一般性概括引入—论述——般性概括总结。

　　③以案例为中心编排教学内容。思政课教学离不开案例，案例教学有利于充分调动学生学习的积极主动性，引发学生的思考和联想，也符合学生的认知规律。因此，以案例为中心编排教学内容也是可行的，教师可以以案例承载教学内容，通过引导学生分析案例，总结出基本结论。这种教学内容编排方式的基本结构是：呈现案例—分析案例—得出结论。

　　④以问题为中心编排教学内容。基础教育改革关注过程与方法，注重培养学生的问题意识以及提出问题、分析问题、解决问题的能力。因此，以问题为中心编排教学内容也是不错的选择。通过提出问题、分析问题、解决问题，学生不仅可以得出结论，而且可以体验解决问题的过程和方法，这对启发学生思维和培养学生能力大有好处。这种教学内容编排方式的基本结构是：提出问题—明确标准—选择方法—解决问题—得出结果。

无论采用何种方式编排教学内容，都要注重教学内容的系统性、简洁性和最优化。

所谓系统性，是指知识之间要纵横联系、相互沟通。从纵的方面看，知识脉络要清楚，上下位联系应环环相扣。从横的方面看，教师不仅要注意本学科同层次知识间的相互联系和贯通，同时也要注意与邻近学科知识间的相互联系、贯通与渗透。这样，学生在掌握知识时就可左右逢源、上下贯通，形成"点成线、横成片"的知识结构。

所谓简洁性，就是课堂教学内容的编排要简单明了、通俗易懂，以方便学生理解。在日常教学中常会有这样的现象：教师自认为已经选取了良好的教学内容编排方式，但学生仍会在课堂教学中迷失。这可能就是因为教师没有注意教学内容组织编排的简洁性。因此，教师对教学内容的编排要力求思路清楚，抓住重点内容和环节，忽略不重要的内容和细节。

所谓最优化，是指通过教学内容的合理编排让学生在最短的学习时间内获得最佳的学习效果。学习受多种因素制约，教学内容的编排也应有多种不同的方式。根据系统论"整体大于各部分之和"的观点，各部分最优并非就能达到整体优化。因此，在进行教学内容编排时，除了考虑各部分内容的优化以外，教师还要充分考虑各种制约因素的协调，把握各部分内容上下左右的衔接，努力达到整体最优化的效果。

三、高校思政课教学内容的呈现

将选择、编排好的教学内容呈现出来，是教学内容处理的一个重要方面。呈现方式不对，再好的教学内容也无法转化为学生的知识。在传统的接受式教学中，教师呈现教学内容的手段主要是借助自己的语言，这是因为语言是教师传授知识的主要方式，在引导学生学习、启发学生思维、实现教学目标等方面也具有重要作用。在现代课堂教学中，教师的教学语言仍然是教学内容呈现、教学信息传递的重要手段，尤其是教学口语。大量的教学内容和教学信息，都是教师借助口头语言向学生呈现和说明，并使学生理解和接受的。教师在运用教学语言呈现教学内容时，必须做到语言规范流畅、内容科学有序、表述情理交融、语言生动形象等。随着基础教育改革的发展，除了借助语言呈现教学内容以外，广大教师还适应改革发展的要求，对教学内容的呈现方式进行了大量的探索，形成了呈现方式多样并存的局面。

（一）教学内容可视化

教学内容可视化就是指教师利用展示实物、模型、图表等直观教具，或运用板书、板画、数字化媒体等教学手段将教学内容形象化、具体化。教学内容可视化的主要特征是加强教学的直观性，通过学生有目的、有计划的知觉活动，由现象到本质、由具体到抽象的思维活动，促进学生对知识的理解和掌握，激发学生的学习兴趣，培养学生的观察能力、思考能力和实践能力。

思政课有很多教学内容比较抽象，学生不好理解和把握；思政课也不只是向学生传授知识，还需要激发情感、引导行为。这种教学内容和教学任务的特殊性，要求教师在教学中要借助各种直观手段，将教学内容直观形象地展示出来。随着现代教育技术的发展，各种现代教学媒体为教学内容可视化提供了良好的机遇和条件，广大教师要善于运用。

（二）教学内容活动化

教学内容活动化，就是指在教学中设计多样的活动，以活动承载教学内容，通过引导学生参与相应的活动，帮助学生体会和把握教学内容。美国的实用主义哲学家、教育家杜威强调教学不应该是直接向学生注入知识，而应该是诱导学生全身心参与活动，以活动为媒介间接传递信息知识。在思政课教学中，学生不仅要掌握学科知识，还要经历探究的过程，在探究的过程中掌握基本的方法和技能，同时形成求真务实、勇于创新、积极实践的科学态度，提高自己思想品德和思想政治素质。要达成这样的教学目标，教师需要借助一定的活动，让学生在参与活动的过程中得到全面发展和提升。

（三）教学内容情境化

教学内容情境化，就是指创设生活化的教学情境，寓教学内容于教学情境之中，引导学生对教学情境进行感知、体验，领悟其中蕴含的道理。教学情境是教师根据教学目标、教学内容和学生的实际情况，引入或创设的反映生活特点和生活状况、具有一定情感氛围的教学环境。教学情境生动形象，可以看得见、摸得着，能有效地丰富学生的感性认识，刺激和激发学生的联想，使学生能够超越个人狭隘的经验范围和时间、空间的限制，获得更多的知识，思维得以发展。同时，教学情境也意蕴深厚，能够承载教学内容，体现学科知识发现的过程、应用的条件以及学科知识在生活中的意义与价值。通过对情境的分析，教师可以帮助学生准确理解学科知识的内涵，激发他们学习的动力和热情。

教学内容情境化，需要教师在深入分析教材、了解学生特点和需要的基础上，有效运用各种教学资源和手段，为教学活动的开展创设特定的场景和氛围。这种场景和氛围形象逼真、情深意长，将"知""情""意""行"融为一体，能够使学生产生一定的内心感受和情绪体验，为学生开拓广阔的想象空间，促进学生在情境感悟中深刻地理解和掌握学科知识，形成正确的情感态度及价值观。

（四）教学内容案例化

教学内容案例化，就是以案例承载教学内容，通过案例的呈现调动学生学习的积极主动性，借助对案例的分析引发学生的思考和联想，使他们掌握案例中所蕴含的道理。案例是教师在教学中选用的能够服务于教学目标、蕴含着特定教学内容、能够启发学生思考和探索的教学事例材料。案例不仅能够帮助教师分析和论证基本原理和观点，而且可以使教学内容由枯燥乏味变得生动活泼，促进学生积极思考、认真探究，掌握学科知识，使其提高分析和解决问题的能力。因此，在课堂教学中，教师要力求教学内容案例化。

思政课堂教学中可以选用的案例多种多样。有的案例着眼于方案选择，有的案例着眼于过程推理，有的案例着眼于人物线索，有的案例着眼于故事情节，不同的案例有不同的特点，自然也会带来不同的教学效果。同时，不同主题的案例有不同的知识背景，体现不同知识方面的要求，有的突出运用某些理论观点进行决策或判断，有的强调某些理论的应用价值，有的对某些理论提出疑问并引导学生的发散性思维，有的则重在给学生提供一定理论思考的空间。教师在教学中也需要根据教学内容和学生的实际情况，选择恰当的、能够很好地反映教学内容的典型案例，并激发学生的学习兴趣，通过对案例的分析，通过师生之间、生生之间各种信息、知识、经验、观点的碰撞，把握案例中所蕴含的道理。

（五）教学内容问题化

教学内容问题化，就是以问题的方式呈现教学内容，让学生在问题情境中，通过对问题的不断思考、探究，获取学科知识和技能，形成正确的情感态度及价值观。一般而言，教学内容都是"定论"性的陈述性材料，教学内容问题化的实质，就是要将这些"定论"性内容转化为引导学生探究的"问题"，让学生通过对问题的分析和探讨达成学习目标，变被动接受式学习为主动探究式学习。

新的基础教育课程改革关注过程与方法，注重培养学生的问题意识以及提出问题、分析问题、解决问题的能力。以问题承载教学内容，不仅可以唤起学生探究的热情，激发学生主动参与、勤于思考的内在需要，而且可以使学生掌握学科知识，体验提出问题、分析问题、解决问题的过程和方法，更好地提高思维水平和提出问题、分析问题、解决问题的能力。教学内容问题化的关键，是教师要提出有探究价值的、能够反映教学内容的问题，激起学生的认知冲突，使学生产生强烈的探究欲望。

需要注意的是，以上教学内容呈现的情形并不是孤立的，而往往是相互联系、互为补充、同时并存的，如教学情境往往是生活化的情境和问题情境，随情境而来的往往是问题的提出和探究；活动设计也往往需要创设情境、关注生活、包含问题。因此，教师要注意研究各种教学内容呈现方式的特性，力求取长补短，综合运用。

第二章　高校思政课教学改革与创新的方向——增强学生的主体性

第一节　学生主体性的生成与发展

教育的核心问题是"人"，认识和体现"人"在教育中的地位和作用，这是当代思想政治教育关注的问题。在高校思想政治教育中，研究大学生的主体性，对于新形势下高校把握思想政治课教学改革与创新方向、增强高校学生思想政治教育的针对性和实效性、促进大学生的成长成才具有一定的理论和实践意义。

个体主体性的发展有赖于个体主体要素的获得、结构的形成和确立，这个过程既受到自然遗传机制的影响，也受到社会文化遗传机制的影响。主体意识的觉醒、主体能力的获得以及主体地位的确立等对主体性发展起着决定作用。人的主体性的生成过程既是一个自然过程，受到各种自然规律的制约，也是一个教化过程，受教育过程和教育规律的制约。同时在教育过程中，个体的主体性既受外部各种因素的作用，也受内部各因素的作用。大学生作为特殊年龄阶段的群体，与中小学生相比，其主体性的发展也蕴含着特殊的内涵。

一、人的主体性的生成与发展

（一）人的主体性的生成

人的主体性生成的一个无可置疑的前提是人的存在。因此，第一个需要确定的具体事实就是这个个人的肉体组织，以及受肉体组织制约的他们与自然界的关系。

首先，个体通过遗传获得人类在漫长的进化过程中获得的"人本身的自然力"。即人的主体性生成的物质载体的感知思维器官和运动效应器官。

其次，个体通过遗传获得了人类的结构特性。按照人类学家兰德曼的说法，就是人的非专门化和开放性。动物的器官适应特定的生活条件，每一个物种的必需器官犹如一把钥匙，仅适合于"一把锁"。动物的感觉器官也同样如此。这种专门化的效力和范围也就是动物的本能，而本能规定了动物在每一种场合中的行为。然而，人的器官并不片面地指向某些行为，其原本就是非专门化的。这种非专门化似乎不利于生命发展，但也正是这种非专门化为人的发展提供了开放性和无限的可能，使人不仅能适应周围的环境，而且能够超越自身，应付各种环境的压力和挑战，因而人的非专门化也为人的主体性发展提供了生理基础。

最后，个体通过遗传，获得了人类在漫长的种系进化和发展过程中在心理深层积淀下来的最原始的认知和行为图式，正因为此，个体才可能在与环境同化与顺应的过程中，不断发展出新的越来越高级的认知和行为图式。

要使潜在的主体转化为现实的主体还需具备后天条件，即通过受教育和自我教育的方式，学习人类遗传下来的各种社会文化，并受其影响和熏陶，同时通过学习知识，即前人的认识成果，努力使学到的知识转化为自身的主体能力。学到的知识越多、越丰富，个体的本质力量就越强大，发现和认识真理的能力就越强，从而超越人类的发展水平的可能性就越大。同时，个体通过后天的学习，能够接受和理解某种价值规范体系，培养情感力和意志力，并产生某种信仰和理想，这种信仰和理想引导个体突破动物性的本能需求的限制，向更高水平发展。也正是这种动力的驱使和推动，使个体获得越来越多的主体性，并通过实践活动来确证自己的本质力量。

（二）人的主体性的发展

人的主体性在实践活动中生成和发展，这种实践活动同时也是对象化活动。对象化是主体自身的一个必然环节，是主体表现自身的现实方式，没有人的本质力量的对象化，人不可能获得主体性，对象与人的本质力量互相作用，形成一种特殊的关系，这一方面取决于客体的性质，另一方面取决于主体的本质力量的性质。这也就意味着主体性的发展受到社会历史条件的限制和约束的程度，取决于社会历史条件能够提供给他的活动空间。同时，个体主体性的发展，无疑会受到个体主体意识以及主体能力的影响，主体意识越明确，主体能力越强，人的主体性发展的可能性就越大。

主体意识是主体性发展的前提，决定主体性发展的可能性。主体意识是人作为主体对自身主体地位、主体能力以及主体价值的自觉意识，是主体在对象化活动中对外部世界，以及人自身进行自觉认识和改造的意识。人的主体意识可能包括以下方面的含义：

①自我意识。对"我"有了一个明确的认识，能够将"我"与"物"区分开来，同时还将"我"作为思考的对象，进行反思。当人具有自我意识时就能明确地区分主体"我"和客体"我"，对"我"进行反思。

②自主意识。自主意识是人在与外部世界，以及人自身的对象化活动中，对自身主体地位的最基本认识。人具有主体意识意味着人认识到自己是自然界的主导者，是社会关系的主动创建者，也是"自我"的主人。自主意识能够驱使主体运用自身的全部力量去认识和改造对象世界，超越各种规定和限制。

③公民意识。公民意识是个体作为社会的一员所应该具备的权利意识和责任意识的统一，是人在与他人的关系和社会关系中展示主体力量的自觉意识。这种权利意识和责任意识可以说是人的真正自主意识的展开形式，是主体对社会的伦理关系、法律关系及其所涵盖的内容自觉认同的意识。权利意识本质上是人与人之间的自由度的限定意识，主体一旦有了权利意识，他就明确了他在

社会关系中的地位和作用，明确了自己实际占有什么和应当占有什么，实际支配什么和应当支配什么，他就明确了自己作为社会的一员所具有的实际自由度和应有自由度。责任意识使主体明确自己的活动不应当是一种任性的自由，而应当是符合客观规律、社会伦理和法律规范的活动，是个体对自身以及对社会、集体、他人应尽的义务的自觉意识。个人对他人和社会的责任意识既表现为一种道德责任意识和法律责任意识，又表现为一种人类使命意识。

人的主体意识是否觉醒、是否明确直接决定了主体性发展的可能性，个体的主体意识，一方面受类主体意识的限制，另一方面也与个体自身受教育和自我教育的程度相关。

主体能力是主体性发展的保障，决定主体性发展的方向和程度。人作为主体，之所以能够实现对客体的超越主要是因为人具有主体能力，即人的本质力量，而这种本质力量实际上是一种社会力量，是在社会实践中形成而又蕴含在主体内部，通过对象化活动而表现出来的客观的能动的力量，是认识能力和实践能力的统一。

主体能力包括三个基本要素：①人本身的自然力，即主体的机体中潜在的特殊才能；②为主体所掌握并进入主体活动领域的知识；③对实现主体活动目的起积极作用的情感和意志。在这三个要素中，"人本身的自然力"是主体能力结构中的物质方面，是主体与客体之间物质、信息和能量变换的窗口；"知识"是主体能力结构中的信息方面，起主导作用；"情感和意志"是主体能力结构中的能量方面，直接控制着主体活动的产生和停止。

主体能力具有潜在性和现实性的统一、独特性与多样化的统一、层次性和系统性的统一、有限性和无限性的统一、社会性和历史性的统一等基本特征。同时，不同的主体，由于先天遗传因素的差异，以及后天所处环境尤其是所受教育的不同，在自己发展过程中总是采取自己所特有的方式，在能力方面表现出差异。因而，人没有主体能力是不可能完成对象化活动的，更不可能在对象化活动关系中发挥主体性，主体能力的强弱决定了主体性的发展程度、主体改变对象世界的程度。为了让学生的主体性得到更好的发展，培养和提升学生的主体能力是关键。

二、大学生主体性发展的基本内涵

主体意识的觉醒是实现人的自由自主发展的前提，它既取决于人们从事生产活动的具体方式，也取决于人们所处的社会经济关系。在最初的社会形态里，个体作为人类的主体意识也还是处于低级阶段。严格来说，原始人还没有自我意识。随着生产力的提高，以及人对自然世界的改造，人才在人与自然界的关系中确立了自身的主体地位，也有了比较清晰的主体意识。随着市场经济的到来，极大丰富的物质生活以及全面建立起的社会关系进一步唤醒和强化了个体的主体意识。

我国社会主义市场经济的深入发展、网络信息的普及以及全球化时代的到来，给当代大学生的思想观念以及行为方式带来了极大的冲击。中国社会正处于转型时期，正向现代化迈进，追求的是理性化、工业化、市场化、都市化、民主化和法治化，但也受到了西方一些思潮的影响。在这种国际背景下，大学生的主体意识全面觉醒，他们具有更强的自主性、独立性和创造性，同时其主体意识也暴露出以自我为中心、缺乏责任感、实用化和功利化的一面。

大学生面临着新的选择、新的挑战和新的矛盾，处于正在走向成熟而又未真正成熟的阶段。一方面，他们自我意识明确，自主意识强大，追求独立，做事积极主动；另一方面，他们又存在着一定程度的依赖性。

与其他教育阶段的学生相比，大学阶段的学生的主体性具有以下方面的特征：

第一，大学生的主体性处于主体性发展的高级阶段。大学生的主体性体现了学术自由和学习自主的思想要求，是高校承担社会责任的衡量标准。

第二，大学生的主体性处于基本成熟阶段。由于大学生人生观、价值观的日趋成熟、稳定，其价值目标既反映了其内在的需求，又反映了外在的要求，其主体性的表达进入更加广阔、宏大的阶段。

第三，大学生的主体性趋于理性化。大学生对自己主体地位的认识，显然摆脱了其他教育阶段学生主体性的随意性、主观性和片面性。

大学生的主体性发展处于高级阶段、基本成熟阶段、理性阶段，从主体性的生成和发展机制来看，这凸显了大学教育的责任，大学的各种教育实践活动都应以培养大学生的主体意识、提升大学生的主体能力为基础，促使大学生向自为、自由的主体性方向发展。大学期间，学生的主体性发展也拥有了自己的内涵，即实现自我教育和个体社会化。

（一）自我教育

教育这个概念在广义上就是对集体的教育与对个人的教育的统一，而在对个人的教育中，自我教育则是起主导作用的方法之一。只有能够激发学生进行自我教育的教育，才是真正的教育。通过自我教育达到非被动教育的状态是教育的最高境界，也是教育培养人的有效手段。自我教育是主体能动性的集中表现，是人成熟的重要标志。教育的归宿，也在于实现自我教育，使受教育者变成自我教育的主体。

自我教育是作为主体的个人自己对自己的教育，它随着自我意识的发展而发展，是主体客体化从不自觉到自觉、从他律到自律的过程。自我教育与主体性的发展密切相关，只有当人具有了自我意识，能够超越自己、认识自己，自我教育才可能实现，"自我"分裂成主体"我"与客体"我"，而这两者又统一于现实的人身上，当主体"我"认识到客体"我"，并对客体"我"进行改造时，自我教育就开始了。

个人对自己的认识是一个永无止境，从萌发到逐渐成熟、逐渐明晰的过程，人对自己认识得越深刻，人的发展才可能越快。随着年龄的增长、知识的丰富、经验的积累等，人能够超越人的客体存在来认识自我和改造自我，把自我当成教育的对象，才能不断地适应社会，建构新的自我。人变成自我教育的主体，具有主动性、能动性和创造性，人的自我教育才可能实现。而当代的大学生主体性发展的一个很重要的方面是做到自我教育，这既是主体性发展的内涵，也是主体性发展的要求。大学教育的基本原则是：让学生经过思考去运用一切工具和全面发展自己的所有潜能，让学生在一切行动和信仰上做出自己的抉择，通过认知让学生完全清楚地意识到自己所肩负的责任。可见，大学教育的一个非常重要的责任是帮助大学生进行自我教育，因而大学生的自我教育既是大学生自身发展的客观要求，也是大学教育的重要目标。

大学生的自我教育是大学生以一定的世界观和方法论，认识主观世界和教育自己的全部过程，又称为自我修养，即大学生以自己已经形成的思想品德为基础，提出一定的奋斗目标，监督自己去实现这些目标，并评价自己实践结果的过程。大学生的自我教育蕴含着以下意义：

①自主学习。自主学习是大学生主体性发展的要求，也是自我教育的体现。自主学习意味着学习变成了大学生的自觉行为，大学生成了学习的主体，由"要我学"变成"我要学"，学习过程充满了主动性和积极性，大学生也成为学习的主人。学习具有独立性，意味着大学生能够独立自主地完成学习任务，不需要父母、老师和他人的监督。在学习的过程中，大学生具有探究的精神，学习不仅是为了获得知识，还是为了创造新的知识。

②独立生活。生活或生存对大学生来讲比学习更为重要和根本，能够独立生活预示着大学生成为独立的个体：能够自己决定自己的事情，自己照顾自己的生活，管理好自己的时间等；不需要依赖他人。这里讲的"独立"主要是指人格和精神上的独立，而不是经济上的独立；独立生活还意味着大学生能够自由地交往和参加各种实践，大学生可以选择和什么人交往，或者不与什么人交往，选择参加某种活动，或者不参加某种互动，生活的独立性和相对自由性为大学生的自我教育提供了空间。

③自我建构。自我建构是主体性发展的核心，也是最终的目标，无论是自主学习还是独立生活都是为了自我建构。自我教育也就是通过主体"我"对客体"我"的认识和改造完成人的自我建构，塑造出"新我"。自我建构是一个过程，不是一蹴而就的事，在这个过程中，"新我"不断出现，并向着自由、自在、自为的方向发展。

在自我教育蕴含的三层意思，即自主学习、独立生活、自我建构中，有一个核心的东西——自由。自我教育的实现除了人的自我意识的觉醒，还包括社会的民主化进程。只有在民主的社会中，个体才会受到尊重，人的主动性、积极性才能被调动起来，人的主体性发展才能向着人成为"自由人"的最终发展目标靠近。

（二）个体社会化

大学生主体性发展的内涵，除了进行自我教育，进而向"自由人"的目标靠近以外，还包括个体社会化，成为"社会人"。人成为"自由人"和"社会人"的统一体，才能成为完整意义上的人。

社会化不同于社会性。社会性是作为社会成员的个体，为了自我发展和适应社会生活所表现出来的一种综合社会特征，它是静态的，是个体社会化的结果表现。但是社会化是一个动态的过程。一般意义上讲，社会化是一个社会学的概念，指的是自然人成长为"社会人"的过程。从一定意义上讲，刚出生的婴儿是同其他动物无多大差别的生物人或自然人。社会通过各种教育形式，使自然人逐渐学习社会知识、技能与规范，从而形成自觉遵守和维护社会秩序的价值观念和行为方式，取得成为"社会人"的资格。

社会化无论是从个人发展的角度还是文化的视角理解，都是一种动态的过程，也正因为此，社会化分为早期社会化、继续社会化和再社会化，它贯穿于人的发展的全过程，因为人是一切社会关系的总和，人的发展离不开他所属的那个社会，所以社会化是人的发展过程的一部分，也是通向人自由全面发展的必由之路。

个体的社会化受到家庭教育、学校教育、社区文化、媒体等的影响，其中学校教育在个体社会化的过程中起到了非常重要的作用。这从"个人本位"或"社会本位"的教育目的以及关于教育价值取向的争论中就可以看出来。"社会本位"的教育价值取向认为教育的本质是促进人的社会化，使人最终变成"社会人"，具有社会性。作为制度化的大学教育，它所传递的是某种意义上被认为最有价值的东西，其中包括科学知识、技能、社会规范、道德价值观念等，大学教育更强调社会化的系统性和整体性。

大学生正处在个体社会化基本完成的阶段，也是个体真正变成"社会人"的过渡期，大学生的社会性是否成熟直接关系和影响着大学生的发展。一般认为，主体性包括自主性、能动性和创造性，但是也有学者从"我"与"你"的关系出发，认为人与人之间的关系是主体间性，人与人之间除了认识关系，还有交往关系，社会性是主体性发展的时代内涵，教育领域中的主体社会性主要表现为师生之间和谐共存、协商对话和共同建构。所以，个体社会化作为大学生主体性发展的内涵既具有合理性，也具有必然性，它是人成为完整意义上的主体所不可或缺的。

大学生的个体社会化包含以下方面的内容：

①理解并遵守社会规范。社会规范指调整和规定社会成员各种行为的规矩和方式，包括政治制度、法律、道德规范、风俗习惯、生活准则、宗教戒律等，它对人们的行为和各种社会关系起着调整和导向作用。大学生要通过学习和各种实践理解和遵守这些规范，领悟自己的社会角色及相关的权利与义务。

②掌握社会技能。这里主要指交往的技能和为将来职业做准备的相关技能。大学生掌握了交往的技能才可能有效而适当地处理与他人之间的关系，解决自己遇到的竞争、合作以及人际冲突等；而对于某一职业或行业的知识和技能的学习是大学生踏入社会的前提。

③形成关于社会的价值判断和价值取向。大学生要在遵守社会规范以及掌握社会技能的基础上，培养自觉的社会义务感和责任感，能够明辨是非、善恶、好坏，对待任何事情要有自己的价值判断，并且将个人的奋斗和发展目标与社会的发展紧密地结合起来，最终明确自己的人生理想和价值取向。

④具备社会认知、社会判断和有效参与社会活动的能力。从年龄上讲，大学生大多超过 18 岁，已经是成年人，作为成年的社会公民，他们应该具备学习探索的能力、民主参与的能力、判断推理能力、组织与协调能力、创新能力等。

大学生的社会化也是一个内化的过程，这就意味着他们对社会规范、社会的价值取向等不是被动地接受，因为很多行为规范、价值观念、道德准则等在时代的变化中表现出强烈的新旧矛盾和冲突。社会教化所提供的东西不再是稳定和明确的，原来自明和不用论证的许多道理、信念如今也受到人们的怀疑，因而大学生的社会化也不仅仅是轻松的学习和接受，而是要区分大量的是与非、合理与不合理，辨明大量非常不确定的并且受到怀疑和正在发生变化的信念和价值观念。教育虽然在大学生的社会化过程中起到了非常重要的作用，但大学生只有主动参与，并将外在的东西内化成自己的道德观念和价值审美判断等，才能真正成为"社会人"。

第二节　高校思政课以学生为主体的意义

学生主体性的凸显是深刻把握教学规律的结果，是加强和改进教学工作，满足学生自身发展需要的必然要求。正确把握思政课教学中学生的主体性，对于增强教育的针对性，完成立德树人的根本任务，提升教学效果，促进学生全面发展具有重要意义。

一、以学生为主体有利于完成立德树人的根本任务

思政课是落实立德树人根本任务的关键课程，能帮助学生形成良好的思想品德，成为全面发展的人才。要想圆满地完成育人目标和立德树人的根本任务，就需要各方参与，形成合力，其中，作为主体的学生的参与是关键要素。

思政课是对学生进行思想政治教育的主渠道，主要教育对象是学生，必然要尊重学生的主体地位，关注学生思想政治素质和思想品德的培养，因为外界对主体的刺激和影响只有通过主体自身内在的思想矛盾运动才能被主体所接受。教师的引导、带领对学生思想品德的形成和发展有着重要影响，但学生并不是消极被动、单纯地接受知识，成为被教育、被改造的对象，而是具有自主性、能动性的个体，通过自己的认知和判断对知识进行选择、整合和强化。

换言之，无论是知识的传授还是价值的引领，只有学生主动接受，才能真正起作用。在教师正确合理的引导下，学生的主动参与和自我教育是提升思政课教学效果、完成立德树人根本任务必不可少的方式。浓厚的学习兴趣、强烈的学习动机和长久的学习动力能够使学生充分调动自身积极性，自愿学习，乐于学习，用坚定的毅力和恒心自主克服学习过程中的困难，由"要我学"转变为"我要学"，自觉做到入耳、入脑、入心，将所学、所感潜移默化为品德修养和意志行为。

教师不仅要让学生学会，更要教学生会学，发挥学生在教学中的主体作用，同时也要注意自己的引导作用。教师只有通过自己的引导充分激发学生的主体意识和学习兴趣，帮助学生确立正确的学习动机，增强学生学习的自主性，才能使教师的教和学生的学达到最优效果，才能完成立德树人的根本任务，培育好社会主义建设者和接班人。

二、以学生为主体有利于提高思政课的教学效果

思政课教学是师生共同参与的活动，离开任何一方都不能称为完整的教学过程。在教师发挥主导作用的前提下，学生的主体参与尤为重要，其参与程度直接影响着教学效果和自身获得感、体验感，换言之，思政课教学能否取得良好的教学效果，在很大程度上取决于学生能否自主实现知识的内化和外化。

一方面，学生发挥主体性、参与教学是提升获得感的必要条件。思政课要想提升学生的获得感，取得真正实效，就必须提高学生的参与意识，让思想政治教育成为学生自己的需要。需要和动机理论表明学生主体性的发挥与其需要和动机成正比，动机越强，参与教学的能动性就越高，主体性的发挥就越充分，学生在教学中的获得感、体验感也会越强。学生只有意识到思政课于个人生存、发展的意义和价值，对思政课形成正确认知，对教育内容、价值标准自觉认同、认可后，才会产生强烈的情感认同，进而调动自身积极性，进行自我教育，提升思想道德境界和理论知识修养，在教学中有所收获。因此，学生只有充分发

挥主体性，实现"知""情""意""行"的全面参与，才能真正有所学、有所得、有所获，才能将教育内容内化为意志信念，外化为行为实践。学生如果不能主动地认知、体验，从情感上认同和接受教育内容，就不会将所学知识植根于自己的价值体系，自觉转化为行为习惯。

另一方面，学生主体性的彰显也会促使教师提升教学水平。学生主动接受教育的行为反过来会以一定的方式诸如提问、质疑、对话等影响教师，促使教师反思教学中存在的问题，不断改进教学方式，提升教学热情、动力和水平，进而又对学生主体性的增强起到促进作用，使学生主动将外在的观念和规范内化为自身的信念素养，将所学知识、方法用于指导现实工作，做到知行合一，最终形成教与学的合力，实现教师乐教、学生乐学的良性循环，为增强思政课教学效果、发挥好育人功能注入双向动力。

三、以学生为主体有利于促进学生的全面发展

人的发展根本上是人的主体性的发展。那么在思政课教学过程中，培养学生的主体性将有利于促进学生的全面发展。价值多元的当今社会呼唤个性和创造力，对学生的综合素质和能力提出了越来越高的要求。只强调价值准则、行为规范、道德要求显然是行不通的，学校还必须为学生个性和人格的发展创造空间。学生主体性的发挥有利于实现其个性化发展，塑造其健全人格，促进其良好品德的形成和发展。

（一）促进个性发展

个性发展是指学生在思想、性格、兴趣等方面形成的不同于他人的特质，是个人内在潜力的表现，教育要培养全面发展而富有个性的人。换言之，思政课不仅要传授给学生满足个人成长发展和适应未来社会发展需要的专业知识和技能，使学生形成相应的思想道德素质，还要为学生个性的发展提供空间，使其既德才兼备又保持个性。当代青年学生思维活跃，思想超前，问题意识强

烈，想象力丰富，观点新奇，经常以批判性的眼光和思维审视社会现象和问题，具备一定的甄别和选择整合能力。只有更好地发挥自身主体性，积极参与教学，主动探索知识，学生才能在思考、合作交流中提升能力，展示自我，实现自由自主发展和个性的张扬。

（二）塑造健全人格

人格是指人的性格、气质、能力等特征的总和，培养学生的健全人格，使学生拥有较高的思想素质、良好的道德品质、高尚的人格修养和积极进取的意志，是思政教育的重要目标之一。在教学中充分发挥自主性、能动性和创造性，有利于学生意识到自身的主体地位，使学生主动学习，自主实践，形成正确的自我认知，掌握自我调控和管理的方法，提升主体能力，塑造主体人格。同时学生主体意识的增强还有助于其找准自我定位，丰富精神世界，自觉增强责任感、使命感，勇于面对挫折和困难，树立正确的奋斗目标和人生理想，不断激发自身潜能，实现自我超越，做一个自尊自信、乐观向上的青年。

（三）形成良好道德品质

"育人为本，德育为先"和立德树人的根本任务揭示了德育的重要地位，强调了德性的发展是人的全面发展的根本保障，同时也说明了道德品质的发展对于学生的全面发展具有重要作用。思政课教学是实现学生道德品质发展的主渠道，学生积极参与又是实现自身发展的关键因素。因此学生只有充分发挥自身的主体性，涵养道德认知，将道德规范内化为自身的信仰与德性，外化为德行，才能增强道德判断能力，提高遵守规范的自觉性，做到知行合一，言行一致。

第三节　高校思政课以学生
为主体的对策

在思政课教学中，增强学生主体性是一项系统工程，教师不能简单地依靠某一方面的改革创新，而要从影响学生主体性发挥的相关因素入手，综合把握。教师以充分发挥自身的主导作用为基础，以激发学生主体性为关键，以完善协调的思政课管理机制为保障，以健全的评价机制为补充，全面优化思政课教学环境，提升教学水准，将思政课打造成学生真心喜爱、终身受益的课程，进而提升教学中学生的主体性。

教师主导性与学生主体性是相互统一的，学生主体性的发挥离不开教师的主导作用和教师主体的参与，这对教师提出了更高要求。教师要不断学习，提升专业能力，推进思政课的改革和创新。

一、发挥思政课教师的教育主导作用

在思政课教学过程中，教师在增强学生主体性方面起着不可替代的作用。教师是学生思想觉悟的激发者，是完成教学任务、达成教学目标的责任主体，应依据国家和社会对人才发展的要求，有目的、有计划地对学生施加影响，以保证教学工作顺利进行，最大程度地激发学生的主体性，激发其参与教学的内在驱动力。

（一）坚持以学生为本的教育理念

教育理念是贯穿教育活动始终，为全部教育活动所遵循的基本准则。教师要坚持以学生为本的教育理念，巩固学生的主体地位，保证学生全身心地参与到思政课教学当中，发挥自主性、能动性和创造性。

第一，树立师生平等观念。思想政治教育过程是教师和学生共同参与、相互影响的过程。教与学相互依存，密不可分，教师的主导作用主要表现为根据社会要求和学生发展需要，合理制定教学目标，围绕教学目标选择教学方法，确立教学内容，通过知识传授对学生进行价值引领，用深厚的知识和宽广的眼界在纵横比较中教育、引导学生，帮助学生在智力、能力、人格和品德等方面获得相应发展。

不可否认，教师作为教的主体在知识、能力、经验等方面都要胜于学生，但同时二者又具有人格上的平等性。这就要求思政课教师树立师生平等的观念，对自身精准定位，在教学中尊重学生的人格和自尊心，尊重学生的个体差异，平等地对待每一位学生，以朋友的身份与他们沟通交流，动之以情，晓之以理，导之以行，这样才能使学生在思政课的学习中有愉悦感，欣然接受老师的观点，积极配合教学工作，进而激发潜能，发展能力。

第二，营造民主的学习氛围。民主、宽松的课堂氛围是学生摆脱被动消极参与，实现主体性参与的必要条件，思政课教师需要给予学生自主学习的空间，保护学生的积极性，多给予肯定和表扬。人们只有在获得外界认可和肯定的基础上才能实现更高层次的自我超越。处于青年期的学生迫切希望受到老师的重视和关注，教师的激励和认可可以充分激发学生的积极性和主动性，充分发掘学生的潜力，因此教师要平等对待每一位学生，加强与学生的沟通交流，为每位同学提供公平的参与机会，使学生体验到被尊重、被鼓励、被认可的满足与愉悦，让学生在教学参与中展示自己、表现自己、欣赏自己。同时教师还要鼓励学生大胆提问，积极表达自己的想法和观点，使学生处于轻松和谐的氛围中，以极大地调动其积极性，减轻外界环境造成的紧张和怕说错、不敢说的心理压力，勇于突破自我，树立起"我能行，我可以"的自信心，增强应对挫折、困难的能力，从而激发学习热情和求知欲，树立个人理想目标并为之努力，不断进取，真正善学、好学、爱学、乐学。

第三，加强与学生的情感交流。良好的师生关系，是教育教学活动有效开展的必要保证。教师的人格是最有说服力的思政教育载体，学生会因为喜欢某个老师而爱上他的课并产生积极的情感体验。情感的互通和交融更容易调动学生的积极性和主动性。

（二）以学生需求为导向整合教学内容

思政课教师要遵循学生需要的发展规律，使思想政治教育在最大程度上符合学生的特点，满足学生需要，充分调动学生的主体性，激发其内在学习动机。

第一，将教学与学生发展的需要相结合。青年是社会主义建设的生力军和中坚力量，其个人的全面发展不仅关系着自身的生活和工作，而且影响社会的进步和发展，只有充分调动青年一代的自主性、能动性和创造性，才能为社会主义建设提供持久动力。时代的发展在为青年一代提供了广阔的平台的同时，也对他们提出了许多新要求，青年唯有紧跟时代步伐，适应社会发展需要，才能勇立时代潮头，实现自身全面发展。因此，思政课教师既要考虑到学生思想政治素质发展的现状，又要考虑到学生思想政治素质未来发展的需要，为学生的终身发展和人生幸福奠基；要通过教育教学，引导和帮助学生坚定理想信念，提升科学文化素质和思想道德素质，不断增强法治观念，实现德智体美劳的全方面综合发展，形成与未来社会发展相适应的思想道德品质；使学生积极参与思想政治教育活动，接受思想政治教育，自觉成为课堂教学的参与者和自身素质的塑造者。

第二，将教学内容与学生的兴趣点、关注点结合。兴趣是学习中最好的老师，是自主探求知识不可缺少的内在动力。浓厚的学习兴趣可以使学生对思政课充满激情，充分调动自身积极性参与教学。随着时代的发展和成长环境的变迁，学生的思考方式、认知方式、兴趣点发生了深刻变化，他们更关心与自身现实生活密切相关的问题，对社会热点问题和国际、国内大事也高度关注。思政课教师要有针对性地开展教学活动，遵循学生认知发展规律和特点，调动学生的积极性和参与性，对学生进行正确引导，增强其辨别是非的能力，在解决学生现实问题的同时进行理论武装、知识传授和价值引领，做到既有理论内涵又有现实关照。

第三，将教学与学生的困惑点相结合。思政课融知识性和价值性于一体。因为学生在学习生活中会有很多困惑和问题，诸如思想问题、感情问题，学业压力，人际关系矛盾等，教师需要进行适时的引导和方法论指导。只有用理论知识帮助学生答疑解惑，才能增强理论的说服力。思政课应当是一门有情感、有温度的课程，思政课教师也应走进学生心里，真正了解学生的困惑，想学生所想，答学生所惑，用智慧与关爱引导学生向积极方向发展。只有这样，思想政治教育的目的才能被学生认同和接受。

（三）灵活运用教学方法激发学生兴趣

教学方法是进一步完成教学目标、活跃课堂氛围，提升教学效果的重要媒介，方法得当，思政课教学事半功倍。在教育教学过程中，教师要遵循思想政治工作规律、教书育人规律和学生成长规律，以满足学生需要为出发点，以增强学生获得感为落脚点，扮演合作者、促进者的角色，灵活采用互动式教学法、问题式教学法和实践教学等多种教学方法，营造民主和谐的课堂氛围，鼓励学生更多地参与教学。

1.互动式教学法

互动式教学法，指在教师的指导下，提升学生的积极性和参与性，双方共同参与，共同致力于完成教学任务的教学方法。互动式教学法突出强调教学过程不是教师单纯教，学生单纯学的过程，而是教师与学生相互配合，共同参与，实现观点共振、心理共鸣、相互促进和教学相长的过程。

互动的前提，是师生双方处于平等地位；互动的关键，是教师和学生各自发挥能动性，教师发挥主导作用，学生处于主体地位。具体来说，在思政课教学过程中，教师要把学生真正置于主体地位，尊重他们的主体性，严格遵循学生成长发展规律，从学生的思想实际和现实需要出发，选择教学内容，创设教学情境，为学生主体性的发挥创造条件。同时学生也应积极配合教师开展教学活动，发挥主体性展现自我，由"要我学"转变为"我要学"，积极发表意见，提出问题，进行讨论，变过去被动听课为主动思考、参与其中，提升综合能力，促进潜能和个性的发展，最终与教师相互促进，共同提高。

2.问题式教学法

问题式教学法以提出问题、分析问题和解决问题为线索贯穿教学活动始终，意在激发学生主体意识，调动主体性，因为问题从提出到解决的过程往往是创造力和想象力发挥的过程，伴随着主动探索、自主学习。因此，教师在思政课教学中要注重学生问题意识的培养，抓住"问题"导向，做到问题的提出源自学生，问题的分析启发学生，问题的解答教育学生。

提出问题往往是创新的开端，或是自我教育的萌芽。换而言之，思政课不止要向学生灌输理论知识，更要注重培养学生的问题意识和思维能力，使学生能问、会问、敢问。教师要善于用问题整合知识，把课本中平铺直叙的理论知识以问题的形式呈现出来，引导学生发现问题，提出问题，以此来提高学生主动学习探索的意识。教师还可以利用社会热点问题或与学生息息相关的事情创设问题情境，吸引学生注意力，激发求知欲，鼓励学生自主学习，大胆提问，变被动接受为主动思考，做学习的主人。

学生对问题的思考、分析、探索是教学过程中的重要环节。带着问题意识的学习更具目的性和针对性，更能充分调动学生的积极性，激发学生的能动性，集大脑思考、精神体验、意志情感的锻炼于一体，进一步强化思维训练，拓宽视野，加深理论感知。

由于学生知识储备和思维能力有限，所以在自主探索时，教师要作为合作者和激励者，深入学生中去，了解问题焦点、听取学生意见，进行学法指导、方向引导，帮助学生掌握科学的学习方法，强化情感体验，避免学习的盲目性，提升探究、解决问题的能力和主体参与能力，由"学会"转变为"会学"，彰显学生的主体性。最终问题的解决成果可以通过课堂小组展示或撰写小论文、报告等形式呈现出来，以锻炼学生收集、分析、整合、提炼资料的能力，培养学生的合作意识，在增强学生成就感和获得感的同时产生一定的教育意义。

3.实践教学

社会实践活动对于提升人们的思想道德品质、实现个性化发展具有重要作用。实践教学是提升高校思政课教学质量和实效的重要途径。加强高校思政课实践教学改革，推进高校思政课实践教学建设，对于促进大学生深化对思想理论的认识、切实做到内化于心和外化于行具有重要意义。实践教学是现代思想政治教育的重要组成部分，是彰显学生主体性行之有效的教育方式。社会实践活动为学生认识自我、深入社会，完成角色转换提供了有效平台。学生作为实践活动的主体，应通过参加丰富多彩的实践活动，发挥自主性和积极性，活跃思维，亲身体验，获取知识和经验，在实践中践行理论，进行自我教育，强化理想信念、政治责任，实现自我提升与超越。

思政课教师要高效利用各种实践载体，充分整合社会资源，为实践教学提供有力支持，为学生主体性的发挥创造条件，例如，积极联系爱国主义教育基地、社会志愿服务机构等，进行参观、调研、体验等社会实践活动，强化实践环节，引导学生在实践中消化、感悟所学知识，提升思想道德素质；举办基础法律知识竞赛、主题征文比赛、课堂辩论等活动，在完成教学目标、提升教学效果、夯实基础知识的同时培养学生遵纪守法的意识和法治观念，奠定思想基础；组织学生参观革命纪念馆、红色基地，以直观的感受激起学生强烈的爱国情感，使其在潜移默化中增强国家认同感和民族认同感，从而更加坚定自己的理想信念，坚定走中国特色社会主义道路的信心；或是让学生到附近社区、高校参与志愿服务活动，在奉献社会的道德实践中感悟道德力量，做一个向上向善、知行合一的青年。

将思政小课堂与社会大课堂相结合，既巩固了思想政治理论知识，又能激发学生的参与热情，保证其主体性的发挥。教师要引导学生在投身实践活动的过程中，自觉运用马克思主义的理论和方法，理性、全面地分析社会现象和问题，做到活学活用、学以致用。

二、强化学生自身的主体素质

学习应是自主的、能动的和创造的过程，强化学生主体性，是素质教育的重要组成部分，是高校培养全面发展的人的必然要求。思政教育要通过增强学生主体意识、培养学生主体精神、开发学生主体能力、塑造学生主体人格将学生培养成具有高度主体性的人才。

（一）增强学生主体意识

主体意识是学生发挥主观能动性的重要根据，直接影响着主体性的发挥。学生主体意识越强，自主学习的积极性就越高，主体性的本质力量越能显现，创造的价值也就越大。为此，我们要创设良好的外部条件，增强学生主体意识，主要包括自主意识和自律意识。

①自主意识。自主意识是主体所具有的支配和控制自己活动的权利和能力，是一种成为自我主人的积极的意识活动。学生主体意识的觉醒在于增强学习过程中的自主性和能动性，意识到自己作为独立的个体，是学习探索、掌握知识的主人，要有计划、有目的地进行自我教育，提升参与意识，主动建构符合社会要求的价值体系，用马克思主义理论武装头脑，实现自我发展。其中，自我教育是学生自主意识的充分展现，学生只有通过自己的认知、判断、选择和体验，才能将外在的准则内化为自身的信念。因此教师要引导学生树立自主学习的思想观念，使学生意识到自己的主体地位，强化学生学习主人翁的责任感，提升学生的自主学习意识和自我践行意识，使学生将自我教育贯穿思想政治教育始终，成为自主、能动、独立的主体。

②自律意识。自律是学生主体性发展到一定阶段的产物，是主体性存在的重要标志。学生依靠理性和内在意志规范调整自己的言行，进行自我约束和管理，具有高度自觉性。自律意识与学生主体作用的发挥相辅相成，自律水平越高，学生的自主性也就越强，其主体性就越能充分显现；反之主体性越强，自律水平也就越高。严格的自律意识，要求学生在学习过程中，学会自我管理和自我约束，排除外界不良因素的干扰、诱惑，进行有效的自我管理。具体来说，学生在思政课的学习中，要有明确的学习计划，合理安排学习时间，加强自我监督，增强克服困难的意志力；学会自己要求自己，自己约束自己，变被动为主动，自觉规范自身言行，进行有效的自我规划、控制和调节，以达到知行统一，促进自身全面发展。

（二）培养学生主体精神

教育作为培养人的社会实践活动，首先要培养的是具有主体精神的人。主体精神是指在实践活动过程中，主体对客体作用时所显示出来的心理倾向和行为表现，是学生在认识和改造客观世界和主观世界的过程中所表现出来的自主精神、创新精神和协作精神等。

①自主精神。自主精神，是指个体在不受外在力量控制的条件下，对自己活动所具有的自觉意识和独立精神。大学生的自主精神是发展自我主体性、提升综合素质、不断进取的持久动力，为其个性化的发展提供了良好的生长点，因为大学生无论是对自己进行认知、评价、反省，还是培养自己对社会、国家乃至人类的使命感和责任感，都离不开自主精神。自主精神使学生摆脱依附关系，自主判断、自主选择、自主承担，独立地、主动地追求自我完善和发展；帮助学生最大限度地调动积极性，自觉主动在学习和社会实践中找寻自我价值，实现个人社会化和自我全面发展。

②创新精神。创新精神，是指在综合运用外部信息条件的基础上提出新观点、新方法的思维能力和进行发明创造、革新的意志、勇气和智慧，是当代大学生不断更新自我，推动社会发展进步的重要素质。创新精神是素质教育的重要内容，是推动大学生发挥主观能动性、参与创新活动的内在驱动。没有创新精神的内在推动，创新便很难实现；同样没有创新实践活动，大学生的创新精神也难以形成。因此，思政课教师要运用一定的途径和方法加大力度培养学生的创新精神，使学生在创新实践活动中开拓进取，发展批判性思维，成为创新型人才。

③协作精神。协作精神，是指团队成员为达到既定目标形成的协同合作、团结互助、同心协力的精神。学生作为具有社会属性的人，只有有了良好的协作精神才能适应社会现代化的需要。单个人的能力是有限的，如果没有良好的协作精神，个人的主体性和本质力量很难充分发挥出来，只有融入团队、集体，相互协作，取长补短，学生才能实现个人价值的最大化，思政课教学才能产生 1＋1＞2 的效果。

（三）开发学生主体能力

学生要成为完全意义上的发展主体，不仅要具备主体意识，还要具备自我发展的主体能力。所谓主体能力，是指主体积极地认识和改造客观世界，能动地利用客观世界、改造客观世界以利于自身的发展，以促进主体性充分发挥的能力。主体能力是学生成为"社会人"、发挥主体性的基本依据，与主体性辩证统一。

一方面，主体能力是主体性发挥的基础和前提，制约着主体性的发挥。学生之所以能够发挥自己的主体性，实现对客观世界和主观世界的改造，就在于他具备一定的主体能力。主体能力使主体性的发挥成为可能，因为主体地位和主体性只有在改造客体的对象性活动中才能彰显，而对象性活动的完成离不开对对象的认识、把握和改造，也就是离不开主体能力的参与。如果学生不具备相应的主体能力，便不会有认识和改造主客观世界的活动，其主体性也就无法发挥。同时，主体能力也在一定程度上制约、影响着主体性的发挥。人们在通过对客观世界的改造来满足自身需求时，离不开已有的知识、能力和经验的支撑，当主体能力不足时，人们很难顺利从事契合主体需要的实践活动，主体性的发挥必然受到阻碍。

另一方面，主体性的发挥推动主体能力的发展。主体性不仅促使主体能力在社会实践中发挥作用，使人们从事改造世界的物质性活动，而且还是激发主体不断完善能力结构、提升主体能力的重要动力。正是由于主体性的不断推动，我们才不再满足于认识世界的本质和规律，而是渴望运用这些规律改造世界来满足自身需要，在实践中消化吸收新知识，逐步增强自己的主体能力。

为促使学生充分发挥主体性，完善自我、发展自我以更好地适应社会发展需要，思政教师要加强对学生主体能力的开发，让学生在学习知识的过程中提升各项能力，如批判性思维能力、独立思考和解决问题的能力、自主选择的能力、独立自主探究的能力、理论联系实际的能力等。

（四）塑造学生主体人格

人格是个人相对稳定的比较重要的心理特征的总和，包括一个人的品格、品质、思想境界、情操格调和道德水平等。学生既是思政教育的对象也是学习发展的主体，培育学生的自主性、能动性和创造性，塑造其协调发展的主体人格是思政教育的应有之义。

无论是主体意识的增强、主体精神的培养还是主体能力的提升，最终都是为了形成主体人格，健全的主体人格对学生主体性的发挥起着导向和激励作用，是学生自我实现的重要条件，若无健全人格，主体性犹如无源之水、无本之木。思政教育的宗旨就是让每一个学生得到自由、全面、充分的发展，最大限度地开发自身潜力，激发主体意识，提升主体能力，塑造健全人格，弘扬主体性。

教师要引导学生正确地认识自我与社会，提升责任感，形成崇高的理想信念，实现个人与社会、自我与超我、小我与大我的辩证统一，真正做到知荣辱、明是非、辨善恶、懂法纪，提升思想道德素质，锤炼高尚的道德情操，形成健全人格。教师还要激励学生勇担时代重任，奋进拼搏，用坚定的毅力和恒心克服各种困难。

三、完善思政课的管理保障机制

目前，发挥大学生的主体性已经成为思政课的重要使命，仅仅依靠教师和学生的力量显然是不够的，学校还必须构建立体的保障体系，完善思政课的协调管理体制，加强和改进思想政治工作。为此高校党委、马克思主义学院、教务部门都要守好一段渠，种好责任田，为学生主体性的发挥提供保障。

（一）落实高校党委的主体责任

高校党委是大学生思想政治教育的责任主体，是思想政治教育工作的领导人和指挥者，担负着领导全校思想政治教育工作、抓好思政课建设和教师队伍建设的重要职责，自然而然对激发思政课教学中学生的主体性也有着重要责任。高校党委书记作为落实思政课教学工作的"第一责任人"，要发挥好带头作用，将思政课摆在重要位置，紧紧围绕立德树人的根本任务，直接或间接地为学生主体性的发挥创造条件，提供保障。

一方面，党委书记和校长要带头抓思政课建设。党委书记和校长要带头走近教师、走近学生，深入到课堂教学环节听思政课，了解学生的思想动态、学习情况和诉求，同思政课教师一同备课，集体研讨，严格落实以学生为本的理念，根据学生的心理特点和专业情况，用生动的语言和鲜活的案例，结合自身经历讲思政课，重视言传和身教的统一。在内容上高校党委书记和校长要加强正面引导，坚持以理服人，用思想理论魅力打动学生、教育学生、武装学生、赢得学生好评；在方法上与学生积极互动，坚持理论深刻性与授课生动性相结合，善于运用学生喜闻乐见的方式方法将原理转化成道理，抓本质，击要害，触及学生心灵，使这些道理入其脑、入其心。这样才能使思政课活起来，才能调动学生积极性。

另一方面，高校党委要加强思政课教师队伍建设。高校党委要为思政课教师的培训和进修创造条件，在资金投入上使其得到优先保障，在资源配备上使其得到优先满足，鼓励思政课教师到知名院校参加专题研修和实践研学、在职攻读博士学位等。同时高校党委还要壮大教师队伍，严格按照师生 1：35 的比例要求配齐专职教师，积极推动高层次人才的引进，打造高素质教师队伍。只有这样，思政课教师才会更有底气、自信和激情讲好思政课，才能对学生真正产生影响，学生也才会更有学习的热情和动力。

（二）落实马克思主义学院的重要责任

马克思主义学院是马克思主义理论教学、研究、宣传和人才培养的主阵地。马克思主义学院统一管理思政课教师，开设全校思政课教学，对办好思政课和激发学生的主体性具有直接责任。因此，高校要不断提升马克思主义学院教学单位的工作水平，打造人才培养的坚强阵地。

一方面，高校要健全完善的集体备课制度。开展集体备课有利于充分发挥思政课教师的积极性、主动性和创造性，汇集集体智慧，取长补短，实现信息资源的共享，促进教学质量的提升。思政课各教研室要定期组织并实行统一的集体备课，紧紧围绕课程重难点、学生关注的热点和国内外重大事件将党的最新理论成果、最新路线方针政策融入教学环节，集中研讨教学中的共性问题，完善教案讲义，形成统一的参考教案。备课不仅要"备教材"还要"备学生"，教材在不断地修订完善，学生也在不断地成长发展，各教研室要深入研究学生的思想特点、接受能力、情感需求和价值取向等，以便因材施教，更好地帮助学生解决思想困惑，增强教学的针对性。同时高校还要创新集体备课形式，提升教学效果。比如，邀请知名高校专家学者、党政干部或经验丰富的教师同思政课教师一起参与备课；组织骨干教师讲示范课，传授经验，形成一人主讲、全员讨论的模式；举办教师说课比赛，将说课作为集体备课的一种形式，提升备课效果；等等。

另一方面，高校要加快马克思主义理论学科科研建设，以科研促教学。科研能力是思政课教师更好地组织教学活动、激发学生主体性、抓好立德树人根本任务的重要前提。思政课教师只有搞好科研才能提升教学内容的理论性和思想性，才能以透彻的学理分析回应学生，以彻底的思想理论说服学生，用真理的强大力量引导学生。马克思主义理论学科的特点，决定了思政课教师要不断提升科研育人能力，巧妙地寓价值观于知识传授过程中。为此，高校要优先支持马克思主义理论学科的科研立项，马克思主义学院也要积极举办学术论坛会议，努力营造学术氛围，鼓励思政课教师到其他院校进行学术交流，为教师进行交流和研究提供更多的机会，使教师认识到科研对于提升教学效果的重要作用，从而使他们热爱科研，做好学术研究，以科研成果巩固教学阵地，实现教学与科研的相互促进。

（三）完善思政课的教学管理工作

教务部门是高校教学管理机构，其工作影响到每一位师生，直接影响着教学的正常开展。为确保学生能够发挥主体性，教务部门要积极主动地开展工作，提高教学管理水平。

一方面,教务部门要加强思政课课堂教学评价。课堂教学评价是指在教学过程中,对教师和学生所进行的教与学的活动及结果的评价。加强思政课课堂教学评价,是提升教学质量、优化教学效果、保障学生主体性发挥的重要手段。教务部门要在每学期组织学生、督导和教师本人开展思政课课堂教学评价,坚持公平、公正、客观的原则,建立科学全面的课堂评价指标体系,全面考察教师的师德师风、教学能力、理论功底以及学生的参与程度等,如教学内容是否具有思想性、理论性和价值性,教师是否能够在教学中调动学生的积极性和参与性,用自己的言传身教对学生产生真正影响,等等。为避免评价流于形式,教务部门要提升各评价主体对评价活动重要性的认识,将考核结果作为改进教学工作的重要依据。

另一方面,教务部门要合理安排教务,优化教学环境。教务部门要加快实施"中班授课,小班研讨"的教学模式,优化教学环境,形成全员参与的模式,调动学生主体性,使学生在互动中积极讨论,动脑思考,在小班研讨中培养团队合作精神,产生课堂参与的热情和积极性。合理的师生配比有助于提升教学质量,发挥学生的积极性、主动性和创造性,培养创新型人才。

四、健全学生主体性发挥的评价机制

在思政课教学中发挥学生的主体性作用,既要从与之相关的各因素入手,明确方向,又要确立硬性的激励和约束规定,以评价机制作为补充,将正向的激励引导和反向的约束管理有机结合,有效地引导学生主体性的发挥。

(一)完善激励引导机制

激励引导机制,是指某团体为了达到激励成员的目的,采取某些手段或政策,形成对成员的吸引、鞭策,促进成员行为效能的提高,进而达到团体行为的总目标。一定的激励引导能够充分调动学生的自主性、能动性和创造性。

第一，目标激励。目标具有重要的导向作用，只有树立清晰、明确的目标，学生为实现目标而努力的积极性才会高涨，行动力才能持久。大学生通常怀揣梦想进入校园，有着较强的成才欲望和自我追求，但也存在目标制定不合理而无法达到理想状态的问题。思政课教师恰好可以将学生成长、成才的需求与目标激励结合起来，帮助学生树立合理、可行的目标。目标并非越高越好，过高的目标不但不能对学生产生激励作用，反而还会挫伤学生的信心和积极性，导致他们对自我能力产生怀疑。因此，教师在帮助学生设立目标时要坚持难易适度的可行性原则，从具体的阶段性目标入手，使学生对自己的学习、发展有一个明确规划，增强其学习的积极性、目的性和行动力，使其在知识、情感和能力等方面得到提升。学生在完成具体目标后，便会产生较强的自我效能感。获得持久有效的激励，将进一步激发学生的内在积极性，为接下来的目标而努力奋斗。

第二，情感激励。在现代教学理论看来，情感激励是教育教学过程中调动学生积极性、激发其学习兴趣的行之有效的方法，在实现师生互动、促使学生思想认识的深化和转化上发挥着桥梁纽带的作用。"通情"才可"达理"，思政课教师只有做到以情感人、以情育人，才能感召学生、激励学生。在思政课教学中，教师要善于运用情感激励来调动学生的主体性，把学生放在与自己平等的地位上，了解、尊重、信任、关爱每一位学生，深入学生的内心世界，触动学生心灵，使学生从情感上受到鼓舞，激发其内在精神力量。

第三，榜样激励。榜样是活教材，具有鲜明的指导作用，所谓榜样激励，是指通过榜样人物的示范作用，对学生产生一定的影响和激励。教师言行一致，是最有说服力的思想政治教育资源，因此思政课教师务必率先垂范，发挥榜样作用。教师不仅要用自己深厚的知识素养说服学生、教育学生，还要用自身人格、道德力量感染学生，用自己的言行感召学生，引导学生自觉地追求真、善、美。同时，教师还可以发挥学生榜样的示范带动作用，一方面，这样能够激励优秀学生继续前行，另一方面，学生榜样更贴近学生生活，更容易使学生产生共鸣，激发其学习热情，使其自觉将榜样的力量转化为内在催人上进的精神力量，形成你追我赶的良好氛围。

（二）健全约束管理机制

学生主体性作用的发挥不仅要依靠正面的激励和引导，还应依靠外在的约束机制，包括科学合理的管理制度和一定的评价机制，以对学生不良的学习行为和习惯进行纠正。

1.完善课堂管理制度

科学的管理制度是维持课堂秩序、顺利进行课堂教学活动、激发学生主体性和积极性的重要保证。良好的课堂管理离不开纪律，思政课教师要通过有效的纪律管理，激发学生的主体性意识，高质量地完成教学任务。具体来说，思政课教师要做到以下内容：

（1）树立正确的课堂纪律管理观

教师要考虑到学生的自尊心，以积极的纪律教育为主，必要时辅以惩罚教育，积极引导学生进行自我管理，这样有助于发展学生的个性与创造精神。

（2）注重培养学生的自律意识

良好的学风是同学们发挥主体作用、自觉规范自己言行的结果，教师要让学生意识到自己的主体地位，严格规范自己在课堂上的一言一行，在他律的基础上进行自律，营造良好的班风、学风，为进一步发挥学生的主体性作用提供保障。

2.完善考核评价机制

思政课是落实立德树人根本任务的关键课程。教学评价是思政课建设的重要组成部分，构建完善的教学评价指标体系是进一步深化思政课教学改革和提升思政课教学质量的迫切需要。思政课的考核评价是教育教学的关键环节，具有重要的诊断、导向和激励作用，对促进教育教学发展、提升学生主体性地位具有重要作用。

（1）完善考核评价目标

在目前思政课对学生的考核中，期末考试成绩占的比重较大，学生在学习过程中容易忽略自身能力和综合素质的提升。为改变这种状况、调动学生自我发展的主体性，教师要完善考核评价方式，注重考查学生对知识的掌握程度、对相关理论的理解以及活学活用的程度等，以此来充分调动学生的积极性，使其做到知行合一。

（2）注重过程性评价

考核评价是需要贯穿教育教学全过程的。具体来说，教师要关注学生在思政课课堂上的表现、体验和收获，如课堂出勤率、在课上回答问题的情况、参与课堂讨论是否积极、作业完成情况等。对于学生而言，全面、全程的考评更能够激发他们的学习热情，促使他们上课认真听讲，积极思考，主动学习。

（3）完善中期考核

考核通常在期末也就是学生结课后进行，教师来不及对学生的总体情况进行总体点评，即使发现学生在知识上出现偏差或者行为态度上存在问题，也无法及时有效地进行纠正和指导。因此教师要完善中期考核和平时考核，对表现好的学生提出表扬，产生激励作用；对存在问题的学生要及时进行沟通指导，使其在接下来的学习中自觉改正。

第三章 高校思政课教学
改革与创新的方向——
走融合发展之路

第一节 高校思政课与创新创业
教育的融合发展

思政课主要对学生进行品德思想教育，培养学生的综合素质、创新能力，内容上包括经济、文化、道德、政治等。创新创业教育的核心内容是创新精神，内容包括心理、能力、管理和知识等，二者紧密相连。在思政课中有效融入创新创业教育，提高学生创新意识及创业能力至关重要。

一、高校思政课与创新创业教育融合的重要性

（一）有助于共同教学基础的巩固

高校思政课教学与创新创业教育有着共同的教学目标、共通的教学内容、共容的教学方法、共有的教学功能，将创新创业教育融入高校思政课教学有助于这些共同教学基础的巩固。

1.有助于共同教学目标的巩固

高校思政课是学生意识形态形成的主阵地，高校思政课的主要目标是使大学生了解当今时代的世情、国情、党情、社情、民情，强化大学生的社会责任感、历史使命感、爱国主义情感，端正大学生的世界观、人生观、价值观，坚定大学生的信仰、信念，提高大学生的思想道德素质和解决问题的能力。

创新创业教育紧随国家发展的方向，是我国建设成创新型国家的重要力量，其立足于培养大学生的创新创业精神，塑造大学生的创新创业品格，提高大学生自主创新的能力，从而为社会培养出具有较强社会适应性、掌握专业技术与技能的高层次人才。

高校思政课与创新创业教育的最终目的都是培养符合社会发展的高素质人才，思政课的重心在于促进大学生思想意识的发展，创新创业教育强调大学生社会实践能力的提升。思政课和创新创业教育用符合时代发展的思想和意识推动大学生社会实践的顺利进行，用符合社会发展的实践行动将已有的想法、观念转化为现实，二者的双向互动有助于共同教学目标的全面巩固。

2.有助于共通教学内容的巩固

依据教学目标和任务，创新创业教育的教学内容大体可以分为以下四个方面：

（1）意识的培养

在高校开展创新创业教育课程，为当代大学生讲解有关创业的基本知识，提高大学生的创新意识，培养大学生的创业精神，激发大学生的创业热情。

（2）能力的提升

一个成功的创业者必然具备强大的批判性思维、观察力、洞察力、领导力、组织协调能力等，这些恰是创新创业教育的内容，创新创业教育通过对这些能力的讲解与训练来提高大学生的实践能力。

（3）环境的认知

当今社会环境错综复杂，对于刚刚走上社会的大学生来说是十分不利的，尤其是那些有着创业想法的大学毕业生。创新创业教育通过对当今企业及行业环境进行分析，使大学生及时了解创业机会，规避创业风险，掌握相关的商业模式等，以提高大学生创业的成功率。

（4）实践的模拟

实践是检验真理的唯一标准。创新创业教育通过商业计划书的撰写、模拟商业活动的开展、创新创业大赛的举办等，为大学生提供各种体验创业的机会，为其真正创业打下基础。

从教学内容上来看，二者都能紧随社会发展，且在发展的过程中都强调自身发展的政治性。思政课相关内容的融入，使创新创业教育更加符合时代的发展需要；创新创业教育的融入，提升了思政课的创新性、实践性，为思政课的发展打开了一个新的局面。随着创新创业教育和思政课的进一步发展，二者之间的联系会更加紧密，二者教学内容的共通性将会得到进一步加强。

3.有助于共同教学方法的巩固

创新创业教育既有理论灌输，也有实践教学，其本质是一种实践性和操作性较强的教学活动。创新创业教育的主要教学方法有理论灌输法、案例教学法、实践锻炼法、日常熏陶法。在创新创业教育的课堂上，教师通过列举与创新创业教育相关的案例，在此基础上引出与创新创业相关的理论知识，以此来丰富学生的理论基础。在有条件的情况下，教师鼓励学生将所学的理论知识运用到实际的创新创业活动中去，使其在日常活动中提高自己的创新创业意识，增强自己的创新创业能力。

随着时代的不断发展，思政课也在不断地调整教学方法，不断打破传统的教学理念。当今时代的思政课不仅强调理论的重要性，更加注重实践的发展。思政课的教学法主要有理论灌输法、讲授法、实践教学法。但归根结底，思政课的教学方法是理论联系实际。

高校思政课与创新创业教育的教学方法都强调与时俱进，都从人与整个社会发展的角度出发，关注人与社会的发展。两者在理论灌输法、实践教学法的使用上有着共同之处。随着素质教育的不断发展与深入，高校思政课和创新创业教育都更加强调学生的全面发展，创新创业教育与思政课教学方法会有更多的交叉。因此，将创新创业教育融入思政课的教学中，不仅巩固了已有的、共通的教学方法，更能够促进思政课与创新创业教育的共同发展。

4.有助于共有教学功能的巩固

教学功能是指某一课程教学所发挥的积极作用。创新创业教育与思政课是两门不同的课程，但二者的教学功能是相同的。

高校创新创业教育的主要任务是保证国家创新能力的提升，推动社会经济的发展，增加就业岗位，改变就业局面，维护社会的稳定与发展。这既能满足个体生存发展的需要，又能推动国家的进步与发展。

高校思政课主要从学生个体着手，在遵循个体发展的一般规律的基础上，引导个体的思想、行为向着社会发展的方向前进，以此来规范个体的行为，提高个体的思想道德素质；通过培养高素质的个体来推动社会的稳定发展，同时鼓励个体积极主动地参与到社会生活中来。

由此看来，思政课与创新创业教育的教学功能大体上可以分为社会功能与个体功能，在当今时代的大背景下，将创新创业教育融入高校思政课教学中，不仅能够体现思政课的时代性与科学性，更有助于思政课实践性、时效性、大众性、贴近性的增强，能够推进二者教学功能的进一步发展。

（二）有助于思政课教学改革的发展

我国的高校思政课作为国家大政方针宣传的主阵营，作为国家思想意识形态传播的主途径，在我国发展的过程中扮演着重要角色。但是，我国高校思政课存在着缺乏创新性、实践性、时效性等问题。而创新创业教育与我国所倡导的以改革创新为核心的时代精神完全相符，有助于创新型国家的建设，有助于中华民族伟大复兴历史任务的完成，体现了思政课服务于社会主义思想宣传的根本理念。由此看来，创新创业教育既符合了时代发展的趋势，又与当今时代大学生内在发展的需求相吻合。因此，寻求创新创业教育与思政课的契合点，将创新创业教育融入高校思政课的教学中，有利于推动思政课教学改革的创新性发展。

创新创业教育一方面要在课堂上为学生们讲解创新创业的相关知识、技能与方法，另一方面还要引导学生加入创新创业项目中去，以帮助学生了解社会主义的发展进程，了解市场经济的运行模式，了解企业对社会发展的重大作用，并且在此过程中不断地学习企业家精神，在项目不断推进的过程中学习团队合作精神。将创新创业教育的这种教育理念、教育模式引入思政课教学中，不仅能够改变思政课传统的教学理念、教学模式、教学方法，推动思政课教学改革的进一步发展，而且能够更好地培养顺应时代发展潮流的合格的社会主义事业建设者和可靠的接班人。其中，创新创业教育的实践性特征是最值得思政课学习与借鉴的，推动思政课实践教学的发展，促进课堂实践、校园实践、社会实践三者相结合，有利于高校思政课建立较为完善的实践教学体系。

综上所述，创新创业教育融入高校思政课教学是十分重要的，也是十分必要的。一方面，创新创业教育与高校思政课教学有着共同的教育基础，这就为创新创业教育融入高校思政课提供了理论依据；另一方面，创新创业教育融入高校思政课教学既有助于创新创业人才的培养，也有助于思政课教学的改革，这就为创新创业教育融入高校思政课教学提供了现实依据。

二、高校思政课与创新创业教育融合的路径

随着高校普及率的提高，越来越多学生有机会走进高校，接受高等教育，但是很多高校师资不足，尤其是创新创业教育的师资团队严重不足。所以，一方面为了解决高校师资力量不足的问题，另一方面为了不增加学生的学业负担，不挤占学生专业课的学习课时，将创新创业教育与我国高校设置的公选课和专业课相整合是符合我国当前实际情况的最佳选择。鉴于创新创业教育是不断向前发展的，我们以思政课为载体，从以下方面进行探析：

（一）加强教师队伍建设

时代的高速发展对现代教育体系改革提出了全新的要求，十九大会议也着重强调了创新创业对于我国未来发展的重要意义。思政课应紧紧抓住创新创业教育这一载体，逐渐实现改革目标，拉近思政课与学生之间的距离，增强思政课的吸引力，增强教学效果。在教育教学过程中，教师作为教学主体，他们的

思想观念、行为习惯、处事方式对学生有着潜移默化的影响。因此，我们需要加强思政课师资队伍建设。

首先，高校思政课教师应树立以人为本、全面发展的创新创业教育理念，将思政课教学与创新创业教育充分结合起来。思政课教师应改变以往的教学观念，强化将创新创业教育融入高校思政课教学的意识，积极探索有利于创新创业教育教学目标实现的思政课教学观念、方法、模式等。各大高校思政课负责人应在每次课题组会议中强调将创新创业教育的教育理念、模式、方法等融入自己的课堂中，让思政课教师感受到上层领导对创新创业教育融入高校思政课的重视度，为思政课教师态度的转化营造一个大环境，让思政课教师走进课堂会立马想到要巧妙地将创新创业教育的相关内容融入自己的课堂中。

其次，加强对思政课教师的创新创业教育培训。高校思政课教师有着深厚的思政理论功底，所以思政课教师可以主动学习与借鉴西方创新创业教育的思想观念，促使自己思想观念上的转化，与国际接轨，也为自己今后的课堂教学奠定思想基础。各高校可在寒暑假请专门的创新创业教育专家为思政课教师讲解创新创业教育理论知识，通过理论讲解、案例分析、课堂讨论等方式，巩固、加强思政课教师对创新创业教育理论的认识，以此奠定创新创业教育的理论基础；各高校应积极组织思政课教师走进企业、工厂，与企业的负责人、创始人进行面对面的交流，了解他们是如何克服困难成功创业的，这种交流不仅能增强思政课对学生的吸引力，更能够让思政课教师为想创业的学生提出较为合理的意见。高校可以出台相关政策，鼓励有想法的思政课教师自主创业，让他们在自己创业的过程中，去感受创业所需具备的精神、能力等。这样，有创业经历的思政课教师在为学生们讲解创新创业教育相关的理论知识、实践经验时，更容易让学生接受。

最后，将思政教师的教学质量考核与创新创业教育工作挂钩，让创新创业教育真正得到思政课教师的高度重视。学校相关部门可以设立规章制度明确规定，思政课教师要在每个学期中和学期末针对将创新创业教育融入思政课教学的实际情况提交相关材料，这些材料将被用来考核该教师一个学期的教学情况。将创新创业教育融入高校思政课教学的情况计入考核，更能够发挥创新创业教育对思政课的效用，从而更好地引导大学生树立正确的世界观、人生观、价值观，使他们能够朝着自由而又全面发展的方向前进。为了帮助学生从自己专业的角度出发创业，思政课教师可以撰写一份有关学生所学专业的专业特点及未来就业方向的文件，在备课时，结合这份文件中收集到的与该专业相关的名人创业成功案例进行分析理论知识，以此给想创业的学生奠定相关的理论基础。

（二）营造创新创业教育氛围

环境对人的思想观念、行为习惯、处事方式都有着潜移默化的影响，为了培养学生的创新精神，使学生树立创业观念，高校应积极营造良好的创新创业文化氛围。

1.利用校园媒体营造创新创业教育环境

现代高校的新媒体教学普及率较高，所以学校可以运用各种媒体渠道进行创新创业文化宣传，以营造良好的校园创新创业文化氛围。例如，在校园里挂上写有鼓励创业的条幅，贴上写有宣传创业精神的标语；在校报上设立专门的板块来宣传与创新创业相关的内容，如提出与创新创业相关的问题让同学们展开讨论、分享创业成功校友的故事引发学生们的共鸣、对国家相关的创新创业政策法规进行分析等；利用校园广播、网络、电子广告牌等，在每天的固定时间为学生播放国内外名人关于创新创业教育的访谈、讲座等，通过这些名人对自身创业经历、创业感悟的讲解，促使学生对创新创业有进一步的理解，为自身的创业奠定基础。如果学校能通过这样的方式对创新创业教育进行宣传，必定能够让师生感受到创新创业教育的重要性，必然能引起他们对创新创业教育的重视与关注。

2.通过校园文化活动渗透创新创业教育知识

学生对创新创业教育理论知识的掌握程度是创业成败的关键性因素，因此，我们可以开展各种校园文化活动来对学生进行创新创业教育知识的讲解。

例如，学校可以依据思政课教师所精通的创新创业知识，安排不同的思政课教师针对不同的领域开展创新创业教育专题讲座，可以讲解创业需要掌握的法律法规和环境保护的知识、特种行业管理等实用知识。思政课教师在开展思政理论教学的时候，可以合理安排时间，请一些与所教专业相关行业的成功创业者走进课堂与学生进行面对面的交流，让那些成功的企业家和学生分享自身的创业经验、创业教训、创业心得，使想创业的学生树立信心并提前做好心理准备，使不想创业的学生从中学到一些有关生活、工作的经验。学校要充分利用好学生寒暑假的时间，主动为学生牵线搭桥，能够使其在假期走进企业实地考察，进一步拓宽思路、开阔眼界。对于那些真正想创业的学生，教师可以为他们推荐创业课题、收集创业信息，鼓励他们勤于思考、敢于创新，深入社会进行走访调查，引导他们了解当前的创业环境。

多种多样的校园文化活动能够让学生了解更多的创新创业文化知识，培养学生的创业能力，使其具备一定的市场竞争力，树立创新创业理念。

3.鼓励、组织学生参加创新创业大赛

各类创新创业大赛能够激发学生们的创新意识，提高学生的创业能力。随着创新创业思潮在我国的不断发展，我国各种各样的创新创业大赛也在不断地涌现，如"挑战杯"大赛、"互联网＋"大赛等，其中"互联网＋"大赛中的"青年红色筑梦之旅"赛道，巧妙地将我国的思政理论教育与创新创业教育相结合，其主要目的是鼓励广大青年学生立足于我国的国情民情，在创新创业中增长智慧、才干，在艰苦奋斗中锤炼意志品质，把激昂的青春与伟大的中国梦相结合。

高校也可以通过多种形式来营造创业情境，让学生在其中得到真正的锻炼，如学校可以充分利用各学院的社团活动，明确规定各学院相关社团一学期必须举办两到三次与创业相关的活动，如创新创业计划书的撰写、小发明大赛、销售大赛等，并且明确要求没有参赛的学生必须到场观摩，以此来锻炼学生们的逻辑思维能力、应变能力、创造发明能力。这样的大赛在学生中有更高的普及率，容易让各学院的所有学生受到启发。在校园、社会举办各种各样的创新创业大赛，既能让学生看到国家、学校对创新创业的重视，又能激发学生积极创新、主动创业、大胆向前的激情。

第二节　高校思政课与优秀
传统文化的融合发展

中华优秀传统文化作为中华民族文化体系的重要组成部分，具有许多宝贵的教育资源。如何将高校思政课与中华优秀传统文化相结合，也成为备受瞩目的重要课题。

一、高校思政课与优秀传统文化融合的原则

中华优秀传统文化博大精深，将其融入高校思政课，必须解决如何融入的问题。我们必须谨防淡化思政课的意识形态性，将思政课讲成中国优秀传统文化课程的现象。因此，我们在内容选择上要遵循以下两种原则：

（一）与学生的成长成才相适应

中华优秀传统文化博大精深，滋养了一代代中华儿女高雅的精神品质和审美情趣。大学生要真正成为担当民族复兴大任的时代新人，不仅要掌握一身过硬的专业本领，也应该有理想、有情怀、有担当。将中华优秀传统文化融入高校思政课，应当着眼于提升大学生的人文素养，促进其全面发展。人文素养是指做人应具备的基本品质和态度，包括文化知识素养、思维方式、价值观等个性品格，强调的是以人为中心的精神品质。高校思政课也承担着对人的心智的开启和灵魂的启迪的责任，也就是对学生人文素养的培养。而中华优秀传统文化富有人文内涵，对提升高校学生的人文素养至关重要，可以对高校思政课形成及时有效的补充。

当下，高校要培养的学生是既有正确的政治方向，具备科学的世界观与方法论，又掌握中华优秀传统文化的基本精神内涵、人文精神和高尚道德的热爱

中华民族的现代人。只有高校将中华优秀传统文化融入思政课，弥补高校思政课人文素养教育的缺失，大学生才能在不知不觉中净化自身的灵魂，形成健全的人格，坚定中华民族的文化自信，在从容和快乐中真正成为时代和社会发展所需要的人才。

（二）与思政课特点相适应

相较于其他课程，思政课具有强烈的价值观导向，立德树人是高校思政课的核心和灵魂。中华优秀传统文化融入思政课教学的过程必须紧密结合思政课立德树人的特点，对中华优秀传统文化进行概括提炼，突出重点。具体做法如下：

首先，把理想信念摆在首位。理想信念是大学生思政课教学的核心内容。教师要引入传统文化中鸿鹄之志、志当存高远的理想观，教育大学生放开眼界，确立远大的目标；以"吾将上下而求索"的精神鼓励大学生为目标百折不挠，积极求进；以"千里之行始于足下"的实践观引导学生为实现理想脚踏实地，从小事做起，从现在做起。

其次，强调爱国主义情怀。爱国主义既是中华民族最深厚的精神传统，也是动员和鼓舞中国人民团结奋斗的精神旗帜，具有极大的凝聚力和生命力。可以说，一部中国历史，就是一部中华民族爱国主义的精神发展史。将中华优秀传统文化融入高校思政课，必须强调爱国主义情怀，唤起大学生强烈的责任感和使命感。

最后，突出道德情操引领。高校思政课必须以塑造大学生正确的道德观为重任，突出对大学生的道德情操教育。中华优秀传统文化是以伦理道德为基础的文化，其道德核心"仁义礼智信"是对社会主义道德建设的有力补充。将中华优秀传统文化融入高校思政课，就要加强对中华传统美德的挖掘，突出道德情操的引领作用，注重培养大学生的高尚品德，提升其道德境界。

二、高校思政课与优秀传统文化融合的路径

中华优秀传统文化经过几千年的积淀，蕴藏着丰富的资源和内容，对高校思政课来说，其价值不言而喻，值得高校思政课继承和创新。因此，我们必须积极探索如何将中华优秀传统文化更好地融入高校思政课之中。我们应当树立主体性教学理念，从教师的教学能力、课堂教学、实践教学和教学方法等多方面着手，切实增强融合的实效性。

（一）提升教师运用优秀传统文化的教学能力

教师在思政课堂上居于主导地位，是决定一堂课成功与否的关键因素。所以，将中华优秀传统文化融入高校思政课，首先应当提高教师的意识，使他们能够认识到中华优秀传统文化融入高校思政课的重要价值作用，并自觉主动地在思政课教学中融入中华优秀传统文化。这就对教师的传统文化素养和教学能力提出了较高的要求。

作为知识的传播者和传统文化的传播者，教师要在思政课中得心应手地引用传统文化，重视自身的传统文化积累。这需要教师自身在课余多努力，提高对传统文化的兴趣，自觉涉猎优秀传统文化知识，加深对优秀传统文化的研究，增强对优秀传统文化的掌握和运用能力。此外，教师必须提高自身道德修养并时刻注意自己的言行，教师的亲身示范是对学生最好的教育。教师应当具有高尚的道德情操和人格魅力，在提高自身素质的基础上，指导学生形成正确的世界观、人生观和价值观。同时，学校的相应支持也必不可少。学校可以加强对教师优秀传统文化相关内容的培训，多举办相关讲座，邀请相关专家，使教师受到熏陶。当然，高校也不能忽略校园环境和氛围的育人功能，在规划和建设校园的过程中，可以适当加入中华优秀传统文化元素，提升校园的文化品位，使师生在潜移默化中受到影响。

第一，在思政课课程标准中明确中华优秀传统文化融入高校思政课的要求和导向，以指导教师在思政课教学实践中运用传统文化。同时，教师要在教材

中明确相关知识点，以便在教学中能更得心应手地引入中华优秀传统文化。

第二，学校应当设立相关指标，将教师在课程教学中运用中华优秀传统文化的相关情况纳入教学评价体系和考核体系。

第三，向教师大力推广在思政课教学实践中成功运用中华优秀传统文化的优秀示范课程，充分发挥示范课程的带动作用，使教师在潜移默化中增强意识。此外，学校还可以定期举行教师交流会，让教师互相交流、分享相关教学经验，提高教师将中华优秀传统文化引入教学的意识。

归根结底，优秀传统文化与思政课教学的融合必须要落实到高校思政课课堂本身。要上好课，必须事先备好课。教师应当深入研究思政课的课程标准和教材内容，明确教学目的和重点，探求将中华优秀传统文化内容或精神合理融入思政课的契合点，在对教材深加工的基础上将教材内容进行扩展，引入相关的中华优秀传统文化资源，以便在课堂上进一步开阔学生的视野，提升思政课课堂实效。此外，教师应当提高自己在课堂教学中的组织管理能力和把控能力，善于调动学生参与课堂教学的积极性，通过多形式的教学方法，将中华优秀传统文化更好地融入课堂教学。

（二）创新优秀传统文化融入高校思政课的教学方法

从教学方法上促使优秀传统文化融入高校思政课，必须联系时代背景，了解大学生的思想境况，遵循大学生身心发展规律，采用学生喜欢的教学方式。传统的封闭式教学、灌输式教学已经很难适应当下的现实要求。教师要将两者进行融通，就得打破传统，创新课堂教学模式，变封闭式教学为开放式教学，变单项灌输式教学为双向互动模式教学。

1.创新理论教学方式

教师在教学过程中必须树立以学生为主体的教学理念，以启发学生为教学主线，充分发挥学生的主动性和能动性。

第一，教师可以进行探究性教学，通过互动启发的教学方式，调动学生积极参与到课堂中来。在进行启发式教学时，教师要注意教学内容和学生的身心适应情况，也应当注意教学方法与教学内容内在的契合。

第二，从权威式教学向问题研讨式教学转变。传统文化与高校思政课的有机结合，本来就应当是开放的主题。况且在信息爆炸的今天，学生掌握的信息并不比教师少，甚至可能了解很多教师忽略的知识盲点，传统的权威式教学并不适合当下。教师应当根据具体授课内容，设置与中华优秀传统文化有关的问题和案例，以问题为导向，通过小组讨论、社会调研、答辩等环节来引导学生自主思考传统文化的问题，让学生在探究中进行深入了解应产生认同感，主动将中华优秀传统文化内化于心。

第三，采取开放式教学。开放式教学包括了教学观念、教学形式、教学内容等方面的开放。教师应当在讲授教材的基础上，根据学生的现实情况和专业特点，灵活添加中华优秀传统文化的内容，为学生提供鲜活的知识和与时俱进的信息。同时灵活采取课堂辩论、学生主讲教师点评等方式，充分发挥学生的学习兴趣，激发他们研究中华优秀传统文化的兴趣。

2.丰富理论教学载体

思政课教师还可以借助发达的大众传媒技术，丰富教学资源和载体。互联网的快速发展正在改变着传统的教育和学习方式，大众传媒本身已成为弘扬中华优秀传统文化的重要渠道，央视举办的《诗词大会》《百家讲坛》等宣传优秀传统文化的节目，深受大学生喜爱。教师在上课时，应当借助大众传媒，选取学生感兴趣的话题，提高学生兴趣，使学生产生共鸣。大众传媒给高校思政课的教学手段和方式也带来了全新的变化，教师应当充分利用网络这一载体进行教学方法的创新。教师可以设计出高校思政课的网站和微信公众号，推送关于传统文化和思政课结合的信息，以图文并茂且生动活泼的形式，与学生进行思想和情感的互动，使学生既学习了相关思政课内容，又受到中国优秀传统文化的熏陶。当然，运用大众传媒技术要注意对内容和形式的把关，不能喧宾夺主，内容和形式应当为教学目的服务。

此外，教师还可以开展课堂活动，如课堂观影、课堂演讲等丰富教学内容，积极引导学生进行思考。通过丰富的资源和形式，提升大学生对中华优秀传统文化的兴趣，提高高校思政课的实效性。

第三节 高校思政课与校园文化
协同育人创新路径

校园文化和其他文化相比具有一定的互动性和传承性。优秀的校园文化不仅可以对大学生形成正确的人生观起到辅助作用,促使他们用一种新的眼光看待世界,从而不断提升自我,还有助于不断改变高校的学习氛围,激发大学生学习的积极性。因此,建设高校校园文化对于不断完善高校思政课教育体系具有举足轻重的意义。

一、高校思政课与校园文化协同育人的着力点

高校思政课在大学生的思想政治教育中发挥着主导作用,同时为校园文化建设提供坚实的理论基础,其教学内容的转变以及内涵的升华,在校园文化建设中都有着深刻体现。校园文化建设作为思想政治教育的重要支撑,是与课堂教学相并行的教育途径,为思政课实践教学提供了重要载体,校园文化活动对增强思政课教学效果有着重要作用。思政课教学通过主题鲜明、内涵丰富、形式新颖、吸引力强的特色教育活动,使学生在参与过程中受到思想信念、价值观念的引导,从而树立坚定的人生目标,确立正确的发展方向,提升自身创新能力,成为校园文化活动的参与者和获益者,而这正是思政课教学的目的所在。

(一)课内与课外相结合

思政课的教学课堂无疑是指列入学校教学计划的课堂,是思想政治教育的主渠道;而校园文化活动则是可以在学校教学计划之外开展的相关教学实践活动。校园文化活动是思政课课堂教学的重要拓展,是学校培养学生道德素质的"隐形课堂"。校园文化活动的开展要符合主题鲜明、形式多样、健康向上、格

调高雅的要求，开展高质量的校园文化活动有利于激发大学生参与实践活动的积极性和主动性，也有利于学生形成良好的品格、完善的人格，培养学生的集体荣誉感，是加强高校思政育人的有效途径。因此，高校要积极推动第一课堂和第二课堂的结合，从而增强思政课的吸引力、说服力、感染力，提高学生学习的积极性、主动性，使学生的综合素质得到全面提升。

首先，教师要站好三尺讲台，搞好第一课堂的教学，使其发挥主渠道作用。思政课要高度重视第一课堂，筑牢思政课课堂教学的基础性环节，即授课。教师要在课前认真备课，在课堂认真授课，使学生在课堂上认真学习，以实现牢固占据高校思政教育主渠道、提升第一课堂教学针对性的目标。

其次，高校要努力开辟第二课堂，为思政课教学提供丰富多样的素材，激发学生自主学习的主动性和积极性。在第一课堂之外，高校有针对性地围绕课堂教学的重大理论或实践主题举办知识竞赛、辩论比赛、演讲比赛等全校性的校园文化活动；还可以整合并利用学校和当地资源，开拓课外实践场地，让学生走出校园进行各种形式的社会考察活动；同时，可以将相关的社会调查与大学生暑期社会实践活动相结合，把它作为思政课实践教学的重要补充，从而实现第一课堂和第二课堂的有机结合。

新形势下高校校园文化活动不仅是大学生进行素质教育的重要途径和有效方式，还是凝聚学生、开展思政课教学的重要组织动员方式，更是与课堂教学相互促进的思想政治理论教育的第二课堂。

（二）线上与线下相配合

互联网是当今大学生获取信息、沟通交流的工具，高校在建设校园文化的过程中要对互联网进行合理利用，使其成为校园文化活动的重要工具。高校思想政治教育部门要紧跟时代潮流，了解并掌握学生的兴趣点与需求点，并以此为切入点创新教育方式，充分运用互联网举办独具特色，又富有内涵、积极向上的思政课校园文化活动，将思政课教学融入其中，以达到创新思政课和思政教育的目的，营造良好的校园文化氛围。

"互联网＋"时代，思政课教学和校园文化活动都要与网络技术等媒体进行结合，协同"线上线下"，坚持适度原则，拓宽教育教学空间。思政课教学要充分利用互联网传播速度快、覆盖范围广的特点，建设思政教育平台，以实现广泛、快速地对高校学生进行思想政治教育的目的。校园文化活动的建设与管理亦逐步网络化，文化活动组织发展的社会化和现代性逐步显现，因此校园文化活动要与时代发展同步，高校要设立官方 QQ、微信公众号及官方微博账号等，与学生进行线上线下互动，以增强校园文化活动的影响力，扩大活动空间，促进自身发展。校园文化活动的前期造势、中期举办、后期总结都可以转移至线上，以期实现即时化、系统化、专业化的效果。

　　具体来说，高校可以通过设立线上"互动"平台，推送具有思想引领性的文章、视频、时评等内容；可以设立稿件征集、辅导员论坛、青年风采、学生来信、教师短评等子菜单，与学生进行互动交流；可以举办读书沙龙、活动论坛、面对面访谈等线下交流项目，使学生与教师实现课堂外的互动沟通，帮助教师了解青年学生的思维想法、心理状态等；同时，学生可以在线向教师提问，教师及时解答，使自己的思想能够快速、有效地传递给学生，以提升思政课教学的效果，增强线上线下思政教育的实效性，发挥新媒体平台的积极作用，筑牢高校意识形态阵地。

二、高校思政课与校园文化协同育人的关键要领

（一）创新内容形式，加强思想引领

　　新形势下，传统思政课的教学内容与方式已经无法满足当代大学生的精神需求，教师要在改造形式化的教学、改造脱离实际的教学、改造远离灵魂的教学上下功夫，要以理性的思考说服人，以感性的形式感染人。

　　思政课育人内容与手段都要进行创新，改变固有形式。开拓思政课育人内容新思路要与校园文化活动适时结合起来，把我们党丰富的思想资源和鲜活的实践案例通过活动的形式生动地呈现在学生面前。在进行校园文化活动策划时，教师要敢于打破固有的思想观念，摆脱旧规定的束缚，提倡勇于开拓、敢

为人先、积极进取的精神；高校师生要敢于竞争、敢于突破、敢于超越，培养不惧权威、大胆质疑的品格，全面提升自身的创新能力，营造浓郁的创新氛围，努力形成符合新时代精神的校园文化。

当代大学生是求新的一代，是"从容、理性、务实"的一代，思想政治工作和校园文化活动要具有创新思维，教师要及时用新思路进行调整，既要关注教育教学实际，又要有批判性思维、建设性思维，以多种形式实现价值引领。思政课教师要立足教材，但不能被教材束缚；要从教材出发，适时走出教材，最终回归教材。校园文化活动要跳出固有的形式范畴，既要创新内容，也要创新形式。教师要重点关注教学和活动内容的设计是否符合理论联系实际的要求、是否体现政治性与学理性的交融、是否关注学生成才，并及时回应大学生关注的热点，从而准确地把教学内容与学生的需求结合起来，增强思政课与校园文化活动的育人效果。

（二）树立用户思维，关注学生需求

高校思想政治工作的主渠道集中在思政课课堂上，而思政课课堂的目标是将知识、思想更有效地传递给学生，所以在一定意义上，学生是课堂的中心。这就要求思政课教师树立"以学生为中心"的思维，围绕学生的需求开展教学活动。大学生是高校思政课教学的主要工作对象和参与主体，高校思政工作在进行的过程中必须充分考虑学生的成长需求，结合学生的成长特点，发挥学生的力量。思政课和校园文化活动在进行过程中要坚持围绕学生，让学生参与全过程，变以往的"说教"为"说理"、"传递"为"对话"，帮助青年学生成长、成才。

新形势下思政课教育教学要树立用户思维，即了解用户，也就是了解青年群体的特点、需求，立足于学生的需求，尊重其主体地位。在思政课教学与校园文化建设的过程中，教师要重视发挥学生的力量，将教育内容的选择权交给学生，力求满足学生对个性化、创新性话语表达方式的需求，提升学生参与活动的积极性、主动性。学生团队负责现场活动的具体策划运营，主讲嘉宾给出讨论主题的范围，然后学生投票确定讨论主题。教师还要与时俱进，运用互联网思维，对活动所反映出的数据进行调研、归类、总结，根据大数据反映的资料了解学生的兴趣点和困惑所在，充分掌握各个阶段、各个类型学生的不同情况、不同需求，从而调整育人内容，创新育人方式，增强校园文化活动和思政课教学的针对性和有效性。

（三）重视媒体素养，创新育人载体

新媒体作为一个开放、平等、共享的宣传平台，为高校思政教育提供了可以利用的多方位、多角度、全领域的广阔空间，校园文化活动可以从中获取取之不尽的素材。教育者与受教育者、活动主办方和活动参与者之间要打破隔阂，进行平等的互动交流，为思政教育提供更为丰富多样的案例，达到良好的教学和实践效果。开放互动的环境，对于高校思政教育来说，是一个充满机遇与挑战的全新领域，此时新媒体可以发挥其特有功能，拓展高校思想政治教育的领域，为校园文化活动提供更加丰富多样的发展空间。

新形势下，思想政治工作与校园文化活动要与新媒体技术进行全方位结合，利用新媒体技术的独特优势，搭建新媒体育人平台，使传统思想政治工作与现代信息技术高度融合，更新调整工作方式并赋予其时代特征，以增强思政教育对大学生的吸引力。同时，教师可以运用新媒体资源深入有效地了解大学生学习、生活情况，不断更新教学模式、教学手段；大学生也可以利用新媒体平台更新自己的知识库、信息库，开阔视野，增加知识储备，在网络平台接受思想政治教育，接受各种正能量的灌输；学生还可以以各种方式、途径参与校园文化活动，为活动提供创意、思路，与大家进行互动等。

高校要高度重视网络信息空间环境，对网络空间进行密切监管，及时地监控与检测网络环境，净化网络空间，筛选网络信息，宣传健康向上的网络行为习惯，引导网络舆论符合社会主义价值需求，使网络空间充满正能量。

（四）提升品牌效应，打造特色平台

思政教育与校园文化活动要树立品牌意识，打造特色鲜明的活动品牌，广泛收集学校各类无形资源和有形资源，进行资源整合，提高资源效益，从而提

升思政课教学效果，推进校园文化活动项目的运行开展；同时也可以培养师生对校园文化活动品牌的认同感，充分提高师生的积极性和参与校园活动的热情。这对加强学生思想政治教育意识、增强校园文化活动内涵建设、提高学生综合素质具有重要的战略意义。

突出特色是品牌树立的核心要素，品牌培育要树立自身鲜明的特色，吸引学生参与其中，不断扩大受众范围。思政课与校园文化活动品牌要浓缩整合自己独特的教育理念、精神内核、教育形式与教育内容。校园文化活动要重视"互联网＋"思维，开辟网络宣传互动平台，打造新媒体矩阵，对活动品牌进行全方位的宣传，形成全方位的合力。调整创新是品牌活力的源泉，任何一项品牌的产生、发展都是一个动态过程，需要不断地对其进行调整与更新，这是每个品牌保持自身活力的必要条件。思政课与校园文化活动要形成自身品牌，产生固化成果，与时代发展、学生需求相结合，适时更新活动形式、内容，在学生中树立良好口碑，增强品牌的持久影响力与吸引力，从而保证活动的教育效果，实现思政育人的目的。

因此，我们要不断探索思政课和校园文化育人实践项目，从中汲取经验与养分，不断创新思政课的教学内容、教学方法，更新教育思想、教育观念，探寻符合当代大学生需求的校园文化主题，探索新的活动形式，找寻新的活动载体，使活动与大学生的现实需要紧密结合；打造具有自身特点的校园文化活动，形成品牌影响力和感召力，增强活动吸引力；在思想政治工作中深入贯彻落实以人为本的教育理念，不断发掘新的工作方法，总结工作经验，营造融洽和谐、健康向上的校园文化氛围和精神环境，使大学生在这种环境中受到积极向上的影响，不断提升自身品位追求，强化心理素质，改变与主流价值观不相符合的思想观念，规范自己的行为方式，进而提高校园文化活动和高校思政课的实效性。

三、高校思政课与校园文化协同育人的推进方式

高校思政课与校园文化建设的互动发展对于推进我国高等教育事业进步具有非常重要的作用，二者在育人方向、育人主体、育人路径等方面具有一致性与互通性。加快对思政课与校园文化协同育人机制的探索，对促进校园文化与思政课和谐发展及良性互动具有极其重要的意义，同时对丰富我国高等教育的发展方式和创新实践研究方法具有重要的借鉴作用。因此，广大高校思政工作者要积极探寻新的领域，找寻新的切入点，采用理性、辩证以及系统的眼光对研究对象进行分析论证，紧扣立德树人育人理念，发挥二者共同的育人功能，从而有效加强两者间的协同互动，推进我国高校育人方式的发展和进步。

（一）育人方向协同

思想政治工作从根本上说是育人的工作，必须围绕学生、关照学生、服务学生，不断提高学生的思想水平、政治觉悟、道德品质、文化素养，让学生成为德才兼备、全面发展的人才。坚持不懈地传播马克思主义科学理论是思政课首要和主要任务，坚持不懈地弘扬社会主义核心价值观是高校校园文化的主要任务，立德树人是二者共同的培养目标，其育人方向具有一致性。

1.目标协同

所谓思想政治工作规律就是指按照人的思想、行为变化的特点和规律进行思想政治工作。思政课是培养学生成为德才兼备的人才的重要途径，其参与主体是高校思政课教师和全体学生，它的主要任务是用教师传授的科学理论知识和实践经验充实大学生的头脑，发展大学生的思维，帮助他们树立坚定的中国特色社会主义理想信念，引导他们树立科学的世界观、人生观和价值观，使他们在学习中自觉领悟时代精神，并将之外化为行为习惯，这可以实现思政课教学以学育人的目标。作为社会文化重要组成部分的高校校园文化，是由校园中的全部主体所共同创造并共同享有的文化环境和文化氛围，以及在长期办学过程中逐渐形成并为学校全体师生所接受的、共同遵循的行为准则、价值标准、

理想信念和最高目标。校园文化是一种具有深刻持久影响力的德育力量，通过润物细无声的方式使学生认同主流价值和主流文化，形成正确的思想品格和良好的思维方式，养成高尚的道德情操，这可以实现思政课教学以文化人、以文育人的目标，是高校在长期教学实践中所形成的精神氛围。

高校思政课和校园文化建设的参与主体都是大学生，在育人过程中，二者有着一致的育人理念，即让学生积极践行社会主义核心价值观，提高学生自身素养和提升高等教育教学质量。由此可见，二者在育人根本目标上具有一致性，即不断地发展学生的创新能力，锻炼学生实践创造能力，为社会主义事业培养合格的建设者和可靠的接班人。因此，教师要重视发挥思政课教学与校园文化活动的协同育人功能。

2.效用协同

校园文化建设和思政课教学在育人效用上有着极大的共通性，教师在实际工作中应充分发挥校园文化活动对思政课教学的载体作用以及思政课教学对校园文化内涵建设的支撑作用。在目前大多数高校中，校园文化建设的活动规划、组织、实施部门与思政课程的开设、管理部门差距较大，在具体活动的举办过程中虽会偶有交集，但在绝大多数情况下互不干涉。鉴于两者在教育功能和教育目标上的一致性，坚持思政课显性教育和校园文化隐性教育相统一，加强彼此间的沟通与交流，无论是在校园文化活动的持久性方面还是在思政课教学的延展性方面都有非常大的益处。

因此，在对校园文化活动进行策划和部署的同时，教师可以适当参考思政课的课程设置和教学进度安排；在思政课授课过程中，教师也可以参考学校校园文化活动的计划，对内容进行灵活调整。这样，教师就可以将思政课课程中的理论讲解和实际生活中的活动开展情况结合起来，从而实现教育效果最大化。

（二）育人路径协同

1.课程教育育人

思政课是对学生思想观念及个人行为具有引导性的教育课程，能够纠正学生错误的思想，引导他们树立正确的价值观念，规范其具体言行，带领学生朝着正确的方向前行。我国当前的思政课教学仍以课堂教学为主，课堂是学生获得知识的主要场所，但是课堂教学存在对学生吸引力不强、教学效果不明显的问题，这影响了课堂教学的效率，也是导致思政课教学有效性、凝聚力不强的原因。校园文化建设作为高校思政课教学的重要载体应得到足够的重视。思政课的教育内容对校园文化建设起着理论引导作用，同时，校园文化活动的开展也使得思想政治教育成果得以运用。因此，教师应该充分发挥校园文化与思政课协同育人的重要作用，注重以文育人、以文化人，结合思政课教学内容，广泛开展相关校园文化活动，加强两者间的互动合作，提升思政课育人效果，从而丰富思政课教学的内涵，为高校培养出越来越多具有自主学习能力和终身发展能力的应用型人才。

根据大学生热爱学习新知识、勇于掌握新本领的特点，教师可以对思政课教学中的教育资源进行整合优化，以更加翔实、更加系统的知识对当代大学生进行思想政治教育，激发大学生在思政课学习中的热情，提升思政课教学效果。与此同时，教师要善于利用校内外的各种教育资源，将思政课教学内容与日常思想政治教育、校园文化活动、社会实践活动等结合起来，加以整合利用，在活动中对大学生进行思想引领和价值引导。教师要在专业课教学、公共课教学等课程教学中融入思想政治教育理念，实现课程资源融合和教师资源结合，以满足大学生多样化的思想政治教育需求，从而达到课程育人的目的。

2.文化活动育人

思政课是大学生开展思想政治教育最直接的途径，为提升思政课的教学成果，人们对教学内容、方式等进行了创新探索。思想政治工作者利用形式多样、种类繁多、各具特色的校园文化活动开展马克思主义教育，把思政课教学内容、思想内涵等理论知识与摄影展、电影回顾展、书画展、学术节、新媒体、校报、优秀传统文化、红色文化、地方文化等有机结合起来，将各种文化有意识地融合渗透进学生课外活动中，在文化活动中践行和传播思政课相关理论、价值观念和马克思主义的相关内容，赋予文化活动更丰富的内涵、更深刻的思想，将其发展为思政课文化育人的主要载体，拓宽思想政治教育学习阵地。

校园文化活动是传播思政课理论的文化活动平台和社会主义核心价值观的重要阵地，能在潜移默化中完成思政课理论教学向感染教学、情感教学的转换，使学生在思政课中所学习的理论知识通过更加鲜活、丰富的形式展现出来，使学生充分感知、切实体会民族传统文化的魅力、马克思主义思想文化的博大精深、红色精品文化的励志精神，使学生的民族自豪感更加强烈、共同理想更加坚定，使其爱国情怀更加深刻，从而实现马克思主义教育大众化，引导学生树立健康向上的世界观、人生观、价值观。

3.实践活动育人

高校思政课教学要求"知行合一"，即将思想政治理论知识内化成稳固的意识和观念来指导学生自身的行动。高校校园文化活动形式多样，内容丰富，与青年学生身心发展特点相契合，可以最大程度地吸引大学生参与其中，使学生在参与活动的同时更加易于接受各种有益思想的感染和熏陶，自然而然形成一种自觉、内在的驱动力，并将其内化为个人的思想意识和行动指南，促使他们遵循校园文化的价值规范，进而达到思政课教学"知而行之""知行合一"的目标。

校园文化建设为思政课提供了教学实践展示平台，在思政课教学中起重要作用。校园文化活动组织主要包括团学组织、学生会以及学生社团等组织，社团文化建设在思想政治教学中起关键作用。社团可以将具体活动落实到每一个成员上，使学生养成独立思考的习惯，能够更快、更好地融入社团文化建设中，能够锻炼学生的团队协作能力，强化其服务意识，培养其创新思维，这些都是思政教育的重要内容。在思政育人方面，教师要及时更新教育理念，采用新的教学方法，倡导全体学生参与校园文化活动，增加实践性教学环节，如社会调查、主题辩论和技能拓展等，提升学生参与度，强化学生参与感；此外，教师还可以通过与校园新媒体等平台结合，增强教师与学生、学生与学生的互动性，以此丰富校园文化建设的内容，达到思政育人的目的，共同促进思政育人与校园文化建设的发展与进步。思政课教学融入实践活动，有助于在实践过程中教育学生、在体验实践中培养学生，促进学生全面、健康发展。

四、高校思政课与校园文化协同育人的路径创新

高校思想政治工作关系高校培养什么人、怎样培养人以及为谁培养人的根本问题。高校要始终把立德树人作为中心环节，使思想政治工作贯穿教育教学全过程，实现全程育人、全方位育人，不断提高教育质量，努力开创我国高等教育事业的发展新局面；遵循思想政治工作规律，强化规则意识，注重育人的顶层设计，完善制度制定，搭建协同育人平台，加强对大学生的价值引领，不断创新教育教学和活动育人的形式，优化整合思政课与校园文化活动资源，实现共建共享，提升思政课教学的实效性，推动形成全员育人格局，以实现思政课与校园文化协同育人路径的创新发展。

（一）优化协同育人的顶层设计

1.优化协同运行机制

人们为了满足自身生存发展、社会进步的需要，创造出一种严密的组织规范体系，形成一套良好的运行机制。在思政课与校园文化协同育人发展路径的构建过程中，学校优化二者的协同运行机制，从而对教师和学生的思想价值观念产生一种理性约束作用，增强教师育人的使命感和责任感，提升学生的学习热情，从而确保校园主流文化及主流思想得到更好的传播。校园文化与思政课的协同运行机制不仅包括完整的管理制度，还包括协同发展的执行制度，以保证教师和学生在参与、组织某项活动的过程中能够清楚地认识到自身的责任和义务，用饱满的热情和最大的努力投入活动之中，保证活动顺利进行，并将活动的前期准备、中期策划、环节设计、任务分配、总结反思这一流程延续下来。

校园文化建设在活动规划和制定过程中，可以适当参考思政课的设置和进度安排。思政课程在讲授过程中，也可以参考学校校园活动计划，对内容做出适当的调整。这样能够将课程中的理论讲解和实际生活中的活动开展结合起来，从而实现教育效果的最大化。在这样的方式下，一方面，思政教育内容的周期性重复可以保证校园文化活动长期开展，从而使相关活动的影响力得到持

续延伸；另一方面，思政课教师可以根据不同计划周期内活动的开展有侧重地讲授相关知识点，既能丰富课堂内容，又贴近学生所需，同时还能激发学生对相关内容的兴趣，加深他们对相关内容的理解。常态化协同运行机制的构建可以增强思政课教学效果和校园文化活动组织管理者的彼此交流，使"思政"元素渗入校园文化活动的各个环节的，以此拓宽思政育人的发展渠道。

2.构建协同考核机制

鉴于思政工作和校园文化建设的长期性，高校要建立二者协同育人的考核机制，认真贯彻和执行国家关于高校思想政治教育工作的相关政策与制度，优化协同育人工作制度；同时结合本校自身实际情况和大学生自身特点，有针对性地完善思政课与校园文化育人工作实施方案，明确目标，细化责任，科学开展协同育人工作。

在思政课教学考核机制中，高校要高度重视校园文化工作的重要性，制定规范合理、架构完善、科学有效的考核要求，设置科学的考核内容，既要注重对教师工作业绩、科研能力、活动开展效果、学生参与度的考察，又要加强对教师道德修养、育人成果的考核，并增加考核所占比例，以更好地落实高校思政课与校园文化协同育人工作。

高校要统筹思政课教学资源和校园文化建设资源的分配，根据既定目标和任务进行人力、财力、物力等相应资源的分配，明确各单位的职责范围，层层落实，并建立领导责任制和目标管理体制，形成可量化的考核指标体系。同时，高校要根据既定考核指标，定期进行严格的考核，从而促使思政教育工作和校园文化建设的目标得以实现。需要指出的是，并不是校园文化建设的资源分配到相应的建设单位就意味着教育目标的完成，高校要通过科学的考核制度对资源的使用情况进行有效的监督和跟进，对未能合理利用的资源要坚决收回，对需要补充的资源要进行评估，对浪费资源的现象要批评惩罚。高校要通过这些措施避免资源浪费，确保校园文化建设工作的顺利进行。

3.完善协同评价机制

科学有效的评价机制可以提升校园文化与思政课协同育人的效果，也是改进思政课教学与加强校园文化活动建设的重要途径。思政课教学要做到课堂教学与线下交流有机结合，使思政课老师可以全面掌握教学反馈信息，对教学方案进行及时的更改和调整，使课堂教学效果不受影响。课堂教学效果一方面来源于教师的反馈系统，即教师通过有意识地观察课堂氛围、学生状态等方式，直观、准确、全面了解学生在课堂上的状态，找出课堂教学存在的问题，对课堂教学方法、节奏进行适当的调整，使学生更加适应课堂教学，另一方面取决于学生的反馈系统，即学生通过自我反馈、互评反馈、教师的评价反馈了解自己的学习状态，从而对自身的学习方法和学习状态进行调整，提高课堂学习效率。此外，学生还可以通过网络与教师进行思想交流、问题探讨，向教师反馈自己对课堂教学的感受，教师根据第一时间获得的反馈信息，不断调整教学进程和教学方式，提升课堂吸引力，提高教学效果。

校园文化活动的主要参与者是广大学生，因此学生需要提出自己对所参与的校园文化活动的不同意见，使活动举办者了解学生对活动的诉求。高校校园文化活动要不断更新传播的内容，服务于广大师生。校园文化活动要想满足学校、学生的发展需求，就需要及时获得活动参与者的评价反馈。因此活动举办者要运用科学的评估方法，如通过发放问卷、举办座谈会的方式收集各项建议。将基于多种方法收集到的反馈信息进行交叉比对，可以形成有价值的活动评价资料。根据评价资料对活动的各个环节进行调整与完善，可以更加有针对性地解决相关校园文化活动遇到的问题，适时调整活动模式。

总之，健全协同评价机制，对校园文化和思政教育实践活动信息进行收集、整理、反馈、分析，第一时间发现其中出现的新现象、新情况、新问题，形成信息反馈数据库，能够避免可能出现的失误，少走弯路，发挥思政课与校园文化活动的协同育人效果，提升育人实效性。

（二）构建协同育人的特色平台

1.构建科研合作平台

搭建科研合作平台可突破传统研究模式，实现思政教育研究和校园文化活动的双赢共享。科研项目的引入可使思政课教师或专业教师在研究校园文化活动的过程中，能及时地发现活动中存在的问题，思考解决方法，提出对策，更好地弥补校园文化活动中存在的缺陷。同时，教师可以围绕相关教学内容共同组织校园文化实践活动、教育活动，申请专项科研经费，带领学生进行实地参观、考察，让学生通过亲身参与获得所学即所感的体验，在实践中培养学生，让学生在参与中解读理论知识，最大限度地激发学生参与校园文化活动的积极性、主动性，使其更加深刻地理解思政课堂上的理论知识，做到内化于心，外化于行。

思政教育相关的科研活动亦可以通过科研合作平台，把教学科研与实践活动统一起来，对教学过程中遇到的问题进行研究，再把研究的结论运用到教学和实践活动中去，全面、详细地了解学生的思想变化、知识需求、行为动态。教师可以将这些研究成果进行对比分析，及时调整教学工作的方式、方法，解决思政课堂吸引力不强的问题；与此同时提升自身的教学与科研能力，做到一切从实际出发，做到教学科研和实践活动互相促进，形成教学科研与实践活动的良性互动，促进科研成果的有效转化，大幅提升思政课的时代性和感召力，提高校园文化活动的理论内涵和思想内涵。

2.构建常态化交流平台

思政课教学协同创新发展需要为不同主体间的沟通建立一个常态化的对话交流平台。对话也就是交流沟通，使不同的思想观点在一个区域内进行碰撞与融合。各个高校通过建立可以及时沟通的常态化交流平台，能使各个主体在工作过程中即时沟通、彼此联系，各有侧重、互相补充地开展工作。思政课教师、学工和团委组织及校园文化活动负责人通过这个平台进行信息交换与经验分享，取长补短，不断改进，尊重彼此发展特质，给予对方足够的发展空间，在人性化的交往中提高各育人主体间的相互联系，拓展彼此的合作路径。

3.构建信息网络平台

高校思政课与校园文化在进行育人工作时多依靠官方的校园网站、微博和微信公众号，学校管网、用网的相关部门也缺乏信息交流与沟通，与各类学生组织、社团的微信、微博，师生个人的微信公众号及社会上一些成效显著的思政网络平台更是缺乏关联协同，导致信息交流堵塞的状况，使思政课与校园文化的育人工作无法形成多方联动的效应。立德树人，凝心聚力，促进大学生的全面发展，实现中华民族伟大复兴中国梦，是高校思政课与校园文化共同的育人目标。这就要求高校思政课与校园文化在协同育人工作中形成"同心圆"，而构建高校思政课与校园文化育人信息网络平台对"同心圆"的形成具有重要意义。

第四章　高校思政课教学
方法的改革与创新

第一节　高校思政课教学中的
问题教学法

所谓问题教学法，是指通过设置情景，提出和解决问题来进行教学的一种教学方法。问题教学法作为一种新兴的教学理念，其独特的优势在于能够顺应高校思政课课程改革的潮流，能够满足新时代下高校思政课教学的需要，并能够更好地发挥高校思政课教学的育人功能。高校思政课建设是高校意识形态工作的重要组成部分，是高校宣传思想工作的主渠道，高校思政课要想成为学生真心喜爱、终身受益的思政课，不仅要注重真正贴近客观的社会实际和学生的思想实际，更应在具体的教学过程中注重合理有效运用以问题为导向的过程化的问题教学法来分析和解决相应的理论问题和现实问题。

一、高校思政课教学中运用问题教学法的客观条件

高校思政课教学是高校意识形态工作的重要环节，它涉及大学生世界观、人生观和价值观等方面的教育。随着时代的发展和科技的进步，大学生的学习方式和生活方式都发生了重大改变，在高校思政课教学中，灌输理论的传统教学方式受到越来越多的质疑，高校思想政治理论教学要想真正达到理想的教学

效果就必须实现教学主体的发展、教学方法的优化。问题教学法与传统教学法相比，更加重视培养学生的问题意识和实践能力，深入剖析问题教学法有利于提升高校思政课教学主体、教学方法和教学效果的价值和意义，有利于推动高校思政课教学的优化发展，也有利于提升高校思政课的学科地位。

（一）问题教学法更加具备兼容性和适用性

问题是时代的声音，也是创新的起点。对时代问题的正确把握有利于确保我们始终沿着正确的道路前进，把握时代脉搏，做到与时俱进。因此，高校思政课教学必须明确时代问题，培养学生的问题意识和实践精神。

长期以来，广泛运用于高校思政课教学中的以教师为中心、单向传输的传统教学方法既有其必要性又有其局限性。其必要性体现在高校思政课是对大学生进行思想政治教育的主要渠道，思政课教学具有鲜明的政治色彩，这就决定了高校思政课教学内容必须符合主流文化，倡导社会主义核心价值观，引导大学生树立正确的道德观念和政治意识。思想政治理论教学中的马克思主义理论较为抽象，教师需要不断地帮助学生去理解并强化理论知识，传递并践行社会主义核心价值观。

问题教学法坚持问题导向，侧重培养学生的问题意识，关注学生的情感体验，强调通过师生的良性互动提升学生的课堂获得感。问题教学法具有良好的兼容性，我们倡导问题教学法并不意味着在课堂上只使用问题教学法而排斥其他教学方法。教学目标的实现往往也不是某一种教学方法单独发挥作用的结果，它需要多种教学方法综合发挥作用。问题教学法时刻关注学生的问题，关注教学问题，根据学生的课堂反馈来灵活调整教学进度以更好地实现教学目标。

（二）思政理论学科较之其他学科具备特殊性

任何一门学科首先要对学生进行知识教育，通过特定的教学活动让学生掌握学科知识，从而实现教学目标。高校思政课和其他学科的区别主要表现在以下三个方面：

第一，高校思政理论教育学科是知识传授和价值引导相统一的学科。它渗透着"经济建设的政治经验",又必须结合经济和业务管理工作去开展,表现出鲜明的实践特性和政治性。其学科知识的作用是帮助学生树立科学、正确的世界观和方法论,树立中国特色社会主义共同理想,坚定共产主义理想信念。高校思政理论学科既要丰富大学生的科学文化知识,又要培养大学生高尚的道德情操。它是一种宏观的价值引导,在价值引导的基础上注重提升大学生的综合素质,培养大学生的社会实践技能,为大学生更好地融入社会提供保障。而其他学科受学科定位和功能的影响,侧重对知识理论本身的理解和掌握,虽然也涉及价值培养的内容,但是对大学生心理素质和道德素养的关注则显得格外有限。

基于此,高校思政理论学科如果和其他学科选择同样的灌输式教学方法就无法满足培养人的需要。要想引导新一代大学生群体适应新时代的发展,坚定政治方向、坚定理想信念、实现全面发展,高校思政理论学科就必须尊重大学生的主体地位,培养大学生的问题意识和创新精神。

第二,高校思政理论学科与社会现实具有更为紧密的联系。高校思政课教学内容以马克思主义中国化系列理论成果为核心,而马克思主义最重要的品质就是与时俱进,只有与社会现实紧密联系才能做到与时俱进。社会现实是动态变化着的,思政课的教学内容相应也会做出调整以适应时代发展的需要。相比之下,其他学科的知识体系相对稳定,对时代发展的敏感度相对弱一些。

第三,高校思政理论学科与其他学科相比更注重培养大学生的社会实践能力。我国高校的思想政治教育扎根于优秀的传统文化和革命文化之中,其内容和形式都是在实践的基础上形成的并随着时代的进步而发展着的。思想政治教育既宏大广博又体现着个体人文关怀,不仅是思想灌输也是一种文化传播实践。随着社会主义建设事业的蓬勃发展,文化间的交流使越来越多的环境因素进入思想政治教育领域,思想政治教育信息在不同的群体中传播发展,融入人们的行为实践中,不断地提升大众的思想文化素养,激发大众的思想活力。

问题教学法作为一种与时俱进的教学方法,注重培养大学生的问题意识和实践能力,它形成于无数教育工作者的教学实践中,并在教学实践过程中不断地发展完善。高校思政理论学科的实践性能够借助问题教学法更好地彰显出来，问题教学法又能够适应高校思政理论学科的特殊性，在高校思政课教学中正确使用问题教学法短期来看有利于提升学科和教学方法之间的适应性，长期来看则有助于更好地引领社会主流价值观，促进大学生更好地将知识内化为改造社会的能力，更好地服务于社会。

（三）高校思政课受众主体具备独特性

高校思政课是一门公开课，其受众主体是高校全体学生，学生所具备的独特性主要表现在以下方面：

第一，从大学生的个性特征来说，经过高中阶段的艰苦学习，学生顺利进入大学，离开了父母，开启了独立的学习和生活模式。他们青春活泼，个性张扬，有强烈的自我意识和表现欲望，在学习中敢于质疑权威，也多了几分突破自我的决心和勇气。对于老师的观点和看法，他们不再盲从，而是有自己独到的想法和意见。过去高校思想政治教育理论课堂上那种照本宣科的教学模式无法适应大学生成长发展的需要，更新教学观念不仅是为了顺应大学生成长规律的需要，更是时代所趋。

第二，从大学生的认知方式来说，教育信息化背景下的高校大学生在行为方式上表现出对网络平台的依附性，他们更乐于利用便捷的网络进行学习、交友、游戏等活动。照本宣科这种教学方式显然已经无法与大学生的行为方式相适应。要想解决实际问题就必须顺应信息化的时代发展潮流，教师和学生可以借助智能平台和移动终端进行互动交流。教师必须用多种视角审视学生，鼓励学生发展自己的个性化专长，因材施教。借助于高校思政课智能教学平台，以问题为导向和以学生为本的问题教学法更便于实时展示师生群体互动的过程和内容，也更符合高校学生的认知发展规律，既能够充分调动学生的求知欲，满足学生的好奇心，又能够增强其自信心，提升其在课堂参与过程中的获得感。

第三，从大学生的需求特征来说，大学生的需求已不再停留在单纯的求知层面，更多的是交往和发展方面的需求。而大学生的性格各异，产生的需求也就有所差别。当前我国高校思政课教学大多采用大班集体授课制，教师既要在有限的课堂时间内完成教学任务又要照顾到大学生的多样化需求，这对一些教师而言是难以调和的矛盾。因此，教师必须对大学生的多样需求有一个大概的归类认识，然后将教学内容与之结合起来，才能达到理想的教学效果。新时代移动互联网技术的发展加快了大学生学习和生活的节奏，大学生的需求呈现出明显的功利性特征。因此，教师在高校思政课上不仅要把理论知识传授给学生，更要建立起理论知识和现实生活的关系，让学生掌握学以致用的本领。

问题教学法能够培养大学生的问题意识和探索精神，适应大学生学习、成长和个性化发展的需要，适应大学生在个性、行为和需求上表现出的独特之处。只有优化教学方法才能增强高校思政课教学的针对性，让大学生真正地体会到高校思政课的人文关怀，进而更好地实现高校思政课的教育目标。

二、高校思政课教学中问题教学法的创新运用

（一）理念创新，提高教学质量

1.寓教于乐

高校思政课教学的突出特点是理论性和思想性，而新时代大学生标新立异，对富有生动性和趣味性的知识更有学习的欲望。要想提高思政课教学的质量，教师就必须实现大学生思想特点和理论教学特征的有机统一。

寓教于乐常见的方式有寓教于文艺表演、寓教于文化生活、寓教于户外实践活动、寓教于游艺交际等。在高校思政课教学实践中，全国各大高校也开始研究利用网络技术创新来提高思政课的吸引力的可行性办法。

在新媒体背景下青年大学生热衷于互动学习和微表达，形式化和单一化的教学活动已然无法适应高校大学生认知发展的需要。许多高校积极开展学生思政课学习成果展示系列主题活动，主题活动内容包括"艺术展""公开课""微电影"和"夏令营"等。这些别开生面的主题活动有利于引导大学生充分发挥积极性和创造性以深化其对思政课教学内容的认识，有利于提升大学生对思政课的喜爱度，于无形中提高其思想水平、政治觉悟、道德品质和文化素养。

2.重视启发引导

问题探究学习是学生在教师的引导下主动参与到问题情境的创设过程中，通过积极思考和主动合作交流共同解决问题，从而培养学生创新精神和实践能力的过程。问题探究学习是对传统教与学关系的重新审视，也是新课程教育理念的应有之义和必然要求，在提高学生自主学习能力和创新能力方面具有显著优势。建构主义教育理论也主张开展问题探究学习，认为在教学中教师要对知识进行转换，在学生已有知识的基础上指引学生自主建构新的知识体系，生成新知识。问题探究学习围绕问题探究进行，注重培养学生的知识迁移能力和创新能力。问题探究学习要求学生参与从提出问题到最终解决问题的全过程，要求学生在已有知识的基础上用自己的理解方式去明确问题的含义，根据问题的关键词有针对性地收集所需的相关材料，结合材料寻找问题的答案，然后经由实践去验证答案，呈现问题探究学习成果。在问题探究学习过程中，教师要学会"放手"，为学生提供自主学习空间，将问题探究交由学生自己去调控。教师是学生学习的引导者和合作者，在问题探究学习中要根据实际情况给予调节和指导，培养学生自主学习能力，要引导学生在探究中主动地发现问题，鼓励学生大胆质疑，用问题启发学生，让学生在问题探究学习的过程中打破自己的思维定式，开辟新思路，在多种方法中选择最便于自己操作的解决问题的最佳方式。

教师在高校思政课教学中开展问题探究学习应当注意试错、沟通和合作等关键要素。大学生朝气蓬勃，充满青春活力，教师要为他们营造宽松、愉悦的学习环境，鼓励他们敢于尝试、打破常规，激发他们的创造潜能，实现教育价值的回归。试错阶段的探究学习往往会使学生产生更深刻的记忆。教学过程就是一个相互沟通的过程，教师和学生的知识背景不同，看问题的角度不同，思维方式也不尽相同。师生间有效的沟通互动使不同观点之间发生碰撞，不仅便于学生间相互学习借鉴，而且也有利于师生间相互理解，建立和谐融洽的师生关系。在问题探究学习中，合作是有必要的，合作学习不仅有利于调动学生的积极性，也有利于培养学生的合作精神和集体荣誉感。在合作中，学生可以深化对自己的认识，发扬自己的长处，同时在合作中认识到自己与其他同学存在的差距，更加明确今后努力的方向。

（二）路径创新，扩展应用范围

路径是主体之间相互作用的中间环节，是思想政治教育的内在组成部分。思想政治教育的路径也不是单一的，而是由层次复杂、形式多样的路径组成的复合体。从思想政治教育的主体来看，路径以主体式灌输为核心，强调调动教育主体的积极主动性，推进思想政治教育主体资源优化整合，最终提高受众的政治修养，培养全面发展的人。在高校思政课教学实践中，由于部分教师对"灌输"的理解出现了偏误，在教学实践中只看到了"灌"的外在价值却忽视了"输"的内因驱动，长期以来重视显性教育而忽视隐性教育，重视教化教育而忽视感化教育，导致片面灌输的教学方法产生了一些背道而驰的效果。如今时代在进步，社会在发展，高校思政课教学也正在经历着从封闭到开放、从单向到双向、从灌输到启发的嬗变。现代化、多样化和综合化的教学方法为增强思政课的实效性起到了重要作用。问题教学法是一种现代化教学方法，如何探索更加多元化路径并将其推广运用以进一步提升思政课教学质量也是问题教学法需要研究的问题。

1.重视第一课堂并充分利用第二课堂

思政课教学的第一课堂是指被列入学校教学计划的课堂，主要是围绕理论教育展开的。第二课堂是指在课堂教学以外的相关教学活动，是实践教学的重要形式。第一课堂和第二课堂结合起来，不仅使理论变得更有说服力，而且增强了学生的实践能力。

首先，教师要按照教学大纲的要求，坚持理论联系实际，对马克思主义基本原理和中国化的马克思主义理论进行系统论述，运用马克思主义认识论和方法论分析问题，展示马克思主义理论独有的魅力，坚定中国特色社会主义理想信念，增强社会主义道路自信。对于学生关注的一些热点、难点问题，教师要深入分析、认真点评，并及时将党的新思想、新理论运用于教学中，增强教学的时效性。

其次，为了帮助学生更好地掌握和运用所学理论知识，教师还要将教学内容和时代特点结合起来，积极开辟第二课堂，丰富思想政治教育理论课的教学内容。教师可以根据学科特点为学生推荐一些经典读物，拓宽学生的视野，丰富学生的知识储备。具体来说，教师可以布置与课程内容相关的课外阅读任务，让学生在课上进行互动交流，根据交流情况对学生不懂的地方进行重点解读和分析。引导学生撰写专题论文也是引导学生自主学习的重要方式，学生运用已有的理论知识对社会问题进行独立思考，并以文字形式呈现出来，有利于课堂讨论的深入，也有利于教师因材施教。高校思政课开展实践教学的形式多种多样，比如举办知识竞赛、征文比赛，或者结合课程内容和课程进度布置特定的考察主题让学生开展专题社会实践活动等。这些实践活动有利于提高学生的参与度和学习兴趣，增强高校思政课的感染力和说服力。

第二课堂使第一课堂中的理论教育变得生动活泼，不仅拓展了思政课的教学时间和空间，还提高了学生的学习兴趣和参与意识。第一课堂和第二课堂是相辅相成、相互促进的，学生在第一课堂中产生的困惑需要通过第二课堂的实践去解决，在第二课堂中遇到的新问题需要理论知识来阐释，解决旧问题和产生新问题的过程是学生问题意识不断强化的过程，也是学生解决问题的能力不断得以提高的过程。

2.开展智慧教育协同线上线下教学

为了更好地贯彻党的十九大精神，加快教育的现代化步伐，实现教育强国的目标，中华人民共和国教育部制定了《教育信息化2.0行动计划》。这个计划坚持将智能信息技术与教学深度融合，体现了中国特色社会主义教育的时代特征，是在智能环境下发展教育的必然选择，也是实现教育现代化的关键举措。智慧课堂以教育信息化为核心创造智能化、信息化的教学环境，以克服高校思想政治教育学科枯燥的弊端，提高学生的学习积极性和主动性。将智慧课堂应用于高校思想政治教学实践中，有利于丰富高校大学生的知识体验，满足大学生个性化学习的需要。

高科技、智能化的产品设备为新时代高校大学生的学习和生活带来了诸多便利，大学生对智能产品也产生了很大的依赖性。智慧课堂着重强调在高校学科文化规范之内展开体现学生创造性思维的活动，借助大学生所依赖的社交平台和媒介载体，将高校思政课教学变得充满人文关怀，充满趣味性和生动性，以达到让高校思政课为大学生乐于接受和终生喜爱的目的。

智慧课堂的实施主要包括三个方面：课前准备多媒体课件并备写教案、课堂上根据教案讲授学科知识并结合学生反馈灵活调整进度、课后督促学生及时巩固所学知识。在单一的传统微观教学中，高校思政课教师在进行正式的课堂教学活动之前都会进行备课并让学生预习教学内容。在备课中，教师既要准备教学内容、安排教学流程，还要预设学生在学习中可能遇到的问题，而学生通过预习对下节课所学知识有一个大概的认知，并了解学习的重点和难点。在这个过程中，由于师生之间缺乏必要的沟通交流，学生对重难点的把握可能不准确，教师对学生的了解不充分就会导致预设的问题可能并不会真实发生，教与学的信息不对称就会影响课堂教学效率的提高。

近年来，一些高校思政课教师在智慧课堂的备课环节事先通过班级群把与教学内容相关的视听学习资料等发送到智能平台供学生预习，并让学生完成预习阶段设置的知识问答。另外，一些高校思政课教师会在上节课结束的时候了解学生最近关注的热点网络事件，在下一节课开始的时候，选择其中与教学内容紧密关联的话题展开讨论，增强课堂教学的针对性和学生学习的兴致，让学生对思政课教学活动抱有一种持续的期待。教师在正式授课时，借助线上智能网络平台与学生积极互动，改变了传统教学模式中师生间由于缺乏沟通导致课堂冷场、课堂气氛压抑的局面。在课堂上，思政课教师借助线上智能平板展示视听教学资料来创设问题教学情境，能够使学生更容易被带入课堂情境之中，更容易产生共鸣，也更容易捕捉本节课的教学重点，学生的记忆变得立体，记忆就会更加深刻持久。在课后，教师在线下根据学生在交流群的反馈，布置一些相关练习题，了解学生对课堂知识的掌握情况，明确下一节课需要强化的教学内容。

在高校思政课教学中，线上教学和线下教学协同互补是教学体系重构的必要环节，是信息化时代发展高等教育的必经之路。这种路径重视"顶层设计、整体结合、部分优化"，明确了高校思想政治教育学科在大学生培养计划中的地位，有助于提升高校思政课教师的教学技能，既丰富了思政课课堂教学的内容，又充分调动了学生的学习热情和积极性，使他们对思想政治课程产生浓厚的学习兴趣。这种教学新路径体现了思想政治教育教学的民主性和开放性，也提高了思想政治理论知识的可接受性，得到越来越多高校思想政治学科教育工作者的重视，为高校思政课教学工作提供了新思路。

（三）方法创新，保障融合效果

高校思政课应不断增强思想性、理论性、针对性和亲和力。而要想提升思政课的思想理论水平和亲和力就必须坚持政治性和学理性的统一、价值性和知识性的统一、建设性和批判性的统一、理论性和实践性的统一、统一性和多样性的统一、主导性和主体性的统一、灌输性和启发性的统一、显性教育和隐性教育的统一。

教学方法在传授知识、发展智力、实现价值引领和提高教学效果方面发挥着举足轻重的作用，它反映的是"如何教"的问题。而教学理念的创新最终还是要落实到教学方法上才能实现教学目标，有效地提高教学质量，教学方法又关系到教学目标的实现和教学效果的提高。与其他学科相比，思政课更具有政治性和理论性，对教学方法就有更高的要求。当前，高校思政课教学有启发式教学、讨论式教学、专题教学等多种教学方法，这些教学方法的有效实施增强了思政课的吸引力和实效性。为了保障问题教学法能更好地融入思政课教学，教师必须对多样化的教学方法进行理性选择，从问题教学法的各个步骤着手，探索出原来理论课教学中没有的方法，或者是在原来教学方法的基础上做出新的改进，将问题教学法的优势和其他教学法的优势结合起来，使之发挥合力，共同作用于思政课，使"贵在得法"的思政课教学更具实效性。

1.以问题为切入点

高校思想政治教育要想培养能够肩负起中华民族伟大复兴任务的新时代大学生，必须遵循思想政治教育自身的规律和大学生成长发展的规律。搞好高校思想政治教育不仅要发挥课堂这一主渠道的作用，还应当注重将教学内容融入学生的日常生活，要坚持理论性和实践性的统一，充分发挥思政课教师的积极主动性，更好地指导学生联系生活和社会实际开展学习研究，实现思想政治教育的生活化。

思政课教学作为改造大学生主观世界的一种特殊形式，与大学生日常生活发生着相互作用。高校思政课教学必须坚持从学生中来到学生中去，增强教学的现实指向和时代情怀，让思政课从"天边"走向"身边"。只有仔细研究大学生生活规律才能增强思想政治教育的说服力和亲和力，因此思政课教师必须树立面向生活、服务生活的教育新理念，进行"润物细无声"的思想政治教育，使学生做到"内化于心，外化于行"。一方面，教师在高校思政课的教学中，在抓好学生主体知识学习的同时，要积极引导学生面向生活和社会实际，使其善于学习生活和社会中的技能，能够结合具体情境运用知识，深化对知识的理解和运用；另一方面，教师在教学中要尽可能地选取大学生身边的教学案例，从大学生在生活和社会中遇到的突出问题寻找教学突破口，拉近理论知识和实际生活的距离。

高校思政课是高校开展思想政治教育的主阵地，对大学生价值观的培育发挥着不可替代的作用。问题是新课程改革背景下思政课教学的基本要素之一，高校思政课必须体现问题意识。当代大学生热衷于关注时事新闻和社会热点事件，在高校思政课上，教师可以从大学生丰富多彩的社会生活中取材，以学生在日常生活中普遍关注的社会问题为切入点，在问题的创设、分析、解决过程中，既加深学生对课本上道德和法律之间辩证关系理论的学习，又能够使学生对课本理论的认识转化为自身的间接经验，经过探讨和反思来验证理论的科学性，使学生产生心理上的认同，从而发展为实践上的恪守和追求。

2.整合优化教学内容

在教学活动中，明白教的对象和内容是教师开展教学的基础和前提，教授的内容对于教学目标的实现和人才的培养具有深刻而直接的影响。"教什么"和"如何教"是分不开的，离开教学内容的教学方式毫无存在的价值和意义。教育工作者要协调二者的关系，优化高校思政课教学内容，具体地说就是要形成科学合理的课程内容体系、更新和充实课程教学内容，研究教学中存在的重难点问题，在明晰教学内容的基础上选择恰当的教学方式，不能够仅仅为了活跃课堂气氛而偏离教学内容，要采用创新型教学方式把抽象的理论寓于生动的现实生活中，既要提高趣味性又要使学生有真正的获得感。高校思政课不仅要丰富大学生的理论知识，更重要的是为大学生提供价值引领，帮助大学生在成长、成才的过程中正确认识当前的时代特征和社会外部环境，处理好个人与社会的关系，努力提高自身思想道德素质和科学文化素质，能够顺利走向社会，成为一个对社会有用的人。

3.利用互联网新技术平台提高高校思政课活力

教育信息化时代对高校思政课教学方法的探讨绕不开对于如何利用现代互联网新技术推进思政课教学这个问题的分析和解答。在高校思政课上，部分教师依然使用单一的教学方式，对现代化网络设备的使用不够娴熟，缺乏师生间有效互动，教学缺少生动性和艺术感。尤其是在一些理工类高校，理工专业的大学生文科基础相对薄弱，而思政课教学内容和学生的专业知识背景相距甚远，教学导入缺乏针对性的问题表现得更为突出。构建网络智能技术平台，并加以有效利用，能更好地体现问题教学法的科学性和合理性。在新课改背景下增强改革创新本领，保持锐意进取的精神风貌，善于结合实际创造性推动工作，善于运用互联网技术和信息化手段开展工作，是提升高校思政课教学质量的重要手段，具体来说有以下操作办法：

第一，互联网新技术的发展为课堂上师生间的即时互动创造了便利，现代教学方法注重与多媒体技术的结合，在高校思政课教学中，教师应充分发挥多媒体技术优势，尽可能地将抽象的教学理论以灵活多样的方式呈现给学生。文字性的展示总归是过于单调的，教师要尽量用一些相关的图片、视频等材料，实现互联网技术和课堂的同构，给学生带来更多的视觉和听觉上的丰富体验，使枯燥的理论变得生动直观。教师还可以针对教学内容设计问题，采取设置问答关卡的答题模式或者答题积分奖励机制，提升学生答题踊跃度，激发其学习兴趣，形成浓郁的学习氛围，培养学生勤学善思的学习习惯。除此之外，教师还可以通过建立微博论坛、微信公众号、QQ交流群等平台分享一些诗歌散文、名言、名人励志故事等吸引学生的关注度，将学生的学习从课堂延伸到课下，让学生在课下进行探究学习、拓展深化，并引导学生见贤思齐，自觉提高自己的综合素养，更好地成长。

第二，网络平台已经成为当代大学生思想表达、情感倾诉和观点展示的重要场所，高校的网络教学平台使思政课教学不再局限于传统教材，促进了各种教育信息的资源共享，也有利于开放式教育空间的形成。一方面，将高校思政课堂延伸到网络，可以在网络上展示精品思政课程教学范例，进行经验的分享和交流，实现网上教学互动，提升高校思政课的实效性；另一方面，高校思政课教师可以通过网络平台更迅速、全面地把握学生心理，洞悉学生真实的思想状态，及时纠正学生的错误思想，从而有针对性地进行正确、有效的价值引导。师生在相互了解中拉近了彼此距离，更容易形成融洽的师生关系，从而提升课堂活力。

开展高校思政课教学研究是为了提升教学实效性，在教育信息化背景下巧妙地运用网络媒体技术又是建立良好师生关系的加分项。教师掌握正确运用多媒体技术的本领，不断地丰富自己的理论知识，开拓自身的学术视野，更便于为自己的教育教学工作打开新局面。

因此，高校思政课教师要更新教育理念，以学生为本，摆脱传统教学观念上的桎梏，并借助互联网技术平台突破实践中客观条件的限制，运用现代化教学手段，发挥现代教育技术的优势，促进互联网技术和高校思政课教学的融合，提升自己的教学水平。问题教学法能够促进高校思政课教师的专业成长，将先进的教学理念内化为具体的教学方法，稳步推进高校思政课教育科研工作，让大学生在生动有趣的氛围中学习，使其思维变得更加活跃，课堂参与积极性更高，从而提升课堂活力。

第二节　高校思政课教学中的

榜样教育法

榜样教育法就是教育者将某一个或者某些具有典型性、示范作用的个人、群体以及事物通过多种方式呈现给受教育者，引导他们自觉地向榜样学习，从而实现将榜样精神内化于心、外化于行,进而形成良好的道德品质的目标。榜样教育法的实施,从本质上来讲是鞭策,但从伦理学分析也是控制。

一、榜样教育法在高校思政课中运用的意义

思政课是高校对大学生进行思想政治教育的主阵地,榜样教育法是思政课中比较常用和普遍的一种教学方法,在思政课中运用榜样教育法是十分必要的。

(一)有利于大学生的全面发展

榜样教育法是思想政治教育中行之有效的方法,通过树立相应的形象,对大学生起着积极的引导和激励作用,为其指明方向,引导其向榜样学习,从而使其树立向榜样看齐意识,进而使自己的思想道德品质逐渐与榜样的思想道德品质接近。在思政课中采用榜样教育法时,教师将自己的智慧、能力以及实践经验结合起来,将枯燥无味且抽象的教育理论转变为生动形象的典型人物和事件,使学生更清晰、更深刻地把握抽象的概念和原理,更加全面地认识和了解榜样,从而加深对所学知识的理解,并用其指导实践。教师引导学生关注社会热点和现实问题,有助于引起学生对社会热点和现实问题的关注和思考,从而更好地提高学生独立思考问题的能力。另外,榜样人物具有时代性,他的选拔与树立受特定的社会历史文化环境的影响。

因此,在学习榜样事迹的过程中,学生要深刻了解特定时期的社会历史条件和文化背景,从而正确把握榜样的品质并进行有效的学习。这样有利于学生开阔眼界,进而增长历史文化知识。同时,教师积极宣传榜样的事迹和精神,并予以正面的评价,能够激励学生通过学习榜样的精神,发展他们的道德认知,生成自我的价值观念和道德人格,进而将榜样的行为准则积极内化为自己的日常生活行为准则,促使学生形成正确的、健康的价值观和道德观,加强自我完善,实现全面发展。

（二）有利于构建和谐校园

学校是个自由、开放且具有包容性的社会结构系统，纷繁多样的思想观念都在这里汇聚和碰撞。大学生作为思想最为活跃的群体，其价值观和道德观尚处于形成阶段，容易受不正确的思想和价值观影响，故而学校有必要对大学生进行思想政治教育，提高他们的综合素质。榜样教育法作为对大学生进行思想政治教育的一种常用的教学方法，通过树立生动的典型形象，发挥其示范性和激励性作用，引导大学生树立正确的人生观和价值观，激励他们不断向榜样看齐，从而提高自身的综合素质，实现全面发展。然后，在日常生活实践中，学生会以自身的行为去感染周围的每一个人，从而营造和谐的、健康的、良好的学风和校风，构建独具魅力的校园精神文化，提高高校的文化软实力，构建和谐校园，促进学校更好地发展。

二、榜样教育法在高校思政课中运用的原则

榜样教育法在高校思政课中的运用应该遵循一定的原则，这些原则也是榜样教育法在现代教育理论中的发展，而且有利于增强榜样教育法的感染力与吸引力，从而提升思政课的教学效果。

（一）主体性与引导性相结合

新时代，以习近平同志为核心的党中央提出关于思政课改革的要求，强调要充分尊重学生的主体地位，提高学生的主体意识。新形势下，学生的主动性与自觉性决定着榜样教育法的效果，榜样教育法的关键就是培养学生的主体意识，重视其主体地位。因此，高校在思政课教学中运用榜样教育法时，如果忽视了人的主体性，那么就很难增强教育的效果。榜样教育法的运用过程是一个由外化转为内化的过程，因此高校要注意尊重学生的主体地位，重视对其个性的培养。这就要求教师创新教学理念，坚持以学生为中心，一切为了学生，突

破传统的教学模式，避免将榜样的典型事迹通过单纯的理论讲授呈现给学生。教师应该在充分尊重学生的主体地位的前提下，结合学生身心发展的特点及需求，转换教师和学生的角色，引导学生积极、主动学习和效仿榜样，从而使榜样教育法的效果得到更好的发挥。

（二）真实性与时代性相结合

只有客观且真实的榜样才会引起学生的共鸣，增强学生对其的情感认同，并使学生发自内心地向榜样看齐。因此，高校在思政课中运用榜样教育法时，应该遵循将真实性和时代性相结合的原则。

第一，坚持真实性原则。该原则要求教师客观真实地塑造榜样。榜样应该是与学生的生活紧密联系的，具有真实性、示范性和生活气息的对象。因此，在思想政治教育中采取榜样教育法时，不论是在榜样的选取还是宣传方面，教师都应该遵循真实性的原则，不能人为地对榜样进行美化，夸大其优点，掩盖其缺点。只有这样，才能够得到学生的认同，才能够使他们产生向榜样学习的动机。

第二，坚持时代性原则。受社会特定历史条件、价值观及其他因素的影响，榜样的选取标准存在着一定的差异性。具体表现为：过去的榜样可能已经不符合现在社会的要求，并不能继续被当作榜样对待。这就使教师面临巨大的挑战，思政教师要更新自身观念，革新选取榜样的标准，选择符合当今社会发展的主流价值思想的优秀榜样。

综上所述，在大学生思想政治教育中运用榜样教育法时，教师必须要遵循真实性与时代性相结合的原则，只有选取以真实内容为基础、符合时代发展要求的榜样，才能引起学生的共鸣，促使学生积极主动学习。

（三）层次化与生活化相结合

在大学生思想政治教育中运用榜样教育法时，教师除了应该遵循上述提到的原则以外，还应该将层次化和生活化相结合。

第一，坚持层次化原则。教师在选取榜样时，要从多个角度出发，选取多样化的榜样，然后对其进行分类，确保所选取的榜样没有停留在同一层次，而是从多个层次进行选取的。在思想政治教育中，由于学科的特殊性及广泛性，选取的榜样应涉及各行各业、各个领域。因此，教师在选取榜样时更应该注重遵循层次化原则。

第二，坚持生活化原则。在层次化的基础上，教师要将榜样选取的标准与生活化理念相结合，选择那些贴近生活实际、通过自身努力成为榜样的平凡人或者普通人，并结合学生个体需求，选择与学生联系紧密的榜样，进而拉近学生与榜样的距离，激励学生向榜样学习。

综上，只有将层次化与生活化相结合，才能够拉近榜样与学生之间的距离，尽可能地避免所选取的榜样脱离学生现实生活实际，促使学生积极模仿，付诸实践，从而加强在思政课中运用榜样教育法的实效性。

三、榜样教育法在高校思政课中运用的问题

由于各种因素的限制，榜样教育法在高校思政课中的运用仍然存在着一些问题和不足，主要表现在以下两个方面。

（一）高校对榜样力量的宣传较为分散

意识形态领域的工作是一项重要任务，要以正面宣传为主。因此，对作为"正面素材"的榜样人物的宣传就尤为重要。然而，高校在宣传方面对大学生的影响力较小，对榜样的宣传力度有待加大，用真正能吸引大众的"元素"，使学生真正了解榜样，扩大榜样的影响力。

（二）大学生对榜样的认知存在偏差

榜样教育法的核心问题是榜样的选取问题，而榜样选取问题的关键则是学生对榜样的认知。近年来，随着互联网的迅速发展，各种信息和思潮不断涌入，大学生受其影响，认同的榜样的数量也在增大，对榜样的认知存在着偏差。他

们片面地认为榜样就是伟大的杰出人物或者是偶像明星，而忽略了自己身边值得学习的普通人，这就导致了学生将榜样"精英化"，将榜样与偶像明星混为一谈，认为榜样离自身过于遥远。

在情感认同方面，当前高校在榜样人物的选取上，大多集中于只注重集体利益而不注重个人利益，不求索取、不求回报的"完美"人物，这些榜样很难激起学生的共鸣，从而导致学生难以在实践行动中学习和效仿。

四、榜样教育法在高校思政课中的改革策略

（一）营造榜样教育法的实施环境

榜样教育法的实施是一项巨大的系统工程，高校需要从多方面考虑，形成一套制度性的保障措施，只有这样才能使榜样教育法在思政课中被有效运用，然后经过实践检验之后被固定下来。如此复杂的系统工程，仅仅依靠教师个人是不可能完成的，还需要配以高校的强力支持和推进。

1.科学塑造榜样

高校在选取榜样时应该始终坚持以学生为主体，面向广大学生开展多层次的榜样选择机制，并且不断完善和健全榜样的树立制度和标准。在榜样的选拔方式上高校要坚持自上而下和自下而上相结合的原则，结合大学生的学习生活，通过多种形式和渠道，让广大学生在基层院系、班团组织中通过评议推荐他们身边的学习榜样。高校应注意建立起规范有序的榜样选拔层级制度。另外，高校也应该重视学生对榜样的反馈，在选取、确定榜样后，要通过相应的教学实践来检验榜样是否合适，然后以收集到的学生的反馈结果为依据，进行适当的调整，从而达到优化榜样教育法的目的。

同时，高校在选取榜样的过程中，还应该注意选择、树立榜样的程序问题。换句话说，高校要公开、公正、公平地选取和塑造榜样。首先，公开选取榜样。高校在选取榜样时应该坚持以学生为主体，充分发扬民主，让学生去选择他们心中的榜样，只有这样选出的榜样，才更容易被学生们接受。其次，公平地选

取榜样。也就是说，高校应该选取那些真实的、有说服力的、学生乐于接受的榜样。只有这样，选出的榜样才能接受时间的洗礼，经得起实践的检验，才能使学生积极主动地去效仿和学习。

2.着力宣传榜样

顺利开展和运用榜样教育法，选取榜样是前提，宣传榜样是关键。因此，要想发挥榜样教育法的实效性就应该大力宣传榜样，使他们的先进精神和典型事迹被更多的学生所了解和认同，进而积极去学习和效仿。

第一，加大宣传榜样的力度。在思政课中运用榜样教育法，其前提是树立榜样，目标是使学生了解和认识榜样，然后从中找到共鸣，进而使学生做到"内化于心，外化于行"。因此，高校有必要加强对榜样的宣传。树立榜样之后，如果没有及时地对其进行有效的宣传，那么榜样所起到的带动作用将是十分有限的。现如今，随着网络等新兴媒体的普及，高校在宣传榜样时要充分借助网络、微信等新兴媒体以及电视、报纸等传统媒体，积极地对榜样进行真实、客观、全方位的报道和宣传，加大宣传力度，拓宽宣传覆盖面，将榜样的先进行为、思想等如实地展现在学生面前。另外，高校在宣传榜样时要注重常态化和持久性。

第二，着重宣传榜样的内在品质。榜样教育法通过树立合理的、符合标准的榜样，利用多种宣传方式对其先进典型事迹进行全方位的宣传，然后引导、激励学生自觉向榜样学习，从而达到提高学生道德素质的目的。因此，在榜样教育法的运用过程中，在科学地选取榜样后，对榜样的宣传不能只停留在表面，局限于对其事迹的介绍和报道，而应该由表及里、深入地了解和挖掘榜样的精神，并且通过多种方式来突出其内在品质。对榜样的宣传只是一种手段，重点在于通过宣传引导大学生学习凝聚在榜样身上的内在品质和精神，这种内在品质和精神才是真正值得学生学习和效仿的。榜样是真实存在的，无论是在不同历史时期涌现出的英雄人物，还是在当今社会涌现出的道德模范，他们身上都具有我们应该学习的精神，他们散发着强大的道德魅力和吸引力。

第三，注重新媒体与理论教育相结合。现如今，高校对榜样的宣传方式主要依靠网络等新兴媒体。除此之外，高校对榜样进行宣传的另一个方式就是思政课中教师的讲授。正如前文所提到的，榜样教育法在运用过程中存在着宣传力量分散、覆盖面窄的问题，这就导致榜样教育法无法发挥其应有的作用。因此，教师应该创新运用多种教育宣传方法，摒弃单向的灌输式教学方法，根据时代特征和大学生的接受特点改进创新教育方法。宣传媒介要丰富多彩，除传统媒介外教师要广泛运用现代传媒技术，对榜样进行全方位的宣传，让大学生深入了解、认识和感悟榜样的先进事迹和精神品质。

除此之外，高校还可以利用其他行之有效的宣传方法，如举办以学习榜样为主题的演讲比赛，或者让选取的榜样与大学生进行面对面的交流，使学生可以近距离地与榜样接触和沟通，从而激励他们奋发向上。同时，在宣传榜样的过程中，教师还要注重宣传的生动性与趣味性，合理地运用各种宣传方式展现榜样及其先进事迹、高尚情操，有效地避免空洞说教。当然，值得注意的是，传统的宣传方式也并非一无是处，高校应该在继承它们的基础上，不断丰富宣传方式，进而整合各种宣传形式，形成宣传合力。

（二）强化学生对榜样教育法的认知

在大学生思想政治教育中运用榜样教育法时，教师不仅要积极发挥自己的主导作用，而且还应该充分尊重学生的主体地位。外因是变化的条件，内因是变化的根据，如果学生自身没有树立高度的自我完善意识，就会给教育带来巨大的挑战，加大教育的难度。因此，大学生应该从自身出发，提升自身对榜样的认知水平，实现全面发展。

1.提升对榜样的认知水平

大学生首先应当多读书，勤于学习，将榜样教育法的相关理论弄通、弄明白，并努力做到内化于心。只有这样，大学生才能够全面而且深入地了解榜样教育法的内涵。在知识积累的基础上，大学生应该明辨是非、美丑，明确榜样的特征和要求，并能够根据榜样的特征和要求，选出和找到生活中真实的榜样，进而提升对榜样的认知水平。在运用榜样教育法的过程中，所选取和塑造的榜样不一定都是完美的，既有优点也有缺点的榜样才更加真实，更能够帮助大学生深入、全面地了解榜样。因此，大学生应该对榜样产生合理的认知，既看到榜样的优点，也看到榜样的缺点。只有这样，大学生才能够真正全面地认识和了解榜样。

2.加强对榜样的情感认同

在大学生思想政治教育中运用榜样教育法，要求学生坚持正确的价值观导向，强化对榜样的情感认同。现如今，随着新兴媒体的普及，当代大学生有着个性化和价值观多元化的特点，具体表现为：当代大学生对传统的榜样教育中所树立的"高大全"的形象产生逆反心理，反而将具有优秀品质的偶像作为榜样。鉴于此，大学生应该坚持以正确的价值观为导向，提高自身的辨别能力，将传统单一的榜样形象与具有优秀品质的偶像相结合，实现榜样人物"偶像化"，推动榜样与偶像互补。此外，学校需要注意选取生活中真实的、与大学生联系紧密的榜样，使大学生产生共鸣，从而强化大学生对榜样的情感认同，使他们更好地向榜样看齐，促进自身全面发展。

3.提高对榜样的践行能力

大学生要注重加强社会道德实践，积极做到知行合一，在小事、实事上下功夫。积极做到知行合一就是要求大学生在学习理论的同时与实践相结合，将学到的东西运用到社会现实生活中。在大学生思想政治教育中有效运用榜样教育法，不仅要求学生提升自己对榜样的认知水平，强化对其的情感认同，还要求学生积极实践，从小事做起，做到知行合一。学生可以主动参加志愿者活动，如献爱心，为贫困山区的学生捐款，主动打扫楼道等。此外，学生也可以将从同辈群体中选出的道德模范作为榜样，与他们进行交流和沟通，在他们的带领下，积极参与社会实践活动，在实践中模仿他们的行为，学习他们良好的行为习惯，逐渐向他们靠拢，进而提高自己的综合素质和思想道德修养。

第三节　高校思政课教学中的
社会热点案例教学法

社会热点案例教学法就是指在高校思政课教学中，对近年社会生活中发生的引起广泛关注、争论的真实事件加以引用，以达到思政课教学目的的教学方法。具体来说，思政课中的社会热点案例教学法主要是指，在高校思政课的教学过程中，教师对社会热点与教学内容、教学目标进行选择，将社会热点与思政课教学内容相融合，撰写社会热点案例，在课堂教学中引导学生围绕社会热点案例进行讨论与思考，并进行归纳总结，弥补教学中存在的缺点与不足，进而巩固教学效果，从而提高学生辨别能力与实践能力的一种教学方法。

一、高校思政课运用社会热点案例教学法的作用

高校思政课运用社会热点案例教学法，即指在应对互联网信息社会的挑战时，有针对性地提高思政课教学效果，直指立德树人的根本目标。

（一）应对信息化社会的挑战，引领学生思想

网络时代，纷繁复杂的网络信息，特别是对社会热点问题的网络时评，对大学生的思想造成了严重的冲击。社会热点案例教学法选用大学生关心的热点问题作为案例，进行思政课教学，有利于高校应对信息化社会的挑战，加强对学生的思想引领。

1.有利于应对信息化社会挑战

高校在思想政治教育中适时引入社会热点案例，有利于应对信息化社会的挑战。在信息爆炸的时代，互联网的开放性与快捷性使思想政治教师所掌握的信息优势和技术优势受到严重的冲击。如今，不再是教师单向传递信息，学生

可以通过多种方式运用互联网主动获取信息，比如百度、微博、微信等。这就意味着教师不再是学生唯一的知识源。

在网络时代，丰富的信息对高校思想政治教育而言既是机遇又是挑战。思想政治教师可以精选社会热点，做成教学案例，不断更新教学技术，将社会热点案例教学法广泛应用于高校思想政治课堂，提高学生的判断能力，帮助学生树立起正确的思想价值观念，从而有力地应对信息化社会的挑战。

2.有利于把握大学生的思想动态

行为表现思想，思想支配行为。能否把握住大学生的思想动态，能否切实了解当代大学生在生活中遇到的实际问题并加以疏导，影响着高校思想政治教育的质量与水平。高校思政课教师作为大学生思想政治教育的引导者，需要对学生的思想动态有一个准确的认知和把握，进一步实现对学生的思想引导和价值引领。大学生对于社会热点的态度、观点与立场折射出了大学生的价值观念。高校思政课教师可以通过了解大学生对当前社会热点的态度、观点与立场了解大学生内心的真实想法，并与社会热点本身相结合，宏观把握大学生群体的价值取向，掌握大学生的思想动态。高校思政课教师掌握了大学生的思想动态，就可以以此为基础，选择恰当的思想政治教育方法，如社会热点案例教学法，对大学生的价值观念进行正确、有效的引导，增强高校思想政治教育的质量与水平。

高校思政课教师运用社会热点案例教学法，将社会热点设置成有效的案例呈现在思想政治课堂上，通过引入社会热点，引导学生以小组的形式进行讨论、回答问题、阐述观点，可以进一步了解并掌握学生的思想动态。

思政课教师可从社会热点本身以及学生的反应中具体了解学生的思想动态，并对学生进行世界观、人生观、价值观以及道德观教育，从而在根本上转变学生的一些错误的思想观念。同时，思政课教师需要注意大学生之间存在的个性差异，做到因材施教，以便及时纠正一些学生的错误认知，给予正确、合理的引导，确保高校大学生思想政治教育工作朝着一个科学、合理的方向发展。

（二）强化核心价值，服务立德树人

在中国特色社会主义新时代，高校的思想政治教育工作要加强社会主义核心价值体系教育，社会主义核心价值体系是社会主义制度在价值层面的本质体现。将社会热点融入高校思政课，有利于强化核心价值，服务立德树人。社会热点归根到底是社会矛盾、问题的突出反映，这也就决定了社会热点必定是大众化的、通俗化的，并影响人们生活方方面面的一系列事件，能够体现出人们的共同愿望和利益要求，这也意味着社会热点中包含着民族精神、时代精神等社会主义核心价值体系的种种思想，体现着社会主义核心价值观的诉求。社会热点案例教学法是高校培养大学生社会主义核心价值观的一个很好的切入点。

将社会热点作为思政课的案例进行教学，既能体现出一部分社会主义核心价值体系的理念，又贴近人们的生活，能够引起学生的学习兴趣，使学生在情感上产生共鸣，提高其认同感，增强社会主义核心价值体系教育的说服力与感染力，切实培养起学生理性的鉴别分析能力、判断能力以及解决问题的能力，使学生能够正确辨析各类社会热点，吸收有益的成分，抵制错误的价值观念。大学生积极参与社会热点问题的研讨，可以加深对社会现象、社会职责的了解，正确把握社会发展的主流，增强社会责任感。因此，运用社会热点案例教学法进行高校思想政治教育，有助于加强社会主义核心价值体系教育，直指立德树人的根本目标。

二、高校思政课运用社会热点案例教学法的问题

（一）社会热点案例教学资源缺乏，教学环境制约教学效果

首先，社会热点案例教学资源缺乏，优质案例的选编耗时多、难度大。选择社会热点案例、探索社会热点案例的真相是一个很大的工程，比选择其他类型的案例要复杂、困难很多。思政课教师很难在有限时间内把握案例和知识间的平衡，选取优质的社会热点案例。社会热点数量大，种类繁多，并且不是一

成不变的。社会热点的选择应当遵循时效性的原则，选择的社会热点要有一定的时间范围。因此，社会热点案例教学资源库必须不断更新，教师必须对社会热点保持很高的关注度，在保证探明社会热点真相的前提下撰写教学案例，才能保证社会热点案例教学法的有效性。这就意味着教师与学生研究社会热点案例的过程是一个不断探索的过程，教师和学生需要做出相当大的努力。如果教师与学生为了节省时间，没有做到深入探索，就容易受到舆论因素的影响，以偏概全，这个过程中难免会出现一些误差，导致选择的社会热点案例缺乏客观真实性。

同时，社会热点的数量众多，涉及社会生活的各个方面，这也给选择恰当的社会热点作为案例造成了很大的困难。并且将选择的社会热点编写成为案例同样是一个需要下功夫的过程，教师一旦没有吃透教学内容与教学目标，就容易使社会热点案例与教学内容无法紧密融合，设置的问题框架无法引导学生深入思考，这就使得选择的社会热点案例缺乏感染力与说服力，无法达到预期的教学效果。

其次，教学环境制约教学效果。如今高校思政课往往采用大班教学的方式开展，学生人数众多。在互动讨论教学案例的环节，教师掌控全局的难度加大，划分小组的难度也有所增加。无论采用小组数量多，每一个小组成员少的模式，还是小组数量少，每个小组成员多的模式，教师都无法照顾到所有学生。对于学生而言，积极发言的学生可能无法充分表达自己的看法和建议，不积极参与讨论的学生容易回避问题，这就导致了教学质量的下降。

（二）教师运用社会热点案例教学法的能力不足

相较于传统的教学方法，社会热点案例教学法的运用对思政课教师提出了更高的要求，部分思政课教师无法达到这个要求。

一方面，部分教师缺乏对社会热点案例教学法的认识。近年来，一些思政课教师对社会热点的思政功能给予了充分的重视，积极探索社会热点与高校思政课融合的途径，将社会热点与课堂教学融合，取得了很好的教学效果。但是还有部分思政课教师对于社会热点的思政功能并不重视，对社会热点案例教学法的认识有所偏差，存在着在思政课教学中对社会热点案例教学法的运用不充分的问题。

另一方面，部分教师缺乏运用社会热点案例教学法的能力。社会热点案例教学法的运用需要教师拥有很高的综合素质，部分教师缺乏整合设计社会热点案例教学的能力，影响课堂教学的正常进行；部分教师缺少掌控课堂的能力，而且思政课又是以大班教学为主，社会热点问题与社会热点现象具有较大的争议性，如果学生自控能力不强，就会导致课堂秩序混乱。同时，互动讨论的时间也不是一成不变的，要根据具体的教学内容改变，普通的社会热点案例讨论时间可在 10 分钟至 20 分钟，专题教学可根据具体情况安排讨论时间，互动讨论的时间太长会影响到接下来的教学进度，太短容易导致讨论不够深入，教师如果不能合理安排就会影响到最终的教学效果。

（三）学生参与社会热点案例教学法的意识和能力不足

一方面，传统讲授式教学的影响根深蒂固。高校思政教学主要面对的是大一、大二的学生，特别是对于大一的新生而言，大学阶段的教学与高中阶段的教学有很大的不同。在高中阶段，大部分课程在教学之后都会布置课后作业，而大学阶段的课程，特别是思政课不会给学生频繁地布置课前与课后任务，部分学生就会忽略课前的自主学习以及课后的教学评价。

另一方面，部分学生参与社会热点案例教学法的能力不足。社会热点案例教学法要求学生对社会热点有较为深入的了解，学生在接触社会热点问题与社会热点事件等具有争议性的案例时，需要有一定的理性判断和寻找事件真相的能力，有驾驭相关资料的能力。部分学生在网络信息的干扰下，无法还原事件的真相，不能做出理性的判断，从而在认知上产生偏差。社会热点案例教学法要求学生在思政课的课堂教学中展开充分讨论，大胆发言，主动思考，发挥其主体性，然而部分学生综合能力不足，无法有效参与到讨论中来。

三、高校思政课运用社会热点案例教学法的优化策略

高校思政课运用社会热点案例教学法，将近年来发生的、引发人们广泛关注的、真实的社会热点事件作为案例，引导学生针对案例进行分析与探讨，能够激发学生的主体性，增强思政课教学的有效性，促使学生形成正确的世界观、人生观，价值观。然而，高校思政课在运用社会热点案例教学法的过程中仍然存在着种种问题，这些问题使社会热点案例教学法在思政课教学中的作用无法充分发挥。为此，高校要从以下几个方面进行优化：

（一）高校要完善社会热点案例资源库

构建既符合思政课的基本属性，又体现思政课教学内在要求的社会热点案例资源库，是引领思政课教学创新发展的重要手段。在高校思政课运用社会热点案例教学法的过程中，无论是精选社会热点案例，还是设计社会热点案例，都是一个非常繁杂的过程，学生与教师需要花费大量的时间与精力。建立、完善社会热点案例资源库，可以极大地提高思政课的教学效率。完善社会热点案例资源库，需要教师和学生对社会热点案例进行积极开发和共享。

对于社会热点案例的积极开发需要教师与学生的共同努力。教师和学生可以在平时的空余时间里利用网络浏览各类信息，比如刷微博、浏览微信朋友圈、逛贴吧等，留意其中的社会热点，养成自觉收集社会热点素材的意识，并对社会热点素材资源进行筛选与整理、理性判断与分析，对社会热点素材进行加工，梳理清楚其中的来龙去脉。学生在收集到感兴趣的社会热点时可以与教师共享，在这个过程中可以提出自己的困惑和看法，教师要积极主动地回答学生的问题，并根据其中蕴含的思想理论问题，整合教学内容，编写社会热点案例。长此以往，教师与学生在共同的努力下，就可以收集到更多优质的、学生感兴趣的社会热点案例。

建立并完善社会热点案例资源库，不仅需要收集优质的社会热点素材，还需要对社会热点素材进行深入加工与处理。社会热点案例资源库中应当包含学

术热点案例、社会热点问题案例、社会热点现象案例，应当记录清楚时间、地点、人物、原因、事情的来龙去脉，还应当记录社会舆论对于该社会热点的种种看法。社会热点具有时效性，而教学课本无法做到实时更新，这就需要思政课教师及时补充学术热点案例，让学生及时了解国家发生的大事，了解党情、国情，提高思政教学的有效性。

建立与完善社会热点案例资源库不是单个教师可以独立完成的，高校思政课教师要共同努力。高校可以通过组建社会热点案例课程教研组的方式将教师整合在一起，打造一支具有高度责任心与使命感，具有相应知识水平与实践能力的队伍，共同建立与完善社会热点案例资源库。高校还要在这个过程中建立互动交流平台，在不断推广的过程中实现社会热点案例资源库的共享。

（二）高校要提高教师各项能力和素质

高校思政课教师承担着一系列的教学工作及科研工作，而思政课教学则是思政课教师最主要的工作之一，思政课教师的素质直接影响着思政课教学的质量与水平。然而，思政课教师的各项能力参差不齐，这严重制约着高校思政课运用社会热点案例教学法的效果。因此，高校要提高教师的各项能力和素质，保障思政教学的有效性。

第一，提高教师的使命感和责任感。网络信息时代的到来，给高校思政课带来了机遇，也带来了挑战，社会热点对于大学生思想价值观念的影响与日俱增，如何发挥社会热点的正向教育功能，规避其中负面信息的影响，是高校思政课教师不得不思考的问题。教师要有高度的为思想政治理论教育事业服务的责任感和使命感，要具备勇于探索、勇于开拓创新的精神，去研究、去探索贴近大学生真实生活、受到大学生关注的社会热点问题，寻找问题的真相，寻找热点问题的理论解释，回答学生在日常生活中真实的困惑，切实培养学生分析与处理实际问题的能力，培养学生正确的思想、价值观念，为祖国培养合格的社会主义建设者和接班人。

第二，提高实践能力。高校思政课教师不仅要有高度的责任感和使命感，还要有相应的实践能力，具体包括以下方面：

①媒介素养能力。媒介素养能力是指在人们面对不同媒体中各种信息时所表现出的信息选择能力、质疑能力、理解能力、评估能力、创造和生产能力以及思辨的反应能力。高校思政课教师无论是在选择社会热点案例时还是在课堂教学中，都需要具备媒介素养能力，在纷繁复杂的社会热点问题与社会热点现象中进行筛选、鉴别和分析，提取其中真实有效的信息，归纳总结出社会热点的真相，并对该社会热点作出科学、理性的评价。在课堂教学的过程中，教师也必须有过硬的媒介素养能力，呈现社会热点案例，传递案例信息，有效引导学生对社会热点案例本身进行正确的认识，使其掌握相应的科学理论知识，提高学生分析与处理问题的能力。

②筛选社会热点的能力。社会热点的选择方式有很多，主要的选择方式有以下两种：

一是通过教学内容选择社会热点。这种方式适合内容结构相对简单、涉及范围较窄的社会热点事件，这类社会热点涉及的思政教学内容往往比较集中，适用于单门课程或是单个章节，教师可以根据教学内容来选择社会热点作为教学案例。

二是通过社会热点选择教学内容。这种方式适合内容结构相对复杂、涉及范围广泛的社会热点，教师可以以社会热点为引导，进行单门或多门课程的教学，从价值观、道德观、法律观等多个角度进行专题教学。

（三）大学生要端正学习态度，勤于反思、评价

第一，端正思政课学习态度。大学生应端正自身对思政课学习的态度，认识到思政课学习不仅仅是为了应付考试，认识到思政课与专业课一样具有不可替代的价值，认识到思政课学习对于自己的重要意义。正确的思想、价值观念是成为一名合格的社会主义建设者和接班人的必备素质。学生要切实认识到思政课学习对于自己形成正确的思想、价值观念的重要意义。只有学生端正思政课学习态度，社会热点案例教学法才能顺利、有效地进行下去。

第二，勤于自我反思与评价。社会热点本身贴近大学生的生活实际，并且受到了大学生的广泛关注，大学生想要规避其中的负面影响，不仅要靠思政课

的课堂教学，还必须培养自我评价和反思的意识，提高自我评价与反思的能力，自觉运用在课堂教学中掌握的知识和科学的方法解决现实生活中遇到的实际问题，做到知行合一。

第五章　高校思政课教学模式的改革与创新

第一节　高校思政课教学中"四位一体"教学模式

高校思政课"四位一体"教学模式是新时代社会发展的需要，是新情况下满足教学需要的必然发展趋势。"四位一体"教学模式是有机融合线上网络教学、线下传统课堂和实践研究学习的混合式教学模式。面对复杂的教学环境，"四位一体"教学模式在适应了互联网时代的发展规律的基础上，应时而生。

一、"四位一体"实践教学模式的内容

"四位一体"实践教学模式是在坚守思政课课堂主阵地的基础上，遵循"理实结合"和"整体育人"的教学规律，而构建的理论与实践、线上与线下、课内与课外相融合的教学模式。

（一）"四位"

1.课内实践教学

实践教学的本质是具有社会实践内涵的系统性教学。思政课的实践教学根

据场所的不同可以分为课内实践教学与课外实践教学，课内实践教学强调发挥学生的主体作用。课外实践教学的灵活性和可控性更强，对于硬件的要求更低，现存的教育教学条件基本可以满足其需求。课内实践教学在教师的组织领导下，立足理论知识，以研究式学习、案例分析、无领导小组讨论等形式展开。

（1）分组教学形式

分组教学具有很多优势：

第一，锻炼学生的合作能力。小组以特定的合作目的为共同目标，这使学生的合作能力得到提升。

第二，提高学生的竞争意识。适当的竞争可以激发学生的学习自主性，促进学校教育与社会教育的衔接。

第三，使学生充分地表达自己的想法。在分组教学中，教师可以采用无领导小组讨论的形式。无领导小组讨论是采用情景模拟的方式进行评价的一种测评技术，评价者可以在测评中观察到应试者多方面的能力，分组讨论可以借鉴该形式。分组讨论要求教师积极对学生的讨论过程进行引导，使学生主体对课内实践教学产生愉悦和充实的体验，从而激发其对思政课的学习热情。

实施分组教学要遵循相关的流程：①思政课教师对相关理论进行讲授，通过理实结合帮助受教育者实现知行转化；②在教学目标指引下制定需要讨论的题目，进行分组讨论；③展示分组讨论的成果；④教师、学生、第三方参与者对每组的合作结果进行评价解析。分组教学对思政课教师的协调能力和教学素质有很高的要求，教师在教学主题设定、小组人员安排、教学节奏的把控方面都承担着重要的责任。

（2）翻转课堂形式

翻转课堂是对知识传授的顺序进行颠倒的课堂教学模式。翻转课堂起源于同侪互助教学方式，同侪互助教学方式以课下学生自学课程，课上教师提出问题、学生思考回答互动为主。与传统教学相比，学生在翻转课堂中成为教学的主动参与者，教师是实践教学的指引者。翻转课堂与混合式教学、探究式教学在方法上有一定的重合，是对传统教学的师生角色、课程传授与管理的一系列的变革。

（3）小班教学

学习共同体是所有人因共同体的使命，朝向共同的愿景一起学习的组织，共同体中的人共同分享学习的兴趣，共同寻找通向知识的道路、理解世界运作的方式，朝着教育的共同目标而相互作用。学习共同体的内部符合主体间性的要求，主体间性是指主体间关系的规定性，即主体与主体之间的相关性、统一性、调节性。要符合主体间性的要求，实践教学就要推行小班教学形式。思政课的小班教学是在目前思政课的大班授课的教育体制下提出的，大班授课具有诸多缺点，近些年国家下发的思政课文件也严格规定了思政课堂的师生人数比。

小班教学是通过控制教学环境内的人数来提高教学质量的授课制度。思政课的教学目标是培养人，在小班教学形式下，教育者可以更好地关注学生的发展，提高思政课的实效性，推动学习共同体的构建。

2.专业实践教学

专业实践教学是指将思政课教学渗透到学生的实习与实训中，渗透到职业伦理、职业素养、职业能力的教育中。在思政课专业教学过程中，教师要树立"课程思政"与"思政课程"相统一的理念，"课程思政"就是在大学生专业课中纳入可以引导学生树立正确的价值观的思政课内容，使各类专业课与思政课同向同行，共同实现全员、全方位、全过程的协同效应，构建大思政的育人格局。

高校的根本任务是立德树人，大学生的职业素养的核心是立德，职业道德在社会道德体系中具有重要地位，会影响物质方面的诸多效果和整个社会的道德水平。教师要充分利用好思政课课堂这个主渠道，通过"课程思政"强化思政课实践价值的传递，将思政教育融入大学生专业素质的教育的全过程。职业素养是大学生个人价值的重要表现，一个人所具有的价值取决于其对社会所做的贡献，其贡献的大小决定了其在学习和工作中所积累的品德水平、思想观念、知识水平和技能等内在价值在实践中的转化程度。要想实现思政课、实践课、专业课三类教育资源的协同，专业实践教学是重要的桥梁。

专业实践教学根据各专业的学科特点，深入挖掘各专业的思政内涵，在使学生的专业技能得到提升的同时起到德育"润物细无声"的作用，在遵循教书育人规律的前提下，推动全员育人。不同的专业所蕴含的思政教育资源是不同的，教师要坚持"思政"与"专业"的协调，结合各专业特色，实现思政教育的自然切入，深化思政课教学重点。

3.社会实践教学

我国的高校大学生社会实践已开展多年，取得了丰硕的成果。社会实践是指主体借助一定的中介和手段有目的地改造客观世界的物质活动。大学生的思政课社会实践是根据各个高校自身的培养目标制定的，包括校外实践教学基地的建设、大学生理论宣讲会、大学生社会服务、大学生参与军民建设等活动。大学生思政课社会实践着重培养大学生的奉献精神、家国情怀，使其树立正确的立场，充分发挥其理论储备优势，增长其深入群众、面向基层、服务社会的意识。

校外实践基地建设是思政课实践教学的有效平台。根据其主题的差异，校外实践基地可划分为爱国主义实践教学基地、国防教育实践教学基地、艰苦奋斗品格培养实践教学基地等。

实践教学基地建设是培养全面发展人才的重要环节。高校要秉持具体问题具体分析的原则，加强与社会和政府的多方面联动，实现实践教学基地建设的统一化和制度化，充分利用互联网技术创新建设网络虚拟教学基地。

大学生社会实践活动的主题主要包括解读国情政策、服务社会、红色基因传承、专业志愿服务、基层调研、精准扶贫等方面。这些实践主题都体现着社会主义核心价值观，符合高校培养合格的社会主义接班人的重要使命。

4.网络实践教学

人类社会的科技革命促进了互联网时代的到来。网络实践教学依赖网络技术和网络信息资源，为学生营造一个模拟的社会实践环境。互联网教育技术优化了教学内容和教学方法，为情景教学提供了现实的硬件条件，增加了受教育者隐形教育的接触面，使教育资源更容易实现共享，同时也加快了现代化教育改革和新型教育模式构建的进程。网络技术为实践教学提供了丰富的教育资源。

第一，网络实践教学使教育资源的数量得到了极大的增加。教育信息呈现出快速更新的特点，信息资源由文本载体发展为图片、视频、音频、数据库、云盘、媒体库等数据载体。

第二，网络实践教学实现了实践教学基地从线下实地到线上端口的转变。在宣传红色文化和社会主义核心价值观念方面，依托互联网技术建设的网络展馆具有成本低、覆盖面广、实时更新、展示生动等优势。

第三，网络实践教学促进了大学生的自我教育。网络实践教学实现了思政课线上虚拟实践与线下实地实践的结合，大学生主体可以在虚拟与现实中自主选择，满足自己的求知需求。

第四，网络实践教学引入了多元的教学评价。传统的实践教学评价结果多以实践教学后的论文报告成绩为主，评价的主体是教师，评价的因素是成绩，评价结果的统计也耗费时间，评价结果呈现出主观单一性的特点。互联网平台评价具有即时反馈性，易统计储存，评价主体更加多元，评价结果更具有科学性。

网络实践教学在探索过程中出现了多种教学模式，如网络辅助教学模式、"慕课"模式、多元混合式教学模式等。网络辅助教学模式包括共享网络教学资源、运行网络平台和精品课建设三种主要方式。正确利用网络辅助教学模式才可以提高思政课教学的质量。

在"四位一体"实践教学模式中，网络实践教学主要依托教学平台，对社会的热点、难点问题和社会实践成果进行虚拟的呈现，实现实践教学由点到面的"全覆盖"。

（二）"一体"

"一体"是指以课堂讲授为主的理论教学。在教学过程中，教师紧贴教学主题，开展新闻回放、热点聚焦、历史评说、经典选读等教学活动，充分调动学生的参与积极性，增强思政课的说理逻辑。

思政课的主要任务是塑造大学生内在的思政结构，培育学生内在的思政精神，并使这种结构和精神作用于其行为习惯的养成。思政课是落实立德树人根本任务的关键课程。这同时表明了课堂理论教学的重要性，课堂是教师进行教学活动的场地，课堂教学要向学生灌输理论教学内容。教师要根据教室中的教学设备来设计课堂教学方案，鼓励学生集思广益，激发学生的积极性和创造性。

不同高校思政课教学的共同目标是提高教学的实效性，思政课教学的实效性体现在思政素质教育、知识传授、能力培养三大功能的实际效果上，包括教学要素的实效性、教学过程的实效性和教学结果的实效性。而提高教学实效性的基础就是扎实的理论知识。

以课堂讲授为主的理论教学是思政课教学的主体，它包含课内实践教学、专业实践教学、社会实践教学、网络实践教学四个方面，这些方面都要以理论课学习为起点。理论引导实践，实践服务于理论，各个部分之间相辅相成，相互影响，以期达到实践教学的育人目标，使思政课实践教学模式的运行体系化和规范化。

二、"四位一体"实践教学模式的原则

（一）主流意识原则

主流意识原则是思政课实践教学的总原则。意识形态工作关乎国家长治久安，教师要引导学生牢固树立共产主义远大理想和中国特色社会主义共同理想，培育和践行社会主义核心价值观。

当前，复杂多变的国内外环境都对高校意识形态领域的教育造成了冲击，国内互联网信息技术的迅速发展、经济改革与社会改革的深入推进、受教育者主体素质的提高、文化竞争所带来的影响等都对高校思政课提出了更高的要求。因此，高校必须做好意识形态领域的教育工作。

（二）理实结合原则

高校思政课是理论性与实践性相统一的课程，理论性要求高校思政课要超越经验层面，其课程体系内容设计要呈现出理论化、专业化、学术化的特点，具有相应的理论广度和深度。实践性是思政课教学的内在要求。从内在层面而言，教育的目的是实现受教育者内在的转换和接受；从外在层面而言，教育的

目的是实现受教育者对知识的感知和接收。理论的学习是对受教育者主观世界的改造，要提高教学的实效性就要做到理论与实践的结合，追求知行合一的目标，促进学生整体素质的全面提升。

（三）整体合力原则

整体合力原则是指整合教学过程中一切可以利用的资源形成合力来实现实践教学的目标。思政教育合力是指思政教育的"四位一体"在实践和空间上的综合运动产生的教育力量。思政教育的合力可以分为空间上的横向合力与时间上的纵向合力。

思政教育的纵向合力与人的思想发展过程是相对应的，即连续性与阶段性的有机统一。在实践教学中，高校要形成思政课实践教学课程系统的整体合力、实践教学资源的整体合力、实践教学育人主体的整体合力。

（四）过程充足原则

教育的根本任务是立德树人，思政教育的本质是人的思想品德和心理的社会化。在思政教育的过程中，各要素要实现空间上的协调和时间上的有序，使思政教育的过程呈现出动态发展的趋势。思政教育过程中的四个要素包括认识、情感、意志、行为实践，各项教育措施必须充分重视知情意行方面的教育。

第一，注重理论教育。形成思政教育目标的理性基础是进行充分说理。

第二，注重情感教育。教育者要以事实教育和情感教育来打动受教育者，陶冶受教育者的情操。

第三，注重实践教育。信念是推动人产生行为的力量，指导着人的行为实践。

第四，坚持长期的思政教育过程。行为习惯的养成需要长期的过程，使个别行为定型为行为习惯需要持之以恒的毅力。

（五）个性化设计原则

高校要根据思政课的教学目标和学生的个性化发展规律来进行课程设计，既要优化"供给侧"，也要着眼于"需求侧"，以增强高校思政工作的吸引力。受教育者主观上对思政课内容的认可度，在很大程度上决定着思政教育的实效性。个性化设计能够提高受教育者对思政课内容的认可度

（六）多元协同原则

协同学主要研究不同事物的共同特征和协同机理。高校思政工作要用好课堂教学这个主渠道，思政课要坚持在改进中加强，提升思政教育的亲和力和针对性，满足学生成长发展的要求和期待。其他各门课程要与思政课形成协同效应。

要提高思政教育的实效性，教育过程中的各要素要在时间上保持连续性，在空间上要保持一致性。高校遵循多元协同原则构建思政教育的多层次、多渠道的动态系统。

三、"四位一体"实践教学模式的因素

（一）内部因素

1.主体因素

思政教育的主体是指在教育过程中承担主动教育功能的主动行为者，既包括具有教育功能的个人也包括组织。教育者和受教育者都是思政教育的主体。思政教育过程的复杂性决定了思政教育的双主体性。

（1）教育者主体

高校中的教育者主体主要指高校思政课教师，教师是理论教学与实践教学的组织引领者，直接决定教学的内容与形式，良好的师资条件是实践教学顺利开展的前提。教育者主体的影响因素可以细分为教师的教学认知、教师的理论

水平、教师的实践能力三个部分。

教师的教学认知归属于教师的教学理念部分。

第一，教育者对思政课实践教学的认知。教育者要认识到高校思政教育的重要地位。

第二，教育者对教学方式的认知。教育者与受教育者之间是相容和相互依存的关系，教育者要以平等的态度采用合适的教学方式开展思政课实践教学。

第三，教育者对教学态度的认知。教师的教学态度对学生的学习态度具有潜移默化的影响，教师要关注学生的成长、成才，做到为人师表，认真负责，根据学生的心理成长规律进行思政教育。

教师的理论水平是指教师要有系统性的学科知识储备。这也是教学的基本要求。教师要根据当下发生的时事要点，结合专业的知识功底，进行完备、系统的备课，充分的课堂准备直接影响到教师与学生之间的情感交流和价值观的传递。在教学过程中，教师要明确教学目标、基本理论、心理学的相关发展规律和管理学知识，深入了解学生的特点。

教师的实践能力是指教师在实践教学过程中所具备的组织能力、管理能力、解决应急情况的能力等，教师要对实践教学活动作出合理的安排，并能达到相应的教学目标。

（2）受教育者主体

受教育者主体主要指高校中的大学生。受教育者主体的影响因素包括学生的认知、学生的思想品德、学生的智力素质、学生的能力素质四个方面。

学生的认知是指学生对理论及实践教学的重要性的认识程度。学生的认可和接受程度对教学的实效性具有重要影响，学生认知的提高可以使其认识到自己的主体地位，进而正确认识思政课程，产生学习的积极性和主动性。

学生的思想品德是指学生价值观的树立和思想的发展状况。高校思政课实践教学追求的目标是实现理论知识的内化，实现对学生价值观的塑造，学生的思想品德可细分为学生的思想水平、道德品质、学习态度、作风纪律、社会反应等方面。

学生的智力素质是指学生对理论知识的学习程度。理论学习是实践教学的根基,学生对理论知识的掌握程度更容易评价和考核。

学生的能力素质主要是学生参与实践教学的能力表现。学生在实践教学过程中表现出的能力包括处理问题的能力、完成教学任务的能力、与教师或同学的沟通能力、参与实践教学的态度、创新精神等方面。

（3）高校主体

高校主体的影响因素可以从认知和管理两个方面进行阐述。

在认知方面,高校要把思政课教学工作摆在更加突出的位置,改进教学管理,关注教学质量,树立"四个意识（政治意识、大局意识、核心意识、看齐意识）",坚定"四个自信（中国特色社会主义道路自信、理论自信、制度自信、文化自信）"。各个高校要在党中央加强实践教学的指引下积极探索,形成学校党政齐抓共管的格局。高校的认知和实践教学资金的投入决定着实践教学的开展。

在管理方面,"四位一体"实践教学模式的运作离不开高校的教学管理,教学管理涉及教学模式的组织、实施、管理、保障、反馈等环节,要想促进实践教学模式的有效运行,高校各部门需要做到分工明确、责任清晰、齐抓共管,制定相应的规章制度,教务管理部门也要做好相应评价体系的量化。

2.客体因素

思政教育过程中的客体是教育主体的行为对象,包含教育过程中的所有要素。客体可以具体分为两部分：①在教育过程中作为行为对象的教育者和受教育者；②思政教育的其他要素,包括教育环境、目标、内容、手段、活动。客体之间也是具有支配关系的,在客体中居于行为者地位的客体与其他客体要素之间是制约支配关系。客体诸要素间经过合理的匹配形成合力,进而提高教育效果。客体因素可以从实践教学的决策、实践教学的实施、实践教学的调节保障、实践教学的评价反馈四个方面进行分析。

（1）实践教学的决策

实践教学的决策是在思政教育信息收集的基础上进行的最优化选择的过程。决策可以分为集体决策和个人决策、战略性决策和一般性决策、确定性决策和非确定性决策、规范性决策和非规范性决策。决策是具有程序性的,一般按照"提出问题—解决问题"的思路进行，具体步骤为"提出问题—寻找主要矛盾—制定决策目标—制定可行方案—方案的评估和优化—方案的评价与反馈"。

（2）实践教学的实施

实践教学的实施是在决策的基础上进行的，是对实践教学内容的实施。"四位一体"实践教学模式的内容包括课内实践教学、社会实践教学、专业实践教学、网络实践教学的内容。

（3）实践教学的调节保障

实践教学活动中会出现实际效果与预计效果之间的偏差，这就需要有相应的调节保障机制，以建立实践教学效果的评价标准，保证质与量的统一。调节保障机制包括制度保障、物质保障、社会保障、人才保障方面的制度措施。

（4）实践教学的评价反馈

反馈就是指及时收集和加工实践教学的反馈信息，对信息进行分析整理，发现存在的问题后，寻找解决方案，再次将新决策投入实践教学循环体系。评价体系要完整、全面，这样才更有利于深入分析、找到规律，进而指引以后的实践教学，提高教学的实效性。

3.安全因素

（1）文化安全因素

文化安全原则是指在现代思政教育载体建构过程中，要保护我国优秀的文化和弘扬优秀的价值观，维护本民族文化特性。互联网技术的发展带来的信息传播突破了传统的国家概念，潜移默化地影响了人们传统的语言交流和行为规则，文化自信是民族文化具有旺盛生命力的保证。

思政课是具有文化底蕴的系统工程，实践教学要紧紧围绕凝聚价值理念、增强文化自信开展。实践活动要紧紧围绕社会主义核心价值观和我国优秀的传统文化开展，着重增强高校思政课的文化力量，确保实践教学主题的安全性。

（2）人身安全保障因素

安全问题直接关系到思政课实践教学活动的开展，从以往发生的实践教学安全事故而言，学校、教师、实践教学场所都承担着不同程度的责任，大多数安全事故都是可以提早预防的。

完善实践活动安全保障机制是实践教学开展的保障，学校要事先准备好安全预案和应急处置方案，预案要具有可操作性和及时性。学校要建立实践教学安全的强制保险制度，强制保险制度是社会经济保障制度的重要组成部分，为实践教学的推行提供了安全保障。高校要建立长期稳定的社会合作实践教学基地，学校的保卫处和学工处要定期对实践基地进行检查，及时协调解决出现的安全问题，以减少实践教学过程中的不确定性。

4.环境因素

（1）课堂环境

教师要塑造师生共同参与的和谐课堂环境。课堂教学环境中要奖励与惩罚并存，以帮助学生提高学习信心，加强学习的自律性。课堂环境是学生进行学习的主要环境，可以细分为课堂物理环境和课堂心理环境。

（2）校园环境

良好的校园环境能够潜移默化地影响大学生，校园的建筑设施、景观绿化、广播站、文化标语等都是承载着精神文化的物质载体。校园实践教学活动也是处于校园大环境之中的，学校要营造充满正能量的校园环境。

（二）外部因素

1.经济环境

经济环境是指经济发展水平和宏观经济趋势。经济基础决定上层建筑，当今社会经济、文化方面的联系日益紧密，经济发展的供给侧改革也被逐渐应用到教育领域中，经济发展也要求教育实现供给侧和需求侧的平衡。高等教育是实现立德树人、增强文化自信的重要渠道，教育的发展不能与经济的发展脱节，二者相互促进、相互影响。

2.社会环境

社会是人们交互活动的产物。人类的社会活动导致了社会文化的产生，社会文化可以分为物质财富文化和精神财富文化，社会文化具有渗透性的特点。

思政课实践教学的方向应与社会文化的大方向保持一致。社会环境是确定思政课实践教学内容和目标的主要依据，教学内容和目标必须与社会发展需求相符合。社会主义核心价值体系引领价值取向，多元化的社会思潮需要主流价值观的引领。高校要帮助学生提高辨别能力，建设立德树人的育人大环境。

3.技术环境

技术环境包括教育技术的发展水平与网络环境。

（1）教育技术的发展水平

教育技术的宗旨是为教学服务，可分为教育技术和教师技巧，教育技术有微课、虚拟现实混合技术、在线教学、翻转课堂、立体化教材、移动学习、云计算、人工智能等。教育技术只有先得到了教师的认可才能发挥作用。

教育的发展的短期趋势为普及信息化驱动、更多运用混合式教学方式、加快建设开放式教育资源；中期的发展趋势是改革深度学习方法、重新建设学籍体系、积极推动跨学科教学；长期的趋势是改变学生的地位、推动文化的改革创新、建设院校的运作机制。这些教育发展趋势作为思政课教学发展的大背景，引导着思政课教学的走向。

（2）网络环境

网络虚拟教育环境的建设是"大数据"背景下的教育建设的趋势。高校要发挥新媒体的优势，解决创新与形式化和泛娱乐化之间的矛盾，正确引导舆论走向，为学生建设资源丰富、内容健康和谐的网络环境。

四、"四位一体"实践教学模式的优势

第一，"四位一体"实践教学模式在思政课的基础上开展，始终坚持理论为先、理论引导实践、实践教学辅助理论教学，能够保证思政课教学旗帜鲜明、防止出现厚此薄彼、偏离思政课主题的形式主义实践。

第二，"四位一体"实践教学模式在大数据时代的背景下，利用大数据时代带来的优势，在遵循教育部的课程设置计划的基础上探索网络实践教学在思政课教学的应用。

第三，"四位一体"实践教学模式遵循"整体育人"的教学规律，运用各种可利用的思政课教学资源，拓展教学途径，顺应现代化教学的改革趋势，更具科学性。

第四，"四位一体"实践教学模式是混合式的教学激励形式，其注重对受教育者的过程性评价，其评价系统贯穿实践教学的全过程，重视实践教学在教学体系中的地位，由点到面地动员整个高校内各部门的参与，使实践教学模式成体系化，可具体实施。

五、"四位一体"实践教学模式的重要意义

（一）有效促进教师之间的共同提高

1.促进教师之间更好地进行知识共享

"四位一体"实践教学模式要求教研室成员集体备课，每个成员都分享自己的知识，发表自己的看法，然后融会贯通地形成新的知识见解。在此过程中，成员之间相互取长补短，不仅有利于教师的知识共享，更有助于形成帮助学生掌握知识的新模式。

2.促进教师之间更好地进行技能互通

"四位一体"实践教学模式要求教师集体备课，并在学期开学前讨论决定每门课的讲授专题，通过分工合作，完成专题的教案、课件、案例、视频等内容的准备，然后实施课堂专题教学。教师在融入团队教学的过程中实现教学技能的互通、共享。

3.促进教师之间更好地合作并提高教学质量

"四位一体"实践教学模式的应用实现了教材体系向教学体系的转化。集体合作备课能使教师的知识、技能实现互融、互通，极大地节省了教学前准备的时间，并能有效提高教学的质量。

（二）有效增强师生间的沟通

1.有利于教师更好地了解学生需求

教师的指导贯穿整个"四位一体"实践教学模式，教师积极引导学生充分发挥主观能动性，引导学生积极动脑并根据自己的兴趣爱好选择相应的研究题目，然后全程指导学生的开题报告和论文的写作。全程指导使教师能够更好地了解学生对时事热点关心的方向和学生自身对国家大事的看法，更加清楚学生需要哪些方面的帮助，进而有针对性地开展思政教育。

2.有利于学生更好地反映自身诉求

在"四位一体"实践教学模式下，学生充分发挥主观能动性，自主选题，撰写开题报告，进行论文写作，教师在这个过程中只起指导作用。学生能更真实地反映自身对国家时政的关心，更好地反映自身的诉求，进而得到教师的更多帮助。这种教学模式更加有利于学生积极主动地开动脑筋，发散自己的思维，从而使得高校思政课更加活跃。

3.有利于高校思政课更好地展开

"四位一体"实践教学模式是服务于时代发展要求的思政课改革尝试的成果。该模式可以使教师的知识和技能都得到共享、发展和进步，并且从思政课固有的书本教学模式中解放出来。学生则从注入式的被动学习转变为主动式的探究学习，这不仅是教学模式的变化，更是一种时代趋势的反映。由于顺应了时代发展的需要，做到了与时俱进，"四位一体"实践教学模式使思政课在新时代能够更好地开展与进行。

（三）有效培养学生间的团队合作意识

1.有利于增强学生间的互助合作

"四位一体"实践教学模式要求学生分组进行合作学习，一个人的力量、知识、思维总会有局限性，一群人的智慧、思维碰撞才能产生更大的火花和更好、更多的灵感。在团队合作中学生会发现和认清自己身上的不足之处，从而取长补短，实现各自的进步。通过合作学习，学生会更真切地认识到和体会到团队合作的重要意义，最大限度地发挥自己的优势，这样的团队才会有竞争力。

2.有利于促进学生之间的联系

"四位一体"实践教学模式让学生组队进行研究性实践学习，能够促进和加强学生之间的联系，进而培养学生良好的互助互利人格，提升学生的人际交往能力和社交水平。

（四）有效提升教学质量

1.有利于提升思政教学的吸引力

高校思政课教师是大学生的思想引路人，肩负培养时代新人的重大责任。在"四位一体"实践教学模式下，教师的作用能得到更好的发挥。教师与学生一起研究课题，学生怀着对自己喜欢的课题的浓厚兴趣，会积极向教师提出问题，这样教师的价值就能够得到体现，由此，教师会对思政课教学更加重视，进而对学生的培养也更为上心，思政课的吸引力也就能同步上升。

2.有利于帮助学生更好地树立思想政治意识

思政课"四位一体"实践教学模式增强了学生的参与感和获得感，学生拥有了自己发散思维的主动性。学生自主开展调研，实地体会思政课本上讲述的道理，会有更深刻的收获，能够树立牢固的思想政治意识。

第二节　高校思政课教学中慕课模式的创新运用

一、慕课的主要特点

慕课是MOOC（massive open online course）的中文音译，是大规模的在线

开放课程的意思。"M（massive）"是指课程资源规模大，注册人数多，学生数量没有上限，学习者的选择多；"O（open）"是指课程对所有人免费开放，学生以兴趣为导向，只要想学习就可以注册学习，一部手机、一根网线就能让学生成为慕课一员；"O（online）"是指线上的学习评价系统，学习者可以根据自己的时间和学习进度自主进行线上学习、测试、交流和互动；"C（course）"是指一系列发布在互联网上的开放课程，包括课程提纲、视频课程、学习资料、作业布置、测试等。

慕课是面向公众开放、供学习者免费学习、以网络平台为基础进行授课的课程。传入中国后，慕课被定义为主讲教师负责的，通过互联网开放支持大规模人群参与的，由讲课短视频、作业练习、论坛活动、通告邮件、测验考试等要素构成的教学过程。

（一）资源共享免费

慕课以将世界上最优质的教育资源传播到地球最偏远的角落为信念，试图让全球所有学生都能够免费体验优秀教师所讲授的优质课程，慕课具有鲜明的互联网基因，到目前为止，包括中国在内的世界范围内的慕课基本上都是免费的。慕课迎合了大众迫切要求降低学习成本的需求和共同分享优质教育资源的价值诉求。

（二）课程精品化

慕课多数是由世界著名高校或者是企业与名校联合开设的，一般是著名高校的优秀教师上的最好、最新的课程，走的是精品路线，学生有更多的机会接触最新、最权威的课程，这就保证了慕课的课程质量。

慕课突出的是学生的"学"，慕课资源的形式和内容都经过了精心的设计和优化，符合互联网时代学生的认知规律和"注意力模式"。慕课在开始前都会提供简短的课程简介，平台上都会有清晰的课程目录，方便学习者对课程进行选择和整体把握。

慕课将一节课的内容分解为若干个小知识点，每节课都由一般不超过 10

分钟的短视频组成，视频形式多样，有课堂实录、演示文稿、手写板书、专题采访等形式，视频的画质、播放速度、是否连播、是否显示字幕等都可以进行选择，而且平台还提供下载教师 PPT 或者讲课字幕的服务，每个微视频一般只会阐述一个独立的小知识点。但是不同微视频之间经过精心的设计，又存在着紧密的逻辑关系，从整体上构成一个完整的知识体系，视频以周为时间单位，每周进行更新，以由易到难、循序渐进的方式相互衔接，更活泼，更直观，更具有表现力，且慕课平台包括了选课、听课、练习、讨论、互评、考试等一系列环节。

（三）学习方式灵活

慕课课程适用范围比较广，可实现跨地区学习，最大限度地突破了教学在空间及时间上的局限性。学习者在利用慕课学习时可以自己独自完成学习过程，也可以在网上组成若干学习小组，每个学习者在小组中扮演不同的角色，互相交流以解决学习中遇到的问题。学习者也可互相监督，共同进步，在遇到学习上的问题或者有学习心得体会时，可以通过论坛和邮件的方式实现师生之间和生生之间的沟通交流，让自己在思想碰撞中得以成长。

在校生可以通过慕课学习适合自己的优质课程，这提高了学校的教学效果。不是在校生的适龄青年同样可以通过慕课享受思政课教育，长期下去有利于学习型社会的形成。这将是一场学习的革命，对推动继续教育的发展，打造灵活开放的终身教育体系，构建人人皆学、处处可学、时时能学的学习型社会具有积极意义。慕课具备新时代的基因，使人们可以充分利用碎片化的时间为自己充电，帮助人们树立终身学习的理念，又与未来移动学习的需求相契合。

（四）学习主体个性化

慕课推行任何人在任何时间、任何地点都能够学到任何知识的理念，只要学习者感兴趣，愿意学习，就能学到他想学的任何知识。在慕课平台上，每个学习者都能根据自己的时间、兴趣爱好、学习水平、学习速度等来安排学习进程。学习者的学习真正有了选择，学习者真正成了个性化学习的主体。慕课平台还可以利用大数据技术，根据后台收集到的学习者学习的数据，自动推送适合学习者学习的慕课课程、习题资料、易错知识点等，实现慕课学习的"私人订制"。

（五）学分认证，颁发证书

慕课学习是一个完整的学习过程，学习结束后通常会有一个测试，测试时间有很宽的区间，在这个区间内测试开始时间可以由学习者自己选择，但是测试开始后测试时间是固定的，学习者应该在测试结束之前完成测试。每门慕课在进行期间也会有许多测试，基本上包括随堂测试、每节讨论、每周小测等，还设有讨论板块，包括视频观看讨论区、师生答疑区和课堂交流区。

对于测试中的选择题，当学习者做完提交以后，系统会自动弹出正确答案，学习者可以得到即时反馈。而简答题则利用同伴互评作业的形式，一般由五名学生评分，测试结果取平均值。而课程的最终成绩一般由每周测试、同伴互评、讨论情况、期末考试等各占一定的比例计算得到，一般总成绩达到 70 分者将获得合格证书，总成绩超过 90 分或者表现特别优异者将会获得优秀证书。

慕课所颁发的证书分为两种：①慕课机构单方面授予的合格证书，且一般是电子的免费证书；②慕课平台和合作机构联合授予的认证证书，学习者在获得该证书前需要实名认证且经过较严格的考试，这样能保证其成绩的真实性，该证书是权威性较强的收费认证证书。

慕课能够得到高校学生的喜爱还要得益于慕课的学分认证，慕课平台上能够完成课程学习并参加具体学校的网上监控考试的学生，可得到大学认可的学分。随着慕课的未来发展，规范和有效的学分认证是慕课发展的必然趋势。

二、高校思政课教学中慕课模式的积极作用

（一）调动学生的积极性

在线学习和课堂讨论相结合的方法，能够更好地体现以学生为中心的理念，学生学习高校思政慕课课程时不再受时间、地点的限制，学生提前在网络上看视频、做题，可以通过慕课与志同道合、趣味相同的人一起合作，向彼此学习，也可以成立学习小组。他们的做题情况、学习进度、学习时长、易错知识点、比较感兴趣的知识点等都会被计算机记录，任课教师在后台对班上学生的情况进行跟踪观察，通过分析学生的学习行为改进教学方式。

不同的学生可以有不同的学习节奏。在线下课堂讨论中，学生有了充分的发言权，可以与其他同学交流自己的看法或学习经验，也可以就有疑问的地方向教师提问，在教学过程中与教师平等探讨与互动。这凸显了学生的主体地位，也促进了良好的师生关系的形成。教师根据学生的学习情况对学生普遍存在的问题或者感兴趣的思政知识点进行重点讲解，也可以有针对性地进行个别辅导，实施因材施教的个性化教学。剩余的课堂时间可以用来举办辩论赛、演讲比赛、关于时政热点的知识小竞赛等，学生也有了更多的时间写文章。这发展了学生的洞察力、思辨力和表达力，培养了学生正确的情感态度及价值观。运用慕课的形式进行高校的思政课教学，真正实现了让学生在一个宽松自由的环境中学习，既增强了学生的主体感，又调动了高校学生学习思政课的积极性。

（二）创新教学方式，提高教学效果

慕课的发展潜力、表现力是传统的面对面课堂教学所无法比拟的。高校思政课急需采用新的教学方式来增强对学生的吸引力。慕课革命推动高校思政课从传统的单纯课堂面授形式向课堂面授与网上授课相结合的混合模式发展，学生根据自身情况选择慕课思政课程，决定自己的学习进度。教师根据学生的学习情况来修改、完善自己的教学方式，不断帮助和指导学生。依托慕课平台，

高校思政课使学生从被动学习变成主动学习。

　　教师由传授式讲课变成探究引导式授课，学生由个别学习变成小组学习，打破了教育僵化的局面，以更低的成本、更新的模式、更多的选择为更多的学习者创造出更好的教育环境。

（三）共享优质资源，促进教育公平

　　慕课的出现，刺激了被压抑了很久的教育需求，促使高等教育机构解禁了它们的知识储备库，打破了高等教育资源被高等教育机构垄断的局面，使这些机构解禁了其全部知识储备库，让宝贵的教育资源可以在全球范围内被平等分享，这种做法减少了教育成本，增加了受教育机会。

　　高校的思政慕课多由思政界权威专家或教师精心准备，具有观点权威、编排严谨、深入浅出和内容高端优质的特点，慕课平台可以适时分享优质师资带来的思政学科的最新研究成果和优质课程资源。

　　思政慕课有利于教育资源的合理配置，能够促进教育公平。教育公平指国家对教育资源进行合理的配置，使社会成员平等地享受公共教育资源，主要包括受教育机会、教育过程和教育质量的公平三个方面。

三、高校思政课教学中慕课模式的创新策略

（一）慕课模式的创新定位

　　慕课在高校思政课中的运用给传统思政课带来了创新。慕课具有强大的生命力，是互联网与教育相融合的产物，以"开放共享"作为发展理念，坚持以学生为中心，以兴趣为导向，迎合了学习者学习时间碎片化的学习需求，有利于实现教育公平。它应用在思政课之中，将视频学习和课堂讨论答疑相结合，是一个有组织有计划的完整的学习过程。

　　思政课的发展要坚持与时俱进，顺应时代的变化和发展，要不断改革和创

新教学模式，以适应社会的发展和学生的需求。无论是什么技术手段，运用的目的都是辅助教学，提升教学质量与效果。

总之，对于高校思政课来说，慕课是一种新型的网络教学模式，它是提升课程质量和提高教学效果的一种技术，是补充和完善传统教育的一种工具，是传统教育模式的辅助者与推进者。在慕课平台中，教育者、学习者和策划者是紧密联系在一起的。慕课平台是一个人与技术深度融合的平台，经过时间的积累，它将会演变成为一种成熟的教育技术工具。它与传统教学体系相互依存、融会贯通，共同创造一种人类学习与知识创造的新模式，更好地为高校思政课服务。只有在正确认识慕课，对慕课进行准确、理性的定位的基础上，高校才能更好地利用慕课这一工具。当然，在利用慕课这一技术手段的过程中，高校也会面临许多困难和问题，这都需要多方合力解决，共同推进思政课教育教学再上新台阶。

（二）慕课模式的创新思考

1.积极探索慕课学分认证模式

高校慕课存在着巨大的发展空间，高校的思政慕课是意识形态教育的重要载体，影响很大，应该引起国家的重视。因此政府的引导和监督是必不可少的。

在高校的慕课领域，政府推动慕课发展的重点应该放在制定慕课学分认证政策上，政府要完善学分认证体系，建立高校之间的学分互认和学分认可兑换机制，为高校思政课的慕课建设提供政策保障。政府可以出台相关文件，为高校思政课的慕课建设指明方向，推进在线开放课程认定和学分管理制度创新，鼓励高校制定在线开放课程教学质量认定标准；鼓励高校开展在线学习与课程教学相结合等多种方式的学分认定、学分转换和学习过程认定。

高校在创新慕课学分认定模式时需要考虑以下内容：

第一，成立慕课认证管理中心，提供第三方学分认证服务。由政府权威机构制定思政慕课的学分认证标准，对是否授予学分进行统一资格认证，可以给予学分认可的高校思政慕课必须经由慕课审查委员会的考察认证，并有专门的监督小组监督慕课的质量、教学效果等，确保学分认证与证书发放的系统化和公平性。高校要配齐、配强思政课领导班子，建立完善的领导体制和工作体制。慕课管理机构可以在各个城市设立考试中心，对慕课课程进行统一考试，解决考试诚信问题，学生经过严格考试可以取得相应的得到认可的学分。

第二，加大对学生的诚信教育，研究防止学生抄袭和作弊的软件，整顿学生注册系统，进行身份验证。同时教师作为我国慕课的主要组织者，需要以更加创新的目光、开放的胸怀配合高校和慕课平台积极做好学分认证工作。

目前，我国高校思政慕课平台主要采用两种学分认定模式：①慕课联盟的模式，联盟内的高校相互认可彼此开设的慕课，联盟内高校的学生只要选择相应的慕课课程并完成最终的考核就可以得到相应的学分；②慕课平台与大学相互合作取得学分的模式，慕课平台提供优质的思政慕课，与其合作的高校的学生只要选择这类慕课，并在一定时间内按照相关要求完成慕课课程，就能得到慕课平台颁发的慕课证书，学生得到慕课证书就能在学校申请一定的学分。

高校应积极探索多元慕课认证模式，引进慕课课程的大学可以成立慕课学分认定委员会，在慕课平台内筛选合适的思政慕课课程，安排教师实施慕课教学，并进行校级和院级的分层管理，实行线上考试和本校教师命题的线下考试相结合的考核方式，合格的同学可以申请相应的学分。高校可将学分认定标准授权给第三方，由第三方机构挑选出可以授予学分的思政慕课课程。对于选择该机构所认可的慕课课程并通过考核的学生，高校可以授予其学分。

2.搭建优质慕课平台，打造精品慕课课程

目前，我国慕课平台的课程主要有高校自主研发和相关机构研发两种研发形式，无论哪种研发形式都离不开政府对平台运作的监管。在引进国外慕课课程时，政府必须对慕课课程内容进行严格审查，防止不良信息的传播，规范慕课发展平台，营造良好的学习氛围，给教师和学生带来良好的教学和学习体验。为了增强我国慕课的竞争力，政府必须着力搭建中国本土特色慕课教育平台。

在思政慕课平台建设中，高校要根据学习者的需要进行人性化的创新设计，满足学生多元化的学习需求，让更多的人选择优秀的高校思政课程，学习优质的思政资源，使高校思政工作更有"温度"，这样能够更好地发挥高校思政课的育人功能。

　　课程内容是一个课程的核心部分，决定了课程能否得到学生的认可。高校应该积极打造精品思政慕课课程，不断深化思政慕课课程的内容建设，整合优质资源，优化师资配置，让教师之间通力合作，在内容和形式上进行高质量的设计，投入大量的人力、物力和财力开发出更多优质的、符合教学规律并满足学生发展需要的思政慕课课程，让学生有更多的选择，能够听到更多的思路和观点，这体现了教育的多样性。

　　第一，进行教材攻坚。教师要联系生活，关注时事，要把活的现实、活的理论融入思政课之中，及时将最新研究成果转化为教学内容，利用慕课这一平台，不断为高校思政课注入新鲜的血液，增加其对学生的吸引力。

　　第二，注意创新课程设计。教师要将慕课课程规律和学生认知发展规律相结合，在遵循思政课内在逻辑的基础上合理划分视频课程的知识点，科学设计线下课程，做到线上视频课程和线下课堂教学的有效衔接；要注意对打造特色慕课课程进行自主探索与实践，树立品牌和特色课程意识，将富有中国特色和优秀传统的内容融入思政慕课课程之中；也可依托地方优秀历史文化资源对思政慕课进行多样化探索。

　　高校的思政课是党的指导思想和执政理念在高校传播和贯彻的载体，是培养大学生科学的世界观、人生观和价值观的主渠道，理应受到高度重视。政府可以组织思政方面的专家，成立若干个慕课审查委员会，监督高校慕课课程的教学内容、教学质量等，对国内高校思政慕课课程进行筛选，把优质课程呈现在一个公共平台上，方便学校和学生选择，定期组织召开全国的高校思政课翻转课堂教学观摩研讨会，共同观摩、研讨和反思如何制作高质量的慕课课程和上好思政课的翻转课堂，形成一批有较高水平、令学生满意的课程，这将成为推进高校教学改革、改善教学质量、转变学习模式的重要契机。

3.与传统教学模式相结合，创新慕课教学模式

　　思政课程的特殊性决定了慕课无法完全取代传统的思政课教学模式，教师应当在借鉴传统教学模式宝贵经验的基础上对慕课教学模式进行多元化、个性化的创新改革。高校掌握很多的资源，有能力来推动创新的试验。高校可以先制定出进行以慕课为基础的思政课翻转课堂改革的初步方案，按照方案稳步实

施。师资力量较强的高校可以挑选一部分本校比较优秀的思政课教师，将他们组织起来进行慕课培训。

高校可以根据教师的特点或偏好分派课程任务，让他们自己摸索或多人合作把课程制作成慕课上传到慕课平台，形成自己本校的慕课品牌；也可以与其他高校强强合作，集结多所高校的雄厚思政师资，形成慕课联盟，实现资源流动共享。需要引进慕课的高校要根据学校师资和学生的学习情况引进计划和制定标准，挑选合适的思政慕课课程。

在运用慕课模式的过程中，教师应该尽力去满足所有学生的需求。高校也可在慕课的基础上实行以下教学模式：

第一，"走班制"教学模式。"走班制"是指在学科教师和教室固定不变的情况下，学生根据自己的学习程度和兴趣意愿，在教师的指导和慕课学习系统的建议下选择适合自身发展的班级上课的一种教学制度。

在大数据的背景下，思政课教师可以根据慕课平台的教学分析和评价系统捕捉和记录学生线上学习的信息，根据这些信息对学生的学习情况进行判断。在此基础上，系统自动地对学生第二天上课的地点做出决定，让有相同或相似学习基础、学习需要的学生走到同一个教室内，由相应的教师对其教学，解决其共同存在的问题，并由该教师组织小组讨论、提供相似的教学指导等，即时走班的教学模式使教学具有强烈的针对性，使学生获得了适合自己的发展环境，学生可以有的放矢地学习自己的课程，增强自己的信心，取得良好的学习效果。

第二，混合式教学模式。混合式教学模式是慕课引入我国后与我国高校实际情况结合产生的一种教学模式，它将慕课、翻转课堂、移动交互等所有要素和技术应用于思政课教学，形成了"MOOC＋SPOC（small private online course，小规模限制性在线课程）＋翻转课堂"的混合式教学模式，高校集结校内优质教学资源，进行课程讲授、资源建设等工作，并提供与慕课课程相对应的教学大纲和课程素材，使校内学生通过学校 SPOC 平台和线下课堂完成思政课的学习，而校外生可以以慕课的形式完成学习过程。

第三，"四网互通"教学模式。"四网互通"教学模式中的"四网"是指网络教学、网络作业、网络考试、网络选课。该模式促进了思政课传统教育与智慧教育、课堂教学与网络教学、线上学习与线下学习的有机融合，逐步构建起了特色鲜明、载体丰富、时空拓展、协同创新的思政课建设体系。课程由36个课时的网上在线学习及12个课时的线上互动课与实践课构成，通过直播互动、见面课、学生座谈、课程总结等环节保障网络教学的全面推进。

学校自主研发思政课网络作业平台，针对不同的学生设置不同的作业内容来全面推行网络作业；学校开发了"思政课在线考试系统"，并建设思政课程网络题库，实现试卷自动生成的网络考试，并定期更新题库；全校学生通过慕课平台自主选择上课教师、专题、时间和地点，实现了全面完善的网络选课。以上都是对慕课与思政课相结合的教学模式的创新，高校和教师应当继续努力，大胆实践，在理论和实践教学中不断探索创新教学模式。

高校可以通过课外社会实践平台将理论教学与实践教学结合起来，例如在校内开展辩论赛、知识竞赛等活动，利用寒暑假组织学生参观红色基地、进行社区走访调研等活动。这有利于增强学生的实践能力，将所学理论知识与实践相结合，增强思政课的实效性。与此同时高校思政课考核方式也要有相应的调整，要改变传统思政课"一考定终身"的考核方式，采用线上考试和线下考试相结合的多元化评价方法，将在线测试、课堂表现、闭卷考试和教学实践按照一定的比例纳入课程考核体系中来，将学生的环境适应能力、对新生事物的敏锐度、是否树立正确的价值观等纳入评价体系，建立科学完善的高校思政课考核体系。

4.加强师资建设，打造高层次教师队伍

高校要优化专职教师队伍结构，积极引进高端人才，培养青年人才，做好动员工作；加大对慕课的宣传力度，让教师意识到数字技术必然会对高校思政课的教学改革起到促进作用，并影响到学生的学习方式；加强师资建设，鼓励思政课教师尝试运用慕课的授课方法，充分尊重教师的意愿，根据教师具体情况进行具体分工，并给予重点支持和鼓励；将教师组织起来进行慕课制作的培训，让教师理解慕课原理，掌握利用慕课开展教学的方法；成立慕课学习工作坊，进行模拟训练；让教师去其他学校进行交流学习，互相取长补短，提升自身教学水平以适应慕课教学。

为了鼓励和激励教师更好地运用慕课，高校应该制定合理的管理与评价体制，将教师应用慕课的教学能力和教学实绩纳入教师考核体系，以建立健全教师队伍制度建设。

5.加大资金支持，探索慕课可持续发展模式

加大经费投入是保障学科建设又好又快发展的必要保障。国家应该不断增加教育经费投入，适当增加在高等教育上的投入比例；在人才引进、财政分配等方面给予适当的政策倾斜，设置高校慕课课程建设专项资金。除了政府的资金投入、捐款、慈善基金的资助外，高校还要争取风险投资公司、营利性教育机构等的融资。与此同时，高校要不断发挥互联网思维，在保障慕课课程的免费共享以外，开展高校慕课与企业培训对接、精英式授课等试点工作，不断开拓慕课增值领域，完善慕课的营利模式，探索慕课的可持续发展道路。

慕课推行的理念之一就是免费，教育资源的免费共享是慕课的生命，为了慕课教学模式能更好、更快地发展，高校需要不断探索长久稳定的慕课收益模式。除了传统的依靠政府扶持、吸引投资、对结业证书进行收费等方式以外，高校还可以尝试其他运营模式。总之，思政慕课建设需要政府、社会和学校的共同合作与支持。

第三节　高校思政课教学中
微课模式的创新运用

微课要求教师将教学目标和教学内容紧密联系，时长要控制在"一分钟左右"，能让学生产生一种"更加聚焦的学习体验"。微课就是教师在教学过程中针对某个具体的知识点以短小精悍的教学视频为主要载体而开展的教与学

的活动。

　　高校思政课中的微课是高校思政课教师针对思政课教学内容，利用微视频教学开发的一种教学模式，是深化思政课理论知识学习的一种独特的教学手段。具体来说，它指的是思政课教师针对某一教学重难点或问题，利用微课视频向学生传授教学内容。高校思政课中的微课，在本质上就是指对复杂的思政课教学内容进行切片化处理，制作成既可以用于课堂教学，又可以延伸至网络平台上的微视频。在课前，思政课教师可以让学生采取预习的方式，学习微课视频；在课中，教师组织学生讨论微课视频中出现的疑难问题；在课后，学生利用微课教学平台进行复习巩固。

一、高校思政课教学中微课模式的理论借鉴

　　从思政教育网络载体理论的角度而言，思政教育本身是一种价值观念的传播，向大学生传播价值观念要通过一定的载体才能实现。网络载体是具有自己特点的一种虚拟大众传播媒介形式，它能够提高传播的有效性。因此，思政教育网络载体是指思政教育者通过网络技术手段，根据教学大纲自主选择、自行设计课程，向大学生传输符合社会期望的价值观念、道德规范，达到传播思政教育思想的一种教育教学手段。

　　随着社会生产力水平的提高、科学技术的进步、"互联网＋"时代的到来，以新媒体技术为手段的教学方式已经悄无声息地进入高校思政课堂，它多样化的学习方式给学生带来的视听体验远远胜于传统教学媒体。思政教育网络载体以其时效性、互动性的优点弥补了传统载体滞后性和单向性的缺点，提升了学生学习思政课的效率，增强了知识传播的广度和深度，促进了大学生思政教育的系统化和全面化。

　　微课的出现为高校思政课带来了新的网络载体。在运用微课的过程中，教师会让学生在课前预习微课视频，这种做法表明教师使用了线上教学方式；在课堂上教师让学生面对面交流、讨论疑难问题，这表明教师使用了线下教学方

式；在课后教师往往会继续采用线上线下相结合的辅导方式。线上教学方式表现为教师让学生登录微课教学平台进行再次巩固练习，让学生以留言的形式提出依旧有疑惑的问题，以待解答；线下教学方式则表现为教师及时与学生就疑难问题进行面对面的交流。

微课运用于高校思政课的整个过程，不仅增添了学习的趣味性与主动性，更使教学课堂变得更加形象生动，使教学理论更加深入人心。由此可见，"微课"作为思政教育新的网络载体，使思政课教师和学生联系得更为密切。思政课教师通过线上线下相结合的教学方式，使自己能够更好地倾听学生内心深处最真实的声音，了解大学生多元化的思想，进而因材施教，进行多层次、差异化的教育，这将极大地增强思政课教学的实效性。

二、高校思政课教学中微课模式运用的必要性

（一）适应思政课教学的信息化发展

信息化是指现代信息技术的应用，它是思政课教学改革的必然趋势。而"微课"作为现代信息技术应用开发的重要一环，它的运用适应了思政教育教学改革的两个基本需要。

第一，适应思政课教学资源信息化的需要。高校思政课包含着丰富的知识点，其理论性也较强。微课视频可以使抽象的理论变得通俗易懂，传统的思政课教学也因微课的出现而表现出信息化的特点。微课有效推动了教学资源的整合和共享，优化了教学实践形式，使学生通过观看微课视频能够直接了解历史和现实，加深对知识的理解，这种做法提升了教学效果。

第二，适应创新思政课网络教学模式的需要。高校思政课网络教学可以通过"微课"技术实现优化创新，反过来说，微课教学为高校思政课网络教学提供了丰富的课程资源。

思政课微课的教学资源是教学平台逐渐发展的动力源泉。高质量的教学资源既应该坚持创新，又应该详略得当。因此教师在对"微课"教学资源进行整

理时，不但应该进行全面、具体的设计，还应该依据教育对象的差异性，注重对具体细节的设计。另外，教师在设计微课时，还要注意贴合青年大学生的思想实际，将他们所关注的社会热点、难点问题穿插进思政课的教学内容里。

（二）提高思政课教学的实效性

随着信息技术、数字技术和媒体技术的发展，智能终端与媒体设备的发展势不可挡。以视频为主要载体的微课突破了时间、空间的限制，使学生的学习不再拘泥于课堂，真正实现了在线移动学习。教师可以随时随地上传自己精心制作的"微课"，供学生浏览、下载、观看，以便学生进行预习和课后巩固。

由于"微课"具有鲜明的针对性特点，学生在观看"微课"视频时，只是对一个知识点进行带有明确的目的性的学习，或是对某一具体问题进行详细的阐述，因此可以避免教师重复讲授的弊端。另外，微课视频大多集中在 10～15 分钟，所以教师在设计微课时，应该注意对思政课的教学内容做好规划，尽可能地将其精简化，在视频结束后在微课平台提出启发式的问题让学生思考，激发他们在课堂上探究的热情。

高校思政课的教学活动往往只强调教师的主导作用。而微课这种教学形式体现出师生之间的平等"对话"关系，提倡重视学生的主体地位。所以，在思政课中运用微课既发挥了教师的主导作用，也尊重了学生的主体地位。学生的学习积极性是其学好思政课的重要前提，教师要在具体的教学过程中激发学生学习思政课的热情，培养学生独立思考的能力，努力使学生会学、爱学，让学习成为一种兴趣，而不是一种枷锁。

微课作为一种新类型的教学资源，并没有颠覆传统的课堂，相反它在依托传统课堂的基础上推动了传统思政课的结构性变革。与此同时，由于新媒体技术的介入，思政课的教学方式和课程形态也随之发生了变革，传统的课上学习、课后知识内化的教与学的方式发生了翻转。从更深层次的意义上看，这种新的教学范式改变的并不只是教师、学生、课程与教学等课堂要素，它进一步变革了传统教学的时间、空间、关系与情境等课程生态，有助于提高思政课教学的实效性。

（三）满足学生对思政课的学习需要

高校思政课是高校大学生的必修课，对大学生的健康和全面发展起着重要的作用。以微课为基础的教学新模式为学生创设了相对自由、宽松的学习环境，教师在其中扮演了引路人的角色，以问题为导向指引学生独立分析、思考并解决问题。

微课依托信息化平台，向学生推送学习资源，打破了传统教学的知识传授格局。如今，学生可以通过微课选择自己需要的学习资源，打破了事件、空间、环境的限制，实现了随时、随地、随需地学习，这为学生进行个性化和多样化的学习提供了可能。微课的内容以融汇文字、图形、图像、声音的微视频的形式呈现，具有较强的画面感和趣味性，能够调动学生的注意力，这样一种全新的数字化学习环境，有利于激发学生的求知欲与创造力。

微课支持多种不同类型的学习方式，在高校思政课的教学过程中，教师可以采取线上预习和线下点拨的方式，在课前让学生预习观看微课视频，在课堂上组织学生对知识点进行讨论，在课后让学生通过练习进行巩固提升，利用微课教学平台帮助学生查漏补缺、巩固知识。

三、高校思政课教学中微课模式的运用效果

（一）拓展思政课教学的内容与空间

高校思政课的目的在于选择正确、丰富的信息影响大学生的思想观点和道德观念，培养拥有正确价值观的社会人才。随着人类进入信息时代，网络已经成为学生获取信息的主要来源，微课被运用在高校思政课教学中，不仅为教师提供了一种新的教学思路，更让学生在整个学习的过程中获取到了更多的知识，了解到了更多的信息。高校思政课启动的基础是信息的获取，而微课作为一种线上与线下相结合的信息体，极大地拓展了高校思政课的外延，丰富了思政课的教学资源。

　　微课教学平台及网络上微课视频资源的不断丰富，逐渐丰富了学生的知识体系，使学生的学习变得日益灵活。高校思政课教师可以利用互联网收集各式各样的微课教学资源，并将收集到的微课教学资源或者自己制作的微课视频提供给学生学习。同时，教师在选择教学资源时不可全盘接收，应该选择一些符合自己教学思路的教学资源以及高质量的学习内容来充实自己的微课。

　　在教学过程中，教师必须将微课视频提前上传好，这样就可以确保学生在预习任务被布置后可以随时随地对资源进行下载、观看。这样不仅有利于实现师生互动，而且会让网络上的思政教育资源实现共享。通过微课在高校思政课教学中的运用，思政教育可以覆盖学生学习和生活的各个方面，使得原本封闭的传统课堂教学空间变成了开放性的全方位教育空间。

（二）丰富思政课教学的方式与手段

　　微课的出现，给高校教师提供了新的思路。微课通常是 10 分钟以内的微型课程，它将传统的大型课堂——45 分钟左右的课时拆分成若干相对独立的单元，分别组织教学。在这场思政课教学方式的变革中，微课扮演了"温和的革新派"的角色，教师不再是课堂上的"主演"，退居为知识教学的"导演"，学生跃升为知识学习的"主体"。改革后的教学方式使学生获得了满足，师生之间也开始慢慢有了信任与沟通的桥梁。

　　微课凭借短小的视频、贴合学生思想实际的内容、便捷的学习方式，一上线就受到了高校大学生的欢迎。微课这一教学形式不仅可以丰富思政教育的教学内容，而且可以增添学生学习的趣味性，它是以线上微课视频和线下面对面交流相结合的方式来激发学生对思政课的热情的。

　　思政课教师将传统"强灌硬输"的教学方式转变为更加重视学生主体性发挥的教学方式。教师不再强调满堂灌，只在课堂讨论环节对学生的疑难问题进行引导启发。这样的教学方式能让学生在学习的过程中自主选择和使用正确的信息，增强学生的判断力。从长远而言，微课可以促使学生拥有正确处理信息的能力和明辨是非的能力，促进师生间的相互了解，实现双效互动。教师能够通过微课理解学生所需要的思政课知识，理解他们的所思所想，学生也可以通过微课理解实时热点，理解教师所要传达的价值观念。

（三）增强思政课的生动性与吸引力

微课涵盖了内容的设定、视频的制作、课堂的答疑等，这些操作都是在教师精心琢磨下形成的教学过程，把"微课"应用于高校思政课教学当中，有助于增强思政教育的生动性和吸引力。微课新颖的教学方式，重视学生主体性的授课方式，满足了大学生对新生事物的好奇心，因为必然会受到大学生的喜爱。

微课教学是一种全新的学习体验，微课与诸如平板电脑和智能手机的移动智能终端联结，使得泛在学习真正成为可能，学生可以利用这些移动设备，获得灵活、自主、全新的学习体验。以这些方式实施教育教学能够较好地捕捉学生的学习兴趣和需要，消解因长时段的学习而产生的枯燥、厌倦情绪，增强了思政课的生动性和吸引力。

高校思政课教师利用微课教学平台，搭建了一座与学生便捷沟通的桥梁。在平台上发布的承载着热点时事和学生需要的思政课教学内容、向不同的学生推送的个性化的教学资源，有利于教师掌握学生的思想实际和现实需要，实行层次化教学，有利于激发学生的学习热情，有利于思政教育在潜移默化中发挥作用，有利于增强思政课教学的实效性。

学生在"微课"平台上浏览教师发布的微课视频时，可以在教学平台上写下自己的问题和疑惑。教师应及时浏览这些信息，记录学生普遍存在的问题和困惑，安排学生在课堂讲授环节进行分组讨论，在与学生双向互动的交流过程中，促进学生学习，帮助其成长。这种做法可以使教师及时、清楚地了解学生的疑难问题，掌握他们的所思、所想，不仅能够激发学生学习思政课的热情，还能够增强思政课的吸引力。

目前，微课成为思政课教学的新形式，学生在预习的过程中必然会有很多不同的想法，将各式各样的困惑带到课堂上进行激烈的讨论，学生在讨论的过程中掌握新知，进而达到对知识的建构。同时，教师在收集微课资源时能够接触到各种各样的教学题材，可以拓宽自己在制作微课时的思路，这种做法有利于打破思想的局限性，打破教育教学的单一化，有利于帮助学生开阔视野，培养学生的发散性思维。另外，微课借助图文声像技术，呈现出声音、视频、动画等结合的良好视觉效果，为教师积累了教学素材，丰富了教学内容，丰富了学生的学习体验。

四、高校思政课教学中微课模式的创新实践

（一）微课模式的资源建设创新发展

1.资源建设的创新原则

（1）双主体性原则

双主体性指的是教育者和受教育者都是思政教育过程的主体，他们都是相对独立的教育行为者，因而都具有教育主体的属性。双主体性原则要求教师秉承"教为主导"的课程创新设计理念。

微课可以灵活地应用到思政课教学的任何环节，微课可以贯穿课前、课中、课后整个教学过程。在制作微课视频时，教师一定要合理划分教学重难点，坚持以问题为导向，创设启发式的教学问题，以此来引领学习进程。

双主体性原则的核心是秉持"学为中心"的课程设计理念。学生是学习的主体，学生可以根据知识的难易程度和自身基础，重复观看微课教学视频，按时、按需进行学习，自主安排学习进度，自主学习思政课的教学内容，还可以选择在微课平台上提出自己的疑问，等待教师解答，以此来弄懂自己不清楚的问题。微课在高校思政课中的应用，使教师的教学活动不再受空间和时间的制约，满足了学生多样性的学习需要。

（2）实用性原则

实用性原则就是指在设计与开发微课的过程中要做到以实用为主、够用为度。只有实用才能使教学顺利进行。思政课微课教学是一种充分反映高校思政课建设目标，并紧跟思政课教学的实际需要而设计开发的针对性较强的教学形式，它能够突出学科的重难点，并与实际的教学活动相结合。

高校思政课微课的服务对象是大学生，不论采用何种教学思路与教学模

式，都是为了更好地提升思政课的教学效率，都是为了实现思政教育价值的最大化。思政课教师要在思政课建设目标的指导下，以提升大学生的获得感为重点，有针对性地选取知识点并进行深入的剖析，并在实施教学的过程中保证实效，杜绝空泛，使思政课的微课能够在整体上与整个学科课程保持连贯，使教学内容恰到好处，从而更好地实现效益的最大化。

（3）适度性原则

任何事物都是质和量的统一体，只有真正认识事物的度，教师才能在教学实践中坚持适度性原则。所以在制作微课视频时，教师应该秉承适度性原则，在选取思政课教学内容时应适量，将思政课的教学内容分割成适当的 10～15 分钟的小模块。

只有做到适当、适量、适度，教师才能最大化地发挥微课的教育作用。具体来说，教师在制作微课视频时要做到以下两点。第一，视频的长短要适度，这是根据分配好的教学内容来确定的，选取的内容适量才会让视频的长短适度。第二，讲解方式要适当，在制作思政课微课视频时，教师要对不同的重难点问题和小知识点采取不同的讲解方式。教师可以根据学生的不同需要，制作多个微课练习并上传至微课平台，多个练习也是根据学生的不同层次决定的。教师还应该有适宜的解说，适宜的解说可以对微课起到锦上添花和画龙点睛的作用。

思政课教师在录制微课视频时，应该提前构思好相应的解说词，对于不同的微课内容进行不同的创新教学。在课堂中的讨论环节，教师也要配以适当的解说，这里的解说起着点拨学生的作用。微课始终是传统课堂教学的辅助手段，在教学过程中起着配角和助手的作用，微课的使用越恰当越好。在高校思政课教学的过程中，教师选择适量的教学内容、适度的微课视频、适当的讲解方式、适宜的解说，适度地使用微课教学，可以提升教学实效性，增强教学效果。

（4）精微性原则

微课的精微性设计原则倡导简明扼要，致力于将复杂的知识理论进行拆解细分，对拆解后的具体的知识点或者教学重难点进行精细化设计，将知识点通过精细化设计后制作成微课视频并上传至微课平台。教师还应该向平台上传对应的微练习，以帮助学生进行复习巩固。精微性原则要求教师一定要用最合理的方式呈现最核心的知识内容。

精微性体现在教师应该精选小的知识点或者重难点，使学生对微课视频中微小的知识点进行逐一击破，同时还要求教师制作的微课视频时间不宜过长，这样有利于学生凝聚注意力，推动教学的顺利开展。教师创作思政课微课的目标要精，教学目标精是深挖知识内容的重要前提。因此，微课设计要在传统思政课教学目标的基础上，将每一小节微课视频的教学目标分割好，并对其进行细致化的处理。微课的制作涵盖视频的剪辑、PPT 的演示、动画效果的设计等，微课视频不仅要在手机上播放，还要在电脑上播放，这些都需要教师有良好的计算机操控能力。思政课微课教学要求教师应该秉承精微性原则，用最恰当的方式来呈现最核心的内容，还要做到设计上的新、内容上的新。

2.资源利用平台的创新建设

为了全面提高微课开发水平，建设优质的微课资源教学平台，相关教育部门可以对微课教学资源进行征集，联合计算机技术人员以及相关的微课教学专家对高校思政课教师进行培训，将技术与思政课教师的理论与实践经验相结合，共建一个区域性甚至全国性的教学平台。

如何更好地建设一个思政课微课教学平台，是高校应该重点关注的问题。以思政微课 App 为例，它是一个思政课在线学习平台的软件，通过笔记、问答、测评、考试等方式，实现思政课在线学习监督和学分管理。该平台在课堂教学互动环节为教师提供课堂自动点名统计、课堂测评与统计、课堂提问自动记录等功能。我们可以根据以上优秀平台的建设经验，在研发、设计思政课微课教学平台时获得一些思路，具体操作如下：

第一，强化思政课平台的交流和服务功能，互动交流区和学情反馈功能是思政课微课教学平台的突出特点。互动交流区能够满足师生间的互动交流，学情反馈功能利用微课视频结束后的打分，使得教师可以清楚地意识到学生对于课程的满意程度，有利于教师的课后反思，也有利于教师对课程内容加以改进。

思政课微课的教学平台应设计成单元、微课视频、互动交流区、微练习、微反馈等多个模块。在设计微课教学平台时，教师与学生应有两套不同的系统，相较于学生的系统，教师的系统要新增微课视频上传窗口和微课练习题上传窗口。

思政课微课教学平台应设计学情反馈功能。在微课视频播放后，微课打分系统跳出，以使教师根据学生的反馈来提升自己设计微课的水平，并促进教师更好地进行教学反思。

第二，坚持思政课微课平台的运用和共享，是思政课微课的创新体现。微课教学平台的运用，离不开计算机技术人员以及相关的微课教学专家对高校思政课教师进行有针对性的培训，只有将培训与宣传做到位，思政课教师才会在教学的过程中运用微课，有效调动自身积极性，把信息化的教学变成一种新常态。高校思政课微课教学平台，有利于打破传统思政课教学在时空上的限制，促进微课教学资源的共享，对于实现真正的高校思政课微课教学有着举足轻重的意义。

3.资源开发技能的创新发展应用

高校思政课微课教学的顺利进行离不开教学资源的创新建设，微课资源的开发效果在很大程度上取决于思政课教师微课资源的开发技能。思政课教师微课资源开发技能的提高，可以使思政课教学形式更加多样、教学内容更加丰富。

"互联网＋"时代不仅需要思政课教师具备终身学习的能力，而且要求教师具备良好的媒介素养能力。教师应主动参加微课的相关培训，提高应用计算机信息技术的能力，促进思政课与现代信息技术的有效融合。思政课教师运用微课教学完成教学任务需要借助一定的新媒体技术手段。

第一，运用微课教学要求教师不仅要具备较高的信息技术能力，还要有适当的数据处理能力，教师可以通过网络、书籍等途径搜集和筛选有用的教学素材并将其转化为教学内容。

第二，运用微课教学要求教师在掌握相关技能的基础上，创新设计优质的微课资源，建设以微课为抓手和契机的"思政课程创新团队"。

第三，运用微课教学要求教师必须加强团队意识，要以思政教育教研室为单位进行微课的选题与开发，针对本专业课程教学中的重难点进行全面系统的筛选、梳理，一方面要关注思政课内容中单个的知识点，另一方面还要宏观把握思政课的完整性、系统性，不断研究和开发思政课微课教学的相关资源，提升微课制作技术，积累微课制作经验，开发出学生喜爱的思政课微课课程。

（二）微课模式的操作创新

1.明确兼顾微课与思政课特点的教学设计理念

教学设计的效果在很大程度上取决于思政课微课教学设计是否合理。在思政课微课的教学设计上，教师要兼顾思政课课程特征和微课特性，强调教师与学生互为思政课的教学主体，教师要以教为主导，学生则要以学为中心，这样才能不断增强教学实效性。

（1）兼顾思政课课程特征和微课特性。

在设计高校思政课微课的过程中，我们不仅要兼顾思政课的特征，还要兼顾微课的特征，将两者更好地融合起来，这样才能促进思政课微课的顺利开展。

第一，精选思政课微课教学内容。教师应该在分析教材和各个章节的基础上精选小的知识点或者重难点，使学生对微课视频中微小的知识点进行逐一掌握。

第二，控制微课时长。在前期的准备工作中，微课视频的教学内容就要依据思政课的教学重难点进行制作，视频要控制在 10～15 分钟。因为观看视频的任务是要学生在课前预习阶段完成的，视频过长则不易激起学生们的学习兴趣，不利于教学目标的实现。

第三，注意微课视频的多样性。在制作微课前，教师应通过众多的网络资源，选择适合自己的教学资源，利用自己掌握的信息技术，将理论性较强的知识点制作成有动画、PPT、歌曲等形式多样的微课视频，便于学生对复杂知识点的理解和掌握。

第四，微课的录制与制作应及时补充最新的思想理论成果、党和国家的方针路线以及学生关注的热点问题，还应该补充教学内容中的易错点和难点。将这些内容录制成微课，学生就可以随时随地反复观看学习。教师在思政课微课教学中对不同学生进行的有针对性的进阶式练习，会让学生体验到教师个性化的教学和辅导，会极大地改善教学氛围、丰富教学内容、提升教学效率。

（2）遵循以学生为本的教学设计理念

微课在高校思政课教学中的运用，应该坚持以学生的自主学习为核心，强调学生的主体地位。在微课设计中教师还要兼顾学生的学习需求，针对不同的学生制定不同的培养目标。教师要注重营造有助于"探究与发现"的学习环境，在微课设计中要根据不同思政课的教学内容，有针对性地设计相应的微课内容，吸引学生积极参与课堂互动。教师要尊重学生、爱护学生，关注学生的成长，帮助学生在获取知识理论的同时，提高学生独立思考的能力。在思政课教学中，教师应该注意转变自己传统的教学理念，既要发挥自身的主导作用，又要尊重学生在学习过程中的主体性，营造民主、平等、和谐的学习氛围。

2.优化思政课微课教学内容

第一，注意教学内容的质量，提高资源的权威性和实用性。

第二，利用平台的教学内容引导学生学习，使教学内容与学生的实际需求相贴合，吸引学生的注意力，之后教师再加以引导，这样必定会起到事半功倍的效果。微课在高校思政课教学中的运用符合时代的要求，也是思政课教学的辅助手段，所以教师要充分运用微课这一载体来丰富思政课的教学内容，更好地提升教学效果。

在制作微课和实施教学时，教师不仅需要考虑如何制定有针对性的教学内容，还应该考虑对教学内容的补充。因为思政课教材内容相对稳定，教师应注意及时补充最新的思想理论成果、党和国家的方针路线以及学生关注的热点问题。

3.完善思政课微课教学流程

教师要从高校思政课的教学实际出发，贴合大学生的实际需求，从微课内容的准备与制作、学生预习、课堂交流、课后巩固几个步骤来完善微课教学流程。

（1）微课内容的准备与制作

教师应该从思政课的教学大纲出发，优化思政课教材内容，将教学内容分割成 10~15 分钟的模块，并针对每一模块设立对应的教学重难点，将教学重难点制作成微课视频上传到微课教学平台上，同时针对教学内容制作进阶式的微练习、微测试等，以满足不同学生的需要。

（2）学生预习

在思政课教学过程中，教师可自行决定是否在课堂上播放微课视频。但实际上，在上课前，教师就可以通过布置作业的方式让学生自行观看微课视频，学生则可以随时随地根据自己的时间利用手机、电脑等设备登录微课教学平台观看教学内容。对于观看视频过程中产生的困惑，学生可以利用发送弹幕或者在互动区留言的方式请教师解答。在观看微课视频后，学生可以选择初级练习题对自己的学习效果进行考查。

（3）课堂交流

教师可以根据互动区的留言来收集并整理学生提出的问题和困惑。在之后的课堂教学过程中，教师应该针对大家的预习情况，将疑难问题带到课堂中，组织学生分小组进行讨论，最后对学生讨论之后仍不理解的问题进行讲解。

（4）课后巩固

因为不同的学生理解能力不同，对知识点的掌握是参差不齐的，课后使用微课可以帮助他们查漏补缺，进行多次复习巩固。教师还应该针对微课教学平台上个别同学的疑难问题进行讲解，督促学生做好进阶式的练习题，以满足学生的多样化需求，真正做到因材施教、层次化教学。

（5）完善微课

思政课教师应该针对学生在课前的预习情况，总结出学生常见的问题和困惑，以此对照自己所设定的教学重难点，再次确定教学重难点并将其记录在册。教师还应不断优化教学内容，对微视频进行补充、删减及完善，去掉可有可无的举例、证明，案例尽量精且简，力求论据准确和有力，在短短几分钟的教学讲解中吸引学生的注意力。

（三）微课模式的制度保障策略

1.建立分工协作制度

分工协作制度是指组织内部既要做到分工明确，又要做到互相沟通、协作，以达成共同的目标。高校可以在校内组建团队，利用团队分工的方式确保思政课更加顺利地进行，鼓励广大思政课教师，尤其是青年教师，在完成原有教学任务的基础上，不断探索微课教学创新模式。

（1）组建科研能力强的研发团队

各高校应该高度重视并统一建立微课研发团队，制定相应的研发目标；鼓励教授和骨干教师带领青年教师不断探索微课教学模式，并在思政课堂上进行反复的尝试，总结经验，不断创新。

现阶段各门课程要结合课程特点以及学生的身心发展情况进行微课的研发与运用。同时，每门课程必须确定一个负责人，让他们根据实际情况带领组内成员有组织、有计划地进行研发，在最大程度上保障科研时间和科研的整体实力。

（2）定期组织集体备课

微课教学模式需要思政课教师不断深入探讨与研究。教师要通过集体备课，形成课题组成员有效沟通、积极探究的局面，在反复商讨与研究中制定开发利用微课资源的方案，逐渐形成有效的制作标准，并将其用于之后的微课教学实践中。各课题组组长要在集体备课的内容和教学设计上进行指导，在研讨过程中要注意把传统的思政教育理论课的内容更好地同微课资源结合起来，以达到激发思政课活力的目的。课题组成员在集体备课中还要制作出精品课件、优秀教学视频，以此来充实高校微课教学资源库。

（3）处理好团队内部协作关系

课题组组长要有合理的内部工作安排，可以通过制定组内工作细则的方式，使小组成员明晰自己的工作任务，以便高效地完成资源开发整合工作，通过协调团队内部的协作关系，提高团队成员的合作意识，建立联系紧密的微课研究团队。

2.建立运行保障制度

第一，国家要鼓励高校制定思政课微课发展规划。国家要为高校思政课微课的发展和建设提供一定的物质保障和经费支持，并为高校有组织地建设一批高校思政课在线课程库提供方针和政策保障。

第二，国家要提供设施搭建微课信息管理平台。微课信息管理平台是整合思政教育理论课教学资源和微课资源的重要平台，国家需要建立由微课技术专家、思政课骨干教师队伍、教学管理人员组成的专门团队，每个人分工协作，确保信息化管理平台的有效运行。微课信息管理平台通过学生自主的网上选课、网上答疑、网上考评等来实现微课和思政课的结合。使用信息化的手段搭建与思政教育相关的门户网站，使微课教学过程可以涵盖传统思政课教学的所有环节。

第三，学校要建立思政课与微课相结合的反馈机制，使其有益于实际教学过程中的评估。教学的评价与反馈是检验教学效果的一个重要环节，教师只有在教学过程中不断反思、总结经验才能进一步推动微课在思政课教学中的运用。所以，学校要不断探索并建立相应的反馈机制，在运用中根据学生的反馈和教师的反思来实时调整教学内容与形式，从而使微课教学在内容与形式上都更加完善，起到对传统思政课教学查缺补漏的作用。

3.建立创新的外部激励制度

外部激励制度是在组织系统中激励主体系统运用多种激励手段使其规范化和相对固定化，而与激励客体相互影响、相互制约的结构、方式、关系及演变规律的总和。高校思政课微课教学的外部激励机制是指学校通过一系列的外在手段，比如提供科研经费、增加技术投入等来激励广大思政课教师不断提高自己的理论素养，丰富自己的知识体系，在此基础上投入更多的时间和精力来研究微课教学，把传统思政课堂与新型微课教学有效融合起来，发挥思政课课题小组的团队效能。

在实际的微课运用过程中，师生之间互相肯定与激励，可以进一步激发思政课微课的教学活力，起到良好的教学效果。但是，高校的思政课教师本来就有着繁重的科研任务和教学任务，研究微课教学并把它与传统课堂相结合势必会耗费教师更多心力。所以说，学校还可以给予教师一些政策上的倾斜：对于积极应用微课教学的思政课教师，学校要尽量减轻他们的工作压力，使其有更多的精力和时间对思政课微课展开研究；学校要把对于微课的使用作为衡量教师工作量的一个重要指标，将微课制作的时间也计算到思政课教学的工作量上，这样就在一定程度上激发了思政课教师的参与热情，也能确保思政课微课教学长期顺利地进行。

为了激发教师在思政课中运用微课的活力，各高校可以定期举办微课教学比赛，通过对其内容、制作形式、影响力的综合考评，采取师生共同在线投票的方式进行排名，评选出优秀微课教学视频。学校还应增设各种奖品和一定数额的奖金，给制作优秀微课教学视频的教师颁发荣誉证书，通过这些方式来激励思政课教师积极投入到微课的研究、制作中，切实提高教师研究微课教学视频的热情和运用微课开展教学的热情。

第六章 多媒体技术在高校 思政课教学改革中的 创新应用

第一节 高校思政课微电影 教学的创新应用

随着网络的高速发展，微电影因其新颖活泼的特点，备受人们关注。思政课微电影教学一改传统教学方式的枯燥乏味，生动形象地将深刻严肃的内容表现出来。它能够实现课内与课外、线上与线下、理论与实践、传统教学和新媒体教学等的有机结合，直击大学生的思维兴奋点，是一种浸润式教育。思政课微电影教学既能够弥补高校传统思政课实践教学中的不足，又深受大学生的喜爱，极大地调动了大学生学习的积极性、主动性和创造性，增强了大学生的认同感、获得感和幸福感，增强了高校思政课的实效性。

一、高校思政课微电影教学的概念与特征

（一）高校思政课微电影教学的概念

为了紧跟新时代的改革方向，盘活高校思政课实践教学，高校进行了多种

探索，最终发现将微电影应用于思政课实践教学中能够促进思政课育人效果的提升。微电影是在"微文化"的背景下从传统电影中蜕变而来的。思政课微电影又是众多微电影中的特殊影片之一，它的特殊性在于承担着思政课的育人功能。

微电影作为新媒体时代的一种新兴产物，实际上是对电影短片的继承与发展。微电影是相对于电影而言的一种艺术形式，它的"微"表现为微时长、微制作、微投资。微电影不仅有"三微"特征，而且还具有制作精美、故事情节完整、不限制播放平台等优点。它的体裁灵活多样，不仅仅局限于叙事体，还包括动画、电视新闻、街头采访、现场记录等体裁。

虽然微电影应用于思政课实践教学的时间不长，但它的发展速度之快令人惊叹。它因为蕴含着独特的教育功能，所以引起各高校的广泛关注。微电影教学符合时代特色，适合年轻人的学习习惯，使学习不再局限于课堂之上。微电影作为思政课实践教学的一种有效方式，它承担着思政课的育人功能。

首先，从实践方式来看，微电影教学强调的是学生在教师的指导下，以思政课的教学内容和现实生活为蓝本，自由组成小组，自编、自导、自演反映课程内容和时代特色的微电影。微电影教学法通过拍摄思政课微电影将理论教学与实践教学深度融合，真正实现了在实践中转化和运用思政课理论知识的目标，既发挥了学生的主体作用也保证了思政课程的思想性。其次，从实践价值来看，微电影教学是学生通过小组合作的方式，在教师的指导下制作微电影，促进教学环节吸引力和感染力的增强，最终提升思政课育人实效的教学方法。

综上所述，高校思政课微电影教学是一种在思政课教师的指导下，学生通过自编、自导、自演的方式利用思政课的理论知识制作微电影的实践过程。这个过程不仅能够充分发挥思政课的价值引领作用，促使学生理性看待社会热点问题，加深对基本理论的认识，坚定理想信念，树立正确的价值观念；而且能够开阔学生的视野，使其提高综合能力，培养创新意识，提高德性修养。

（二）高校思政课微电影教学的特征

思政课微电影教学是高校思政课实践教学的众多方式之一，它既符合思政课实践教学的基本特征，同时又具有其他传统方式所没有的特点。

1.成本低

思政课实践教学要想顺利完成，必须有一定的经费作为保障。一直以来，很多高校也都相继设立了思政课实践教学的专项资金，用来保障实践教学的顺利开展。但是在实际的教学过程中总会出现经费不足、甚至挪作他用等一系列问题，导致实践教学不能按原计划进行，让教学效果大打折扣。例如，在参观革命圣地这种实践教学活动中，不仅会产生乘车费用、门票费用，有时甚至还会产生食宿费用。因此，整个实践教学活动中的花费并不低，这就导致经费不足问题的出现。有些任课教师因为经费不足的问题，只能选择带学生去离学校近且免门票的红色圣地进行参观和学习，这就大大限制了实践教学的开展。

思政课微电影教学不仅对实践的时间、地点没有强制要求，而且对经费也没有过多的要求，甚至有时可以达到零成本的程度。学生只需要一部手机就可以完成实践教学的全过程，其中包括微电影的拍摄、剪辑、配音、加字幕等，这一系列工作都可以用免费软件完成，这样就可以在很大程度上摆脱经费问题的困扰，也可以调动更多的学生参与到思政课的实践教学中来，有助于高校思政课育人目标的完成。

2.成效快

虽然高校思政课实践教学的开展方式有很多种，也取得不少的成效，但要想提高思政课实践教学的育人成效就需要革新实践教学的形式，采用大学生喜闻乐见的方式。这样一来，学生才不会对教学活动产生抵触情绪，真正参与到实践教学活动中。

思政课微电影教学紧跟时代潮流，能够满足大学生的好奇心理。这种新颖的方式可以吸引大学生的眼球，让大学生乐于参与到这一过程中。随着主题的确定、剧本的撰写、中期的拍摄、后期的剪辑等一系列的实践活动的推进，不仅仅使学生深化了对思政课知识的理解，更促进了其各方面能力的提升，这样能使思政课的实效性明显增强。

3.可复制

思政课微电影教学具有思政课传统实践教学所无法媲美的优点，即它有可复制性。思政课传统实践教学如参观革命圣地和重大事件纪念馆等都具有极大的地域限制，这类实践教学活动只能在红色资源丰富的地区的高校开展，对处于红色资源相对贫瘠的地区的高校的参考价值不大。而思政课微电影教学作为一种通用的方式可以被绝大多数高校所运用，它具有很强的可复制性。高校教师和学生可以根据自身所掌握的理论知识和对社会热点问题的不同认识来确定思政课微电影的主题，使其不仅具有与时俱进的特点，而且具有深刻的内涵。

思政课微电影教学在时间和地域上也相对自由，没有那么多的限制条件，且容易上手，具有简单易操作的特征。优秀的微电影作品通过互联网的传播会让更多的人关注到思政课微电影教学这种新型实践教学方式，为想尝试此方法的高校提供参考，最终可以让更多的高校师生从中受益。

4.传播广

与高校思政课传统实践教学方式相比，思政课微电影教学有更广泛的传播性。具体原因有以下三点：

首先，微电影以微小著称，它是新媒体时代特有的产物，是新鲜事物的代表。它主要依靠手机、平板电脑等移动媒体传播，同时具有浓厚的艺术气息和无穷的魅力，所以受到许多青年群体的青睐。

其次，我国网民的数量正在逐年上升，尤其是青年群体占很大比例。思政课微电影不仅可以在各大网站、QQ、微信公众号上观看，而且可以被下载和转发。由于互联网的传播速度极快，优秀思政课微电影的传播范围便可以不断扩大，优秀的思政课微电影的传播效果也会不断增强。

最后，由于当代大学生生活在新事物层出不穷的时代，他们思维敏捷，想法新颖，他们有勇于表达自己想法的欲望和勇气。他们从自身的学习生活出发，用自身的所观、所感能拍摄出具有生活气息的思政课微电影，更能引起大学生这一群体的关注，从而引起大学生群体感情上的共鸣。

二、高校思政课微电影教学的优势

在新媒体如火如荼的发展背景下，采用新方式对思政课传统实践教学进行升级改造，成为思政课革新的必经之路。思政课微电影教学不仅顺应时代发展潮流，而且可以兼顾当前大学生短、精、快的学情特点，具有传统实践教学所没有的众多独特优势。

（一）有利于发挥大学生的主体作用

思政课实践教学的开设符合大学生的现实需要，是大学生践行课堂所学的重要途径。大学生在实践过程中的参与程度越高，主体作用发挥越强，对思政课的认同感就会越高。新时代大学生大都思维活跃，动手能力强，有一颗迫切展现自我的心。然而传统的实践教学方式，如小组讨论、制作调研报告等活动，都容易忽略大学生内心的感受，削弱大学生的主体作用，让部分大学生只能被动地接受实践任务，从而减少对实践教学的心理期待。在思政课传统实践教学中，大部分学生只是一味地简单分析，甚至复制拼凑，像完成任务一般匆匆结束实践教学。长此以往，部分学生会对思政课形成因循守旧、空洞乏味的印象，甚至还会产生厌恶的情绪，更不会有获得感。

因此，思政课实践教学应该采用以学生为中心的方式来开展，让学生作为实践教学的主角来参与其中。思政课微电影教学就是一种恰当的方式，思政课微电影教学以学生的实际需求为导向，以学生的现实认知水平为准绳，关注学生在学习生活中的真正困惑，解决学生的真正问题。这种教学方法能够引起学生感情上的共鸣和思想上的碰撞。在整个实践过程中，学生作为导演和主角，充分释放了个性，展现了自我。思政课微电影教学让学生亲力亲为，充分享受主动学习的乐趣，同时能够培养学生的问题意识，锻炼学生的观察能力、冷静分析复杂情景的能力，最终有利于提升学生的综合素养。

（二）有利于帮助大学生获得对知识的体验

体验知识在学生学习新知识的整个过程中处于关键环节。然而，传统方式并没有很好地调动起学生的积极性，让学生全身心地投入实践之中。在实践时，大部分学生迫于学校和教师的压力，只能走马观花式地参与其中，并没有真正地进行了解，更别说能够有所思考和启发。所以，发掘新型实践教学方式迫在眉睫。

由于互联网和新媒体的蓬勃发展，微电影应运而生。微电影教学是体验式学习最好的辅助载体之一。在思政课微电影教学中，学生要想拍摄一部高质量的思政课微电影作品，要从三个方面做起：首先，他们要对思政课抽象的理论进行深入的理解和思考，这样才能保证所拍摄的微电影具有思想性；其次，他们需要结合自身的所见所闻，将思政课抽象的理论与实际生活结合起来，找到二者链接的最佳契合点，进行主题的创作；最后，在拍摄过程中，他们自己亲身经历拍摄全过程，用行动对思政课的理论知识进行再一次的体验和感悟，使得自己的思想得到洗涤和升华。随着思政课微电影作品的完成，思政课的育人效果也会得到提高。

（三）有利于提高大学生的综合实践能力

在制作思政课微电影的一系列活动中，学生作为实践教学的主体，发挥着主人翁作用。从自由成组，到主题的确定、任务的分工布置、剧本的创作和修改，再到拍摄，直至最后的剪辑、配乐、加字幕等一系列活动无不锻炼大学生的综合实践能力。

首先，从自由成组来说，大学生有很大的自主权，可以选择各方面互补的同学，组成一个实践能力较强的小组。这就锻炼了学生的辨识能力，同时也大幅增加了同学之间的友谊，提高了学生的团结合作能力。

其次，主题的确定可以促使学生搭设理论与现实之间的桥梁，锻炼学生的知识转化能力。任务的分工布置可以发掘学生的各种潜能，如领导才能、策划才能、表演才能等。在剧本的创作和修改环节，学生从艺术审美的角度进行剧本创作，可以加快对剧本创作专业知识的学习，同时激发自身的创造力。

再次，微电影拍摄可以加强学生的团队协作精神，磨炼学生的意志，锻炼学生的沟通能力，提升其视频拍摄技能。

最后，从思政课微电影的后期制作方面来看，视频的剪辑、配乐、加字幕，可以让学生直接接触新鲜事物，紧跟时代潮流，促使学生掌握制作微电影的相关新技能。

在思政课微电影的整个制作过程中，学生不仅得到了思想的洗礼，而且提高了自己的综合实践能力，每个参与其中的学生都收获颇丰。

（四）有利于培养大学生的创新意识和艺术修养

大学生是青年群体的佼佼者和领头羊，高校要培养大学生的创新创造能力。微电影教学是一种新型实践教学方式，需要学生具备强烈的创新意识。学生在微电影剧本创作和镜头拍摄中，可以充分发挥想象力，其无限的创造潜力得以被激发出来。思政课微电影教学能够给大学生提供创造的舞台，让大学生在这个属于自己的舞台上尽情展示独特的创造才华。

艺术来自民间，也生长在民间，它的最高使命在于为大众服务。微电影是艺术的一种形式，在思政课微电影的制作过程中，无论是设计、构图、选景、服装、造型还是剪辑都体现着微电影的艺术性，对于缺乏艺术专业知识的学生来说，这既是机遇也是挑战。制作思政课微电影能够满足学生的审美需要、培养其审美情趣、提升其审美素养。这样不仅发挥了思政课微电影独特的美育功能，让思政课微电影的育人性高于艺术性，而且可以使思政课成为学生心目中最难忘的课程。

（五）有利于培育大学生的社会主义核心价值观

青年是国家的前途、民族的希望，高校应该注重对其社会主义核心价值观的培育。但由于新时代的大学生生活在物资充足、条件优渥的年代，没有经历过新中国革命、建设、改革过程中的种种磨难。加之新时代大环境的种种改变，以及各种错误思潮的负面影响，正确价值观的培育遇到很大的阻力。因此解决大学生正确价值观培育的问题刻不容缓。

思政课微电影教学能够发挥正确价值观的引领作用，高校可以运用这一实践方式来培育学生正确的价值观。学生能够从心理上接受并在行动中践行这种崭新的实践方式。一部具有价值性、思想性的微电影的诞生，需要创作者在每一个环节都倾注大量的心血。因此学生在自己制作思政课微电影的过程中，为了撰写剧本需要搜集大量的资料，并进行整理加工，甚至有时也需要实地进行采访调研，这一环节可以培养学生鉴别信息和独立思考的能力，助推正确价值观的形成。拍摄微电影时，学生通过亲身演绎，能够表达自我的真实想法，身边的平凡人和平凡事能够引起其共鸣、直击其灵魂，使其产生浓烈的爱党、爱国情感，进而有利于培育其社会责任感，使其深刻领悟社会主义核心价值观。在思政课微电影成片后，学生利用发达的网络对优秀的思政课微电影进行传播，增加互动性和感染力，发挥其最大的育人效果，吸引更多的大学生参与其中，让社会主义核心价值观渗透到每一个人的心灵深处。

三、高校思政课微电影教学的应用原则

无论从高校角度、社会角度，还是思政课教师角度，又或是学生角度，微电影在高校思政课实践教学中的应用都大有裨益。但当前其在应用过程中也存在一些不足之处。要想最大程度地发挥其育人效用，教师要坚持一定的原则。

（一）第一课堂与第二课堂相统一的原则

要将微电影恰如其分地应用于高校思政课实践教学中，就必须坚持第一课堂与第二课堂相统一的原则。

第一课堂主要强调理论教学，是进行实践教学的前提条件。第一课堂是思政课教学的主干道，在整个思政课教学中占有重要地位。思政课的内容不仅包罗万象，而且部分内容较为深奥，学生理解起来就具有一定的难度，教师必须在课堂上深入浅出地夯实学生的理论基础。这是保证思政课微电影具有理论深

度的前提。

第二课堂主要强调实践教学，是指学生在教师的指导下参与与课堂相关的实践活动，是学生感悟思政课理论知识、提升自身素质的重要方式之一。思政课微电影教学正好可以让学生把理论知识与动手实践紧密地结合起来，用充满时代感的实践方式既可以让学生领悟思政课理论，又可以增强学生的实践经验。

要想拍出一部兼具理论深度和趣味性的思政课微电影，需要坚持第一课堂与第二课堂相统一的原则。如果没有坚持这一原则，可能会存在这样的问题：既无法保证思政课微电影作品的理论深度，又影响学生综合能力的提升。

一部耐人寻味的思政课微电影必须建立在深厚的理论基础之上，要和思政课第一课堂的理论知识深度融合。如果没有坚实的理论基础，学生就可能会按照自己的喜好或一味迎合大众的口味来进行主题的选择和后期的剪辑，无法保证思政课微电影的质量。但如果只是强调理论性就容易忽视学生的参与感，使学生的综合能力得不到提高，让实践教学失去应有的温度，进而导致学生参与热情的降低。

思政课微电影教学的主要目的是让学生在亲身实践中体验知识，感悟人生，完善自己，最终为思政课立德树人的目标服务。制作微电影时，学生根据教师在第一课堂所讲的理论知识为基础，把微电影的形式运用于第二课堂的实践中。在实践中，不仅需要学生深入查阅相关资料，并结合相关理论知识撰写剧本，而且还需要小组合作用微电影这一艺术方式将剧本呈现出来。这既能加深学生对相关理论的认识，又能促使学生养成理性思考和关心社会的习惯。在思政课教学中，教师也可以播放之前学生在第二课堂中创作的优秀微电影作品，让第二课堂反哺第一课堂，使第一课堂和第二课堂深度融合。只有坚持第一课堂和第二课堂相统一的原则，教师才能让微电影教学真正起到为思政课服务、使大学生受益的作用。

（二）内容为王与形式为辅相统一的原则

虽然思政课微电影教学是一种前景广阔、吸引力强、深受大学生喜爱的教学方法，但它始终是思政课教学的一种辅助手段。在制作思政课微电影时，学生必须遵从思政课教学大纲，与课程内容相契合，强调内容为王。学生如果在实践过程中本末倒置，只是一味地将心思花在内容的呈现形式上，而不考虑所表达的思想，让形式喧宾夺主，就会造成思政课微电影教学空有其表的现象。

因此，要想将微电影与思政课实践教学深度融合，必须始终坚持内容为王与形式为辅相统一的原则，这样才能使短小精悍的思政课微电影发挥其应有的效用。

（三）教师主导与学生占主体地位相统一的原则

在思政课实践过程中，教师和学生如果没有弄清楚自己的地位，那么就有可能削弱思政课微电影教学的育人效果。如果思政课微电影教学只关注教师的主导作用，而忽视实践教学中学生这一重要主体，那么这样的实践教学是不完整的。思政课微电影教学要想让学生通过实践教学深化思政课理论知识，就应该既发挥教师的主导作用又发挥学生的主体作用。总的来说，实践教学应该是由教师占主导地位、学生占主体地位的一个师生双向互动的过程。

思政课微电影教学作为实践教学方式的一种新尝试，对于大学生来说是新奇且充满挑战的。尤其是在主题的选择方面，思政课微电影教学必须发挥教师的主导作用，让思政课理论知识扎实的教师来为学生把关，此刻的思政课教师犹如牵制风筝的那根线，必须牢牢把握整个实践活动的大方向，保证思政课微电影教学的理论性。同样，在影片拍摄、后期制作等方面教师也不能缺席，这样才能保证思政课微电影教学的顺利完成。但是，在教师充分发挥主导作用的前提下，学生如果没有积极主动地参与其中，教师的主导也将会是徒劳无功的。因此，思政课微电影教学要坚守教师主导和学生占主体地位相统一的原则。

坚持教师主导与学生占主体地位相统一的原则，需要调动师生两方面的积极性，这样才能更好地发挥思政课微电影教学的效果。一方面，教师要明确自己的主导地位，促进自身教育观念由"教书匠"向"引路人"的转变，同时明确自身肩负的重任，实时更新自己的知识库和技能库，当好学生思政课实践教学的掌舵人。另一方面，学生要明确自己的主体地位，激发自身内生动力。学生要尽快完成从配角到主角的转变，端正自己的心态，积极主动地发挥自己的专业优势，将思政课微电影与自己所学专业相结合，用综合性的思维去学习、领悟思政课的内容，锻炼自身各方面的能力。同时学生也要能够认同教师的主导地位，虚心地接受教师的建议，而不是在实践过程中依据个人喜好一意孤行。只有平衡好实践中师生两者的关系，才能达到教与学的和谐统一。

（四）相互借鉴与守正创新相统一的原则

与其他传统实践教学方式相比，思政课微电影教学的兴起时间较短，可改进空间较大，因此学校在之后的应用中要借鉴其他高校在实践中的有益经验，不断创新和完善自身的教学方式。

所谓相互借鉴，是指思政课教师在组织思政课微电影教学时，借鉴那些思政课微电影教学发展较好、取得较大成效的高校的成功经验。在优秀的思政课微电影中汲取营养，才能使自身茁壮成长。例如关于精准扶贫的微电影《大山深处》、关于初心与梦想的微电影《许愿》、关于抗疫的微电影《战疫》等都实现了思政课理论和学生现实生活的紧密衔接，达到了让学生在思政课微电影教学中践行思政课理论知识的目的，并且也让学生学会了群策群力、精诚合作，磨炼了其意志，激发了其爱国、爱党、爱人民的情怀，使每位小组成员都收获颇丰。只有将这些成功的经验与本校实际情况相联系，在相互借鉴的基础上实现创造性转化和创新性发展，才能既达到"物尽其用"的目的，同时又有益于本校思政课微电影教学的发展。

所谓守正创新，是指思政课微电影教学始终要坚守马克思主义的基本立场之"正"，不断开创对话性、引领性、直观性、巩固性、体验性微电影教学之"新"。因为马克思主义的基本立场是思政课一切实践活动的基础，是创新实践方式的出发点和基本理论依据，所以教师在进行思政课微电影教学时首先要守正，其次才要创新。在创新的过程中，教师要注重营造师生平等交流的氛围；要利用微电影这种新方式将知识更直观地呈现在学生面前；要通过思政课微电影教学打造一个具有全局性、完备性的知识体系，将新旧知识贯穿起来，达到温故而知新的目的；要通过学生自己拍摄制作思政课微电影，将硬性的知识灌输转化成快乐的知识体验；要注重唤醒学生内心深处向善的力量。

相互借鉴强调的是借鉴有益的实践经验，守正创新强调的是在坚守根本的实践立场的基础上创新实践方式。这两者的紧密结合，不仅能推进思政课微电影教学的进一步发展，而且能够推动学生实践能力的不断提高，促进学生的全面发展。

四、高校思政课微电影教学的创新策略

（一）社会层面

虽然高校是思政课微电影教学的主阵地，在实践过程中起着重要的组织和协调作用，但是社会也在其中发挥着不可替代的作用。只有整个社会高度重视思政课微电影教学，才能为思政课微电影教学的顺利开展创造良好的条件。要想充分发挥社会的作用，高校就应该统筹校内外各种资源，协调各方关系，在全社会营造浓厚的思政课微电影教学的氛围。

首先，政府通过引导，让企事业单位将大学生的实践能力作为招聘人才的一项指标。这样不仅可以引起大学生对思政课微电影教学的高度重视，而且也可以引发高校的重视，促使大学生在思政课微电影教学中积极主动地培养自己各方面能力，来满足企事业单位的用人要求。这一措施的实施容易凝聚各方面的力量，团结一致为提高大学生的综合素质而努力，最终达到多赢的目的。

其次，社会发动各个层面的力量，解决拍摄场地问题，为思政课微电影的制作提供便利。现存的思政课微电影，大多数都以宿舍、教室、食堂和校园为拍摄场地，拍摄作品的背景大同小异，不能吸引观众的眼球。这是由于场地难以协调，学生只能选择在校内拍摄。要解决这一问题，可以从以下两个角度出发：

一方面，政府可以出台一些政策，鼓励革命文化馆和高校合作。学校周边的革命文化馆与高校进行合作，可以邀请高校学生进入其中进行拍摄，并签署相关协议将其作为思政课微电影的拍摄基地。这样一来既可以促进学生深入了解拍摄地的文化，又可以使思政课微电影的内容更加丰富。两者密切合作也能调动学生的积极性，让大学生的实践能力得到锻炼和提高，同时所拍摄的思政

课微电影作品也可以对拍摄地起到一定的宣传作用,让红色资源重新绽放生命之花,吸引更多的学生去走近它、了解它,让其育人价值实现最大化,最终达到产学研相结合的目的,形成双赢的局面。

另一方面,企事业单位也可以准备一些重要的思政课选题项目,通过招标的方式引导校企合作。可以充分利用学校周边的资源展开项目,将思政课微电影的主题转移到大学生身边,深入大学生的生活。招标的方式既不需要协调拍摄场地,又能使思政课微电影主题具有当地特色。

再次,企事业单位可以在资金上对高校思政课微电影教学进行支持。由于实践过程中经费有限,学生并不能大展拳脚。在拍摄过程中由于学生没有专业的拍摄设备,大部分只能用手机进行拍摄,这就有可能造成画面不稳定、不清晰的问题,大大降低了思政课微电影的质量。企事业单位如果能够在实践结束时根据所完成作品的质量进行优秀作品的评选,并给予制作优秀作品的学生一定的现金奖励,来弥补一些他们为制作思政课微电影所产生的费用,就能大大减轻高校的经济负担以及学生的思想负担,让学生能够轻装上阵,将脑海中的故事用微电影这一形式表达出来。

最后,高校和企事业单位联合举办思政课微电影大赛,同时加强权威媒体的宣传。在大学生思政课微电影大赛的赛前和赛后,高校和企事业单位应该运用各级官方微博、微信公众号、视频网站、报纸、广播、电视等多种媒体分不同时段宣传思政课微电影的赛况以及展播优秀作品,在全社会形成制作思政课微电影的良好氛围,权威媒体关注思政课微电影教学对高校是一种宣传和激励,也能吸引更多的大学生加入其中,推进微电影在高校思政课实践教学中的应用,能够促进品牌效应的形成,最终产生以赛促学的效果。

(二)高校层面

高校在思政课微电影教学中发挥着重要的组织、协调和保障作用。高校的组织保障工作是关乎整个实践过程能否顺利推进的重要因素。但是目前高校思政课微电影教学的组织管理工作并不扎实,存在权责不清、管理欠佳、各部门难以形成合力等问题。要想使思政课微电影教学的所有环节都环环相扣,保证其顺利开展，高校应该从以下方面作出努力：

1.各级领导要提高责任意识，组建专业的指导团队

首先，各级领导要认识到微电影对思政课实践教学的重大促进作用，高校党委和相关部门领导应该主动承担起领导责任，形成强有力的领导队伍，将思政课微电影教学纳入高校规划中，让相关部门细化思政课微电影教学的各个环节，将教学要求和教学流程制度化，分清责任主体，形成人人有事管、事事有人做的局面。这样不仅能够保证学生思政课微电影拍摄的顺利完成，也为指导教师具体工作的推进提供了有效的制度保障。

其次，要配足思政课微电影教学的教师。学校可以按照现有的学生数量配备充足的专任思政课教师，这样可以减少教师因学生过多以及自己时间和精力有限而缺乏对学生进行有效指导的问题。如果思政课教师数量充足，师生配比协调，则教师既可以有更多的时间来优化实践教学环节，又可以为学生提供精细化的指导。这将有利于整个思政课微电影教学的开展。

再次，学校还可以共享校内优秀师资。如引入校党委教师和校团委教师，让他们在大学生思政课微电影教学中发挥自身的特殊引领作用；聘请艺术学院和新闻中心的教师来当思政课微电影教学的顾问，让其从微电影的艺术性、拍摄的技术性方面进行指导。这样既壮大了实践教学的教师队伍，又使教师队伍的配备更加合理化和科学化，有利于提高思政课微电影作品的质量。

最后，各个部门要形成合力。在具体实践中，思政课微电影教学不仅需要马克思主义学院教师的严格把关，更需要各个部门的通力合作。因此教务处、学工处和宣传部等各个部门不能像一盘散沙，各自为政，它们应该在高校党委的指引下，紧密配合马克思主义学院教师的相关工作，各部门凝聚力量，群力群策，众志成城，共同推动实践的顺利完成，支持、鼓励和引导大学生就大学生成长、青春与理想、校园文化生活、道德观察等话题进行拍摄，制作微电影，根据其兴趣爱好选择不同的风格和题材，在唱响时代主旋律的同时，传播社会正能量。

2.完善保障机制

思政课微电影教学在实施中经常会遇到学时不够、资金不足、缺乏培训等问题。要解决这些问题，避免思政课微电影教学虎头蛇尾，就要建立详细的规章制度，形成一定的规范，让实践教学的一切活动都有章可循、有据可依。

首先，要想使精品思政课微电影大量涌现，就必须有相应的资金支持。因为在目前的实践中，演员的服饰装扮、场地布置、拍摄设备等，大部分都是由学生自行准备的，这会影响思政课微电影的质量。在制作思政课微电影前，学生需要开展深入的走访调查，需要一定的资金支持，高校可以按照教育部的文件为思政课微电影教学投入充足的资金，而且要做到专款专用。在实施过程中，为了避免资金被挪作他用，学校可以采取在实践教学结束后报销核算的方式来促进学生规范使用资金。在拍摄思政课微电影时，由于设备的租借费用较高，学生只能用手机进行拍摄，这不仅影响微电影作品的质量，也影响学生的积极性、主动性和专注度。如果高校能购置专门的拍摄设备，供学生借用，将促使学生全心全意地投入到思政课微电影教学之中。

其次，思政课微电影是新兴事物，一直以来大部分师生都只是作为旁观者来欣赏它，而现在学生需要在教师的指导下变成思政课微电影的制作人，不免有人会有各种担忧和畏难情绪。因此，高校的学工处应该针对教师和学生分别制定关于制作思政课微电影的详细培训计划，并在思政课微电影教学开始之前，定期开展形式多样的培训活动，让师生都能在培训中克服畏难心理，能够有所收获、有所提高，为思政课微电影教学打好基础。

最后，展播和推广分为线上和线下两个层面。从线上来看，高校应该为优秀的思政课微电影开发多渠道的展播平台，例如建设专门的思政课微电影库，吸纳兄弟院校的优秀作品，着力打造全国思政课微电影教学基地，让优秀的思政课微电影不仅可以得到永久保存，而且可以走出校门实现共享。从线下来看，高校可以在重要节日在校内外同时举办大型的展播活动和规格较高的表彰活动，优秀师生可以畅谈自己的成功经验，让其他学生借鉴和学习。这样既能够使优秀的思政课微电影得到宣传，又能够使优秀师生获得荣誉，让他们的价值得到肯定，有利于调动广大师生的参与热情。

3.完善评价机制

思政课微电影教学的评价是检验学生实践效果的有效方式。一套全面、科学的评价机制不仅能够肯定师生的实践成果，而且可以发现实践中存在的不足，为以后的改进和提高指明方向。要完善现有的评价机制，高校应该从以下两个方面入手。

一方面，完善思政课教师的评价机制。高校可以制作相关的量化考评表，其中包括教师把关思政课微电影的主题情况、教师解决思政课微电影拍摄中技术问题的情况、教师点评思政课微电影教学的情况等。量化考评表可以帮助教师及时了解学生对教师的评价，促进教师从思想上重视思政课微电影教学，引导教师全身心投入其中，充分发挥教师的主导作用。

另一方面，完善学生的评价机制。在评价学生时，高校应该着重把握实践过程与实践结果并重的原则，建立多元考核评价机制。

在对实践过程进行评价时，由于学生团结协作、沟通交流、发现问题、解决问题的能力更多是通过观察实践过程体现出来的，而不能从思政课微电影作品中直观体现出来。所以高校不能一味地只看结果，而忽视学生在实践过程中的表现。因此，在实践教学结束时，高校既要让学生以小组为单位提交思政课微电影作品、组员实践照片、花絮、剧本等，又要让每个学生提交一份详细的总结材料，内容着重从自己在思政课微电影拍摄过程中所充当的角色、所做的事情、所得的收获等几个方面进行总结。教师通过详细的总结材料可以充分了解每个学生在实践过程中的收获。

在对思政课微电影作品进行评价时，高校可以让思政课教师和艺术专业的教师一同担任评委。思政课教师要严把内涵方面的质量关，以思政课微电影的立意为重点，判断作品是否紧紧围绕思政课的重点内容展开、是否关注到热点时事；艺术专业的教师着重考察思政课微电影的整体拍摄情况，评判作品画面的稳定度和清晰度是否达标、转场镜头和后期剪辑是否合理、影片是否具有一定的艺术性。通过这两个方面的评价的结合，高校能够更加科学地评价思政课微电影教学，最终促进思政课微电影教学的进一步发展。

（三）教师层面

一部成功的思政课微电影不仅是学生努力的结果，也是教师用心血浇灌出来的果实。在思政课微电影教学中，思政课教师是重要的引导者和参与者，他们在整个实践过程中起着主导作用。但目前思政课教师也存在着角色转换不及时、自身综合能力不强等问题。因此，思政课教师要采用一系列的措施来改善此类情况。

1.思政课教师要尽快完成角色的转变

目前大部分思政课教师没有很好地转换自己的角色，导致出现了两种情况：一种是教师依旧是实践教学的主角，学生主体作用的发挥受限；另一种是教师没有扮演好主导者的角色，而是把工作全权交给学生，导致学生自由度过大。要避免这两种情况的出现，教师就需要尽快转换自己的角色，发挥自己的主导作用。

教师要对思政课微电影教学有正确的认识，从思想上高度重视自己在实践过程中所充当的角色，认识到发挥自身主导作用的重要性。教师既不能大包大揽，也不能放任自流，要抓牢自己手中的指挥棒，为学生的实践指明方向。尤其是在思政课微电影选题方面，现在许多学生将思维固定在课堂所展示的优秀影片上，很难突破局限，导致影片内容缺乏创意。一部分学生又过多地将自己个人偏好应用于影片当中。为了解决选题问题，教师既不忽略学生的主体地位，也不能一味地放任学生自由选题，而应该通过集体研讨、集思广益给出选题范围，让学生在指定范围内进行选题。这样既尊重了学生，又保证了思政课微电影主题的正确性，使思政课微电影作品能够反映德行善举，传递人间大爱，有一定的育人价值。

2.思政课教师要提高自身的综合能力

在指导学生时，教师需要不断提升自我，提高运用微电影开展教学的业务水平和综合能力。这样有利于提高思政课微电影教学的实效。

首先，教师要定期参加微电影制作的培训活动。在形式各样的培训活动中，教师可以紧跟时代步伐，汲取信息化教学的养分，逐步更新自己的知识库和技能库，让自己从微电影领域的小白，成长为带领学生制作微电影的"领头羊"，为学生制作思政课微电影把关，促使思政课微电影从量多向质优转变。

其次，教师要走出校门，走入其他高校的思政课微电影阵地进行参观，积极和其他教师进行交流研讨，学习思政课微电影教学的宝贵经验，为自己在指导思政课微电影教学时提供借鉴，促使学生的思政课微电影作品逐渐克服剧情空洞、制作粗糙等问题，使思政课的精髓能够和微电影达到形神合一。

最后，思政课教师也可以以小组为单位，踊跃参加高校联合举办的针对思政课教师的思政课微电影大赛。以赛促学可以调动教师的实践积极性，教师只有亲自投身思政课微电影的制作中，才可以完整体验整个实践过程，增强实战经验，提升自身实践能力，不至于在指导学生时只是纸上谈兵，而能抓住要害给学生提出具有可行性的建议。

（四）学生层面

一直以来，学生都是思政课实践教学的主要参与者、体验者以及受益者，他们在整个过程中充当主角。思政课微电影教学应该激活学生朝气蓬勃的原动力，发挥学生的主体作用。但在目前的实践中，学生存在着积极性不高、综合能力不强等问题，影响着学生主体作用的发挥。因此，教师和学生应当及时采取措施解决这些问题。

一方面，教师要调动学生的积极性。大学生是最富激情和最具创造力的群体，他们身上有巨大的潜力和无限的可能。要想将学生的心理从被动转变为主动，使其能够做思政课微电影教学的主人，教师可以将实践教学的重点向拍摄思政课微电影倾斜，让学生积极主动地参与到微电影教学中，全心全意地进行实践并不断总结，最终既能够快乐地体验思政课理论知识，也能努力提升自己的实践能力。

另一方面，学生要提高自身的综合素质。思政课微电影教学是目前最新颖的实践方式之一，学生接触较少，不够熟悉，在思政课微电影的制作过程中，学生各方面的能力都有所欠缺。学生的综合素质和实践能力都直接影响实践教学的进程，要想使思政课微电影教学顺利开展，学生就必须通过各式各样的培训活动来提高自身的综合素质。

第二节　高校思政课教学中
微信移动学习平台的运用

一、微信移动学习平台辅助高校思政课教学的背景

近年来，移动信息技术的迅猛发展对各行各业都产生了重要而深远的影响，其对高等教育领域的渗透更是达到了前所未有的程度。当前，微信作为一款集社交、通讯、平台化功能于一体的移动应用，对大学生的人际交往、信息获取、价值追求和习惯养成等产生了巨大影响。微信移动学习平台凭借其操作使用的便捷性、交互功能的多样性、内容分发的精准性、信息获取的泛在性等独特优势，在高校教育领域中迅速崛起，成为广受师生欢迎的课程移动学习平台，不单为在校大学生提供了方便、简洁、廉价、高效的移动学习应用，也为高校思政课的创新发展提供了优质的网络载体。因此，探索微信移动学习平台的内在教育价值与学习支持功能，并将其有效地应用于高校思政课教学，日益成为一线教师和专家学者广泛关心的重要课题。微信移动学习平台作为辅助思政课教学的网络载体，主要有以下三个优势：

第一，微信移动学习平台传播信息的高时效性可以提升思政课的教学效率。微信传播具有即时性的特点，能保证信息传达方便快捷，点对点传播又使其具备精准传播的优势。因此，借助微信移动学习平台，教师可以将思政课的教学内容快速准确地推送给每一位学生，使其通过手机、平板等移动设备就能随时随地接收信息并快速反馈。例如，在思政课传统的课堂讲授中，由于时间短、任务重，学生的发言机会总是寥寥无几，而微信移动学习平台却能使所有学生都有机会发言，可大大提升思政课的教学效率。

第二，微信移动学习平台传播主体的强关系性可以拉近教师与学生的距离。微信是以强关系为主导的熟人社交应用，能使人际交往中一些原有的"弱

关系链接"向"强关系链接"转变，而这一特性又集中体现在微信移动学习平台的设计上。将微信移动学习平台应用于高校思政课教学，能够使师生之间形成真实可信、平等互动的"熟人关系"，从而拉近师生间的情感距离。比如，师生借助微信移动学习平台的留言精选、消息回复等功能，可以自然而然地进行平等、持续、深入的对话交流。

第三，微信移动学习平台传播介质的高丰富度可以增强思政课的亲和力。这里的信息丰富度是指媒介所具有的传输丰富信息的能力。信息传播过程要想顺利进行，必须依赖一定的介质，即语言符号和非语言符号。而微信移动学习平台能提供文字、语音、图片、动画、视频等形式的传播介质，可以使学生更快、更好地理解所学内容。例如，教师可以借助微信移动学习平台的图文编辑功能把教学内容加工成一个个简练、图文并茂的"知识清单"，使学生易读易懂、乐于接受，以增强思政课教学内容的亲和力。

二、高校思政课教学应用微信移动学习平台的优势

（一）传统课堂教学与微信移动学习互补

从教学方法上看，微信移动学习平台应用于高校思政课教学是教师主体运用微信移动学习平台来增强课堂影响力的过程，这一过程不仅强调"教"，同时强调"学"，它将教师的"教"与学生的"学"有机融合在一起，从而提升思政课的教学效果。

微信移动学习平台的建立弥补了传统课堂教学的短板，它是微信技术与移动学习结合的产物，天然要求以学习者为中心、体现建构学习的特征，这就要求学生发挥认识的能动性，通过高水平的思维活动进行自主学习，通过解决情境问题开展探究学习，并不断对自己的想法进行反思性的推敲与检验。在此过程中，教师将学生视为教学的主体，充分调动学生学习的积极性、主动性与创造性。

（二）教师的主导性与学生的主体性并重

高校思政课教学中的教师与学生，都是具有主体性的人，都是教学的主体，师生之间应是相互平等、双向互动的关系，这种平等互动关系在微信移动学习平台的应用过程中主要表现为教师主导性与学生主体性的并重。一方面，教师的主导性既包括全面、客观地把握学生的个性特征、认识能力、思维方式、价值取向、媒介素养等诸方面的差异，也包括科学选取实例、问题和材料来启发学生独立思考，通过激发其自身潜能来发展思想道德素质。另一方面，学生的主体性既包括与思政课教师构建平等对话、教学相长的积极关系，也包括对思政课教学目标的价值认同，从而借助微信移动学习平台开展自我教育。

如果说教育的目的就是为了达到不教育或自教自律，那么应用思政课微信移动学习平台正是为了达到这样的目的，它凭借随时随地的学习体验、多元立体的交互方式与高度丰富的传播介质，较好地调动起学生的学习兴趣，使其对教学内容产生积极的情感，激起学生学习的积极性、主动性，甚至可以变"要我学"为"我要学"，有利于将思政课建设成为学生真心喜爱、终身受益、毕生难忘的优秀课程。

（三）思想理论知识与现实生活体验接轨

将微信学习平台应用于高校思政课教学势必要把现实生活中的话语体系融入思想理论知识，使思想理论知识与现实生活体验接轨，使严肃刻板的理论话语、政治话语、文件话语、权力话语突破原有的形式，转变为时代话语、生活话语、流行话语、平等话语，成为真正的内在精神必需品，成为学生日常生活的指南。

（四）德育主导性与艺术审美性的融合

从教学形式上看，微信移动学习平台应用于高校思政课教学体现出德育主导性与艺术审美性相互融合的特征。立德树人，是高校思政课的立身之本，思政课的创新发展应始终坚持德育的主导性，这是由社会主义大学的性质所决定的。在应用微信移动学习平台时，思政课教师不能一味迎合学生而失去自身最为根本的意识形态属性，而要始终做坚定社会主义制度的捍卫者。

同时，微信移动学习平台也要满足学生多样化的学习需求，这要求教师在用真理说服人的同时也要学会用艺术感染人、用真情打动人，在传递教学内容时需讲求思想表达的亲和力和感染力，使学生在美的感受中受到潜移默化的启迪和熏陶，自然而然地将理想信念和道德规范内化于心，如春风化雨般润物无声，让高校思政课教学所传递的"正能量"真正入脑、入心。

三、高校思政课教学应用微信移动学习平台的设计原则

设计是满足需求的活动，其本质是对一个问题求解的过程，而科学合理的设计原则正是有效解决问题的向导，能够发挥提纲挈领的作用。基于微信移动学习平台的思政课教学本质上属于线上线下相结合的混合式教学，混合式教学主要考虑如何更好地促进学生的自主学习，传统课堂则考虑如何更好地辅助教师呈现教学内容。

（一）内容开发以教材的内在逻辑为核心

教材是教学的根本。高校思政课微信移动学习平台的内容开发必须以该门课程的内在逻辑为主线。教师要通过分析、梳理教材，充分掌握教材的知识结构，包括学科理论整体与部分之间的关系，概念、观点、原理之间的内在联系和逻辑关系，知识模块之间的关联性、过渡性和系统性等，在此基础上选择教学中的理论重点、现实难点以及学生感兴趣的知识要点进行教学设计与内容编辑。具体包括以下两个方面：

首先，教学设计者应吃透教材、掌握要义，弄清楚教材中心如何提炼、教材内容如何裁剪、教学重点如何突出、教学难点如何突破、教材主题如何升华、缺漏内容如何补充等问题，从各个方面把教材内容搞懂、打通。以《思想道德修养与法律基础》为例，其内在逻辑是结合当代大学生的成长规律，帮助和指

导大学生运用马克思主义的立场、观点和方法，解决有关理想、人生、道德、法律等方面的理论问题和实际问题。这就要求微信移动学习平台的内容要以坚定理想信念、科学认识人生、加强道德修养、树立法治观念等为核心划分出不同的主题板块，每个板块又要以相关章节的内在逻辑为线索，如第一章就要以"理想信念教育"为核心，围绕"如何确立理想信念—如何坚定理想信念—如何化理想为现实"这一主线展开。

其次，教学设计者要围绕理论重点创设问题情境，并将问题置于真实故事或场景中，从而激发学生的求知欲望。比如，对于"如何坚定理想信念"这一理论问题，教师可以将其与大学生熟悉的励志偶像的真实经历联系起来，以此为中心来调动学生的思维、引发学生好奇心，让理论知识能够落地生根，使学生乐于接受并主动亲近。

（二）功能设置以辅助思政课教学为旨归

技术是为教学服务的。微信移动学习平台的功能设置应当以辅助思政课教学为旨归，要有恰当的学习目标指向，以保证线上学习活动不仅仅是形式上的"热闹"，而且能够帮助学生达到实质性的学习效果。目前，微信移动学习平台的支持服务主要有管理、功能、统计三个模块，但并非所有的功能都有助于思政课教学，教师要根据教学模式中的基本环节加以取舍。

微信移动学习平台支持下的高校思政课，其具体学习模式为协作探究学习，具有探究性、整合性、协作互动性三大特征，在学习活动设计上主要包括七个基本环节，分别是学习目标设计、组建学习共同体、问题情境设计、学习资源设计、学习过程设计、互动策略设计、反思评价设计。教学设计者的主要任务就是通过设置微信移动学习平台的支持功能，组织参与协作探究活动的学生形成知识建构共同体，围绕特定的学习目标创设问题情境，进而为学生提供必要的学习资源，对探究过程和协作方式进行细化，并考虑如何对协作探究活动进行评价。

据此，此处将微信移动学习平台功能设置为资源管理、学习支持、数据统计三个模块，其中资源管理主要包括后台消息处理、用户分组设置、素材编辑整合等功能，可辅助教师组建学习共同体、设计问题情境与学习资源，如建立思政课微信交流群、对不同特点的学生进行分组、编辑推送图文消息等；学习支持主要包括菜单界面交互、消息自动回复、留言和投票等功能，可支持教师设计学习过程与互动策略，如菜单栏目布局、师生留言互动、学习策略指导等；数据统计主要包括对用户、图文、菜单、消息等关键数据的统计分析，多元化、可视化、连续的数据分析能够支持更多的学习效果评价策略，如过程性评价、多纬度评价、自我反思评价等，从而提高思政课评价方法的科学性与完整性。

（三）菜单界面设计以营造亲和力为目的

菜单界面设计应贴近学生、服务学生。高校思政课微信移动学习平台的应用对象是大学生，他们在使用平台时，往往最先关注的就是菜单界面，第一印象的好坏往往取决于平台是否美观。如果菜单通俗易懂，界面清新活泼，风格简洁明快，就能在学生心目中形成亲切友好的"首因效应"，更易为其带来轻松愉悦的学习体验。因此，微信移动学习平台的菜单界面在设计时应始终以营造亲和力为核心，通过设计者的提炼概括和巧思妙想，将思政课的魅力充分展现出来，满足学生的审美品位和心理需求。具体来说教师应注意以下两个方面：

首先，菜单界面设计要坚持与时俱进，体现时代精神。时代的快速发展，对高校思政课教学提出了新的挑战，这就要求设计者通过理论创新推动实践创新，使平台的菜单界面因事而化、因时而进、因势而新，充满生机和活力，凸显鲜活性和时代感。

其次，菜单界面设置要给予学生更多的自由选择权，使其可以灵活调控学习活动的频率和强度，并依据个体不同的兴趣爱好提供个性化的解决方案，将平台打造成一个随时随地听候差遣的"贴身秘书"，帮助学生更好地实现自助服务与自主学习。

四、高校思政课教学应用微信移动学习平台的创新思路

（一）树立跨界思维，成立新媒体联盟

针对教学资源与技术资源整合度不高的问题，高校必须从以下两方面努力：

一方面，高校思政课教学研究者与设计者需要形成跨界思维，打破传统教学设计固有的框架，多视角地看待和研究思政课教学资源与微信技术资源整合的实效性问题，并充分借鉴教育技术学、认知心理学等领域的研究成果，如知识建构、情境学习、信息加工等理论；同时开展跨学科的合作研究，促进教学资源与技术资源有机融合，以达到最佳的教学效果，比如，思政课教师可以针对微信传播的生活化、情感性特质来转换教学语言，使其更易传播。

另一方面，不同高校的思政课教师队伍应加强合作交流，在优势互补、经验互鉴的基础上，共同打造"高校思政课教学新媒体联盟"，形成资源共享、协同创新的教学共同体，这样才能集众人之力出教学精品，切实增强思政课教学的实效性。高校内部的各类新媒体也应当加强沟通协作，结合自身属性推送崇德向善的优质内容，努力实现全过程育人、全方位育人。

（二）把握教材特点，提高针对性

针对线上线下教学工作协调度不佳的问题，高校需要从以下三个方面努力：

第一，保证微信移动学习平台的使用始终坚持正确的价值导向。保证信息传送的安全性、对意识形态主阵地的坚守、对不良信息渗透的抵制，应当作为微信移动学习平台使用与维护过程中的第一要务。同时，教学设计者也要明确微信移动学习平台的使用章程，规定使用者的权利、义务和责任。

第二，教学设计者要根据课程内容的目标导向与教材体系的内在逻辑来合理安排、灵活分配线上线下教学工作所占的比重，保持张弛有度的教学节奏。在思政课教学中，有的环节适合课堂教学，有的环节则适合微信教学。比如，对道德的起源与本质的教学，就比较适合课堂教学，教师通过面对面的形式追

溯历史、说理讨论、言传身教，更易使学生晓之以理、动之以情，对教师的讲授产生情感共鸣；而对于如何践行中华传统美德的教学则更适合线上教学，教师可以让学生畅所欲言、尽情表达对美德的理解，也可鼓励学生通过微视频或手绘漫画的形式来记录身边的道德楷模，在微信移动学习平台上进行展示。

第三，强化师生对思政课线上线下混合式教学模式的认识。只有让师生真正了解传统课堂与微信移动学习平台各自的利弊，懂得如何发挥二者各自的优势，明白何时进行切换效果最佳，才能保证线上线下教学工作的顺利开展。

（三）探索评价机制，并及时调整

高校思政课微信移动学习平台上的内容建设总体上还处于初期探索阶段，创新度并不高，吸引力也较弱，与广大学生的关注点和兴趣点的契合度较低，"想教并非想学"的问题尤为凸显，而导致这一问题的原因主要是思政课教师对于学生真正的学习需求和微信移动学习平台的信息传播规律的了解程度较低。因此，科学拓展微信移动学习平台的内容设置，深入研究微信移动学习平台的信息传播规律，是教师在今后一段时期需要紧抓不懈的问题。

首先，教师要积极探索微信移动学习平台内容设置的多维评价机制，广泛听取学生对内容设置的意见反馈并及时改进。比如，有学生提到微信移动学习平台设疑有余而引导不足的问题，教师就要加强对学生留言的有效回复并适时推出好书推荐或大家语录，以引领学生的思想向主流价值观靠拢。同时，教师也可鼓励学生积极参与微信移动学习平台的内容创建工作，以博采众长、推陈出新。需要注意的是，教师团队必须对微信移动学习平台推送的内容进行立场把关，确保政治正确。

其次，深入研究微信移动学习平台的信息传播规律，真正探索出微信技术的信息传播优势与特点，并充分发挥其比较优势为思政课教学服务，同时也要努力挖掘微信移动学习平台统计分析得到的各种数据背后的深层意义。

（四）重视生活维度，吸纳网络话语

针对传统教学话语变革力度不足的问题，教师应当从以下两个方面改善：

一方面，重视生活维度，促使思政课的教学话语贴近大学生的现实生活。关注学生、贴近学生、服务于学生，是现阶段思政课教学话语变革的基本要求，所以思政课教师应持续关注大学生的日常生活与语言习惯，并将其作为话语转换的重要依据；同时，思政课教师不能沦为"政治传声筒"，而应在深入理解教材内容的基础上，用大学生乐于接受的语言风格进行教学，切实尊重学生的主体地位与话语习惯，让思政课教学所传递的主流价值与理想信念真正入其脑、入其心。

另一方面，在丰富思政课教学语料库的同时实现话语创新。思政课教师要充分利用微信移动学习平台，在拓展教学话语辐射空间的同时，借鉴新媒体领域中彰显青春活力且健康有趣的流行话语，以此丰富思政课教学语料库。同时，思政课教师还要密切关注微信移动学习平台的发展变化，紧紧跟随时代潮流，研究大学生的审美特点与心理特征，采用大学生常用的话语修辞手法，创造出更多表现时代风貌和事物特征的新鲜话语，实现思政课教学的话语创新。

第三节　高校思政课教学中
VR 技术的创新应用

一、VR＋思政课教学的应用背景

互联网和移动新媒体正在不断影响着我们的生活，也不断重构着知识教育及信息传递的格局与模式，对传统教学模式造成冲击。如何在"微语境"下不断提升高校思政工作的"存在感"，成为当前高校思政工作改革创新的重要契机。要想实现高校思政工作内容、教育载体和互动机制的创新，真正让高校思政工作活起来，科技界、教育界和产业界需要加强沟通交流。由此观之，将新媒体、新技术嵌入高校思政课已然成为社会发展的趋势，其具备的显著优势是传统思政课无法比拟的。VR（virtual reality，虚拟现实）技术作为一种新型应用技术，具备独特的优越性，能让学生完全融入虚拟的教学情景中。VR 技术视域下高校思政课教学与时代同步伐，与教育共命运，具有独特的研究价值。

VR 技术视域下高校思政课教学模式的出现顺应了历史发展的趋势。在新时代背景下，未来高校思政课教学需要改革创新，在改革创新的过程中，将更加注重推进"思政课程"与"课程思政"建设，加强"显性教育"与"隐性教育"互补，倡导"线上教育"与"线下教育"联动等诸多教学模式的开展，注重向课堂要实效、向教学要新意、向时代要新人，时刻坚持以人为中心，坚持立德树人的宗旨，致力于打造多渠道、多形式、多内容，有意义、有实效的课程体系。

VR 技术视域下高校思政课教学也是一个整体，要想实现其教学效果最优化，其内部各个组成部分就需要齐心协力，避免短板束缚、因小失大。其中，科学技术在 VR 技术视域下的高校思政课教学研究过程中发挥着不可或缺的作用，是高校思政课教学发展链条上的重要一环。随着社会各领域的日益发展，VR 设备更是层出不穷，便携式 VR 头盔、头戴式 VR 头盔的构造更趋人性化、舒适化、科技化，辅助配套技术日渐成熟。此外，5G 时代的到来，为实现 VR 视域下高校思政课教学提供了强大的网络技术支撑。

二、VR＋思政课教学的应用优势

（一）打破时空维度，节约教学资源

高校思政课教学，尤其是实践教学，往往存在受到时空限制、教学资源浪费等诸多问题。VR 技术视域下的高校思政课教学对于打破时空限制、更好地节约教学资源提供了可行方案。VR 技术的应用完全使学生置身于一个沉浸式的 VR 世界中，这个虚拟现实的世界完全打破了以往的时空限制，可以使教师

足不出户完成相应的教学任务。与传统的实践教学相比，VR 技术视域下的实践教学更加方便，有利于节约教学资源，并且能够使学生完全沉浸其中，接受逼真的教学信息。VR 技术的应用可以使教师在天津的课堂上带领学生参观庄严肃穆的南京中山陵，让学生对伟人肃然起敬；可以使教师在北京的课堂上带领学生领略泰山的雄伟，让学生感受祖国山川景秀的壮美；可以使教师在河南的课堂上带领学生接受井冈山红色文化教育，让学生接受革命文化的熏陶。VR 技术拥有强大的创造力、超现实力，远程虚拟现实功能强大，为打破时空限制、节约教学资源、提高学生学习效率奠定了基础。

（二）内容丰富，教学效果显著

随着时代的变迁、科学技术的飞速发展，VR 技术的虚拟现实场景更加信息化、逼真化、人性化。教师通过 VR 技术模拟书本上的人物、事件，操控客户端，有重点、有计划、有目的地引导学生参与课堂教学。学生则完全可以通过 VR 设备与历史人物对话、参与历史事件。学生在虚拟现实的世界中以自然的方式与历史人物进行交互，相互影响，从而产生身临其境的感受和体验。VR 技术的操作实施依附庞大的数据库，在沉浸式 VR 的情境中，学生可以通过 VR 设备主动检索大量信息，产生思维灵感，提高自身的动手、动脑能力。这大大提高了思政课教学的实效性，能够达到"思政＋信息技术"的创新。同时，针对思政课中含有的抽象的难以理解的内容，VR 技术还能够变抽象为具体，将理论知识转化为通俗易懂的文字图片，从而大大降低学生的理解难度，通过化文为图，有效降低思政课堂的单调性、乏味性。

（三）迎合学生特点，使教学更接"地气"

作为青年一代，学生具有独特的思维方式、新颖的生活习惯，这就要求高校思政课教学模式要不断与时俱进、不断创新。高校思政课的开展是在"青年人头脑里搞建设"，必然要考虑青年人自身的特点。高校思政课教学要以人为中心，在教学设计、教学过程中注重突破传统教学模式的弊端，构建适应新时代下的大学生求知特性的教学模式。随着"两微一端"的迅速普及，互联网和移动新媒体正逐渐改变着青年人的生活方式。"无人不网，无日不网，无处不网"的现象依然成为主流社会常态。将 VR 技术嵌入思政课堂，能够有效发展学生的动手、动脑能力，不断激发其学习热情，充分调动学生在思政课堂上的积极性、主动性、创造性。同时，VR＋高校思政课课堂将改变传统的单调乏味的课堂教学模式，时刻以人为本，围绕学生开展教学，将"以师为尊"转变为"师生双主体"，充分尊重学生的主体地位。在 VR 技术应用于思政课教学的过程中，教师借助 VR 技术，可以通过操控平台及时掌握学生动态，便于加强师生之间的良性互动，让思政课堂更加接"地气"，更具活力。

（四）降低教学风险，均衡教育资源

VR 技术具有虚拟现实性，能够打破时空限制。未来高校思政课教学将实现足不出户完成相应的实践教学任务。相较于以往长途跋涉、跨区域进行的实践教学形式，VR 课堂形式对学生的可控性更有保障，可以避免过多意外事件的发生，将危险系数降到最低。同时，VR 技术在某种程度上具有均衡不同高校、不同区域教育资源的优势。教师利用 VR 技术可以实现区域之间教育资源的共享，使不同区域、不同高校的教育资源之间的均衡成为可能，实现教育的协调化与均衡化发展。目前，我国区域经济发展水平不均衡，势必造成教育资源差距悬殊的现实问题，同时，高校之间师资力量分布不均匀等问题也十分严重。面对这些现实问题，VR 技术可以完全突破时空限制，打破传统实践教学模式的弊端。在虚拟的学习环境中，不同高校、不同区域的教学资源可以实现共享。

三、VR＋思政课教学的实施原则

（一）思政内容为体，VR 技术为用

技术永远为内容服务，这既是基础也是原则。高校将 VR 技术嵌入思政课堂，可以打破思政课教学的固有弊端，在追求课堂教学实效性的基础上，进一步探索创新型课堂教学，寻求新时代下的教学新形式。

高校思政课教学的初衷是内容为王、技术为用，高校要合理把控二者所占比重，防止舍本逐末，因小失大。高校思政课在学生人格塑造过程中发挥着重要作用，是立德树人的关键课程。思政课教学的初衷和实质都是追求教学实效性的最大化，时刻秉持"以人为本"，将教化与培养学生作为出发点、落脚点。

（二）思政教师为主，VR 技术为辅

教师作为思政课教学的双主体之一，其重要性不言而喻。VR 技术被视为高校思政课教学的"渠道"之一，自然是辅助思政课教学的工具。在高校思政课教学中，教师应该扮演言传身教、循循善诱的引导者的角色，要正视 VR 技术的优势与劣势，使其充分发挥优越性以辅助思政课教学，实现思政课教学效果的最优化。

（三）实现形式多样，贯穿课堂始终

在新媒体、新技术的大环境下，"互联网＋教育"盛行，极其火热。VR 嵌入高校思政课教学更是被大力提倡，能够实现技术与思政教育的高度融合，实现思政教学效果的最大化。在日益激烈的竞争中，诸多高校争相发力寻找自己的立足点，群策群力，搞科研、兴教育，打造独特的精品课程。高校在思政课教学科研领域，注重立足现实，在创新中抓实效，在改革中探路径，在发展中谋生存。

高校要想实现思政课教学形式由单一化向多样化的方向发展，就需要采用 VR＋思政课的教学形式，形成新布局、新实效的高校思政课教学形式，并将这些教学形式始终贯穿到高校思政课教学过程中，悉心打造新时代下的具有实效性、创新性的 VR＋思政课课堂。

（四）实时检测实效，技术运用有度

VR＋思政课教学能否取得良好的教学效果，这是诸多人质疑 VR 技术服务于思政课教学的有效性的主要因素。实效性监测机制的建立，有助于及时反馈学生对知识的掌握情况，并可以用来衡量 VR＋思政课的实效性。建构 VR＋思政课教学体系，需要清楚教学要达到一个怎样的效果、学生在课堂教学过程中的收获如何、如何对学生进行客观的评价等。因此，高校思政课教学工作的开展，要注意制定合情合理的实效性检测机制。同时，VR 技术嵌入高校思政课教学要把控一个"度"的问题，技术要永远服务于教学，这个原则不能变。

四、VR＋思政课教学的创新思路

（一）VR＋思政课课堂教学的创新实现

在"互联网＋教育"成为教育主流，各个学科争相构建"互联网＋"模式的时代潮流下，高校思政课作为构筑意识形态的主阵地，要扛起社会主义的鲜明旗帜，同时也要成为立德树人的重要课程，承担着培养德智体美劳全面发展的社会主义接班人的重任。

高校思政课教学模式改革已然成为大势所趋，成为高校打造精品思政课程的着力点。将 VR 技术嵌入高校思政课教学，需要从以下三个方面出发：

第一，构建线下 VR＋思政课课堂教学。着力打造现实版精品 VR 思政课课堂教学模式，充分挖掘 VR 技术的优势，加大硬件设施建设，渲染思政课课堂文化氛围，创新思政课课堂教学理念，致力于打造形式新、内容新、理念新、实效新的思政课课堂，实现新时代下与时俱进的 VR＋思政课课堂教学。

第二，打造线上 VR＋思政课课堂教学。VR＋思政课课堂教学需要充分发挥互联网的积极作用，依据互联网的优势，实现不同院校、不同区域的 VR＋思政课课堂教学资源的共享，实现足不出户跨时空学习的目的，充分发挥线上 VR＋思政课课堂教学的作用，构建平台共享、资源共享、教学共享的高校思政课教育教学模式，充分发挥线上 VR＋思政课课堂教学的积极作用。

第三，打造线上线下双结合的 VR＋思政课课堂教学模式。VR＋思政课课堂教学要与时俱进，打造多领域、多平台、多方位的思政课课堂教学模式，打造线上线下协同发展的 VR＋思政课课堂教学模式。

（二）VR＋思政实践教学的创新实现

在高校思政课教学过程中，理论知识固然重要，但是实践教学亦不可忽视。要想更好地开展 VR＋思政实践教学，高校需从以下角度思考：

第一，现场实践教学与虚拟实践教学互补。思政课教学不仅要让学生学懂、学通、学透理论知识，更要让学生有所思、有所悟，学以致用，践行于实际。学生在参观纪念馆、博物馆的实践教学过程中，亦可借助 VR 设备，体验虚拟现实中的纪念馆、博物馆，发现自己在现实世界与虚拟世界中不一样的感受，真正做到观有所感、学有所获。

第二，促进 VR＋思政实践教学资源共享。VR＋思政实践教学可以借助 VR 虚拟现实的强大功能，打破时空限制，使学生足不出户就可体验不同区域的实践教学。同时，随着"互联网＋教育"及大数据的发展，教学资源共享已然成为共识，不同高校在倾力打造精品 VR＋思政实践教学课程的同时，还要实现协同发展、资源共享。

第三，创新 VR＋思政实践教学。一切现象的呈现皆源于现实，VR＋思政实践教学的内容制作及教学设计的过程不是一成不变的，高校要在原有实践教学的基础上，以历史事实为依据，进行内容的融合、升华、创新，打造与众不同、内容丰盈有趣的 VR＋思政实践教学课程。

（三）VR＋课程思政教学的创新实现

良好的思想政治教育的发展，需要实现"思政课程"与"课程思政"的良性互动。在 VR＋课程思政教学的过程中，高校需要从以下角度思考：

第一，借助课程的相关性。诸多学科之间存在着共性与特殊性，知识内容之间也存在着相关性。高校要利用课程之间的共性，将 VR＋课程思政教学嵌入不同课程中，为不同的课程增添思政教育的内涵，增强课程的学理性、教育性。

第二，辨析课程的区别性。教师需要悉心深究，方能发现不同课程之间的差别。面对不同学科之间的差别，教师要将 VR＋课程思政教学嵌入不同的课程中，需要加入符合本课程特色的思政教学内容，只有这样才会达到 VR＋课程思政教学的初衷。

第三，立足课程，创新 VR 教学。从课程教学到课程思政教学，从思政课程教学到课程思政教学，概念的延伸，教学目的、教学意义的变化显而易见。从 VR＋思政课程到 VR＋课程思政的转变，无疑会给广大教育者带来新的挑战。教师要立足原本课程，打造适合本课程的 VR＋课程思政教学。

第七章 高校思政课教学 实效性评价体系的 改革与创新

第一节 高校思政课教学 实效性评价体系概述

思想品德和理论教学效果是我国高校思政课教学实效性评价体系的主要内容。构建大学生思政课实效性评价体系是提高教育质量的要求。高校思政课教学实效性评价体系主要通过监测教学课堂和参考教学考核来对教学目标、教学过程、教学规范和教学效果进行评价，以便让教师和学生了解教学目标的实现情况和教学质量的完成情况，并做出正确的判断。

相对于个体品德发展测评，高校思政课教学实效性评价体系具有单一性，只评价高校思政课教学对学生个体德育的影响。因此，在构建该评价体系时，高校需要加入多项可控因素，这样才能让评价体系发挥出自身的价值和作用，给予学生更加客观、全面的评价。

构建评价体系主要是为了提高高校思政课教学的实效性，这是体系构建最直接的目标。但其根本目标是培养思想高尚、道德品质优良的社会主义建设者和接班人。所以，构建具有什么内容的教学实效性评价体系，才有利于深化教学改革、加强思政课建设、强化思政课实效性，是我国高校在思政课教学中需要解决的问题。

一、高校思政课教学实效性评价体系的内容

教学目标的持续性、多样性、直接性和间接性等，都使得教学实效性评价具有复杂性和不确定性。高校思政课教学实效性评价体系的内容主要参考思政课教学目标。所以，高校思政课教学实效性评价体系的内容主要包括以下三个方面：

①知识层面的评价，包括对学生理论学习情况、技术学习情况和解决问题方法的学习情况等的评价。

②能力层面的评价，包括对学生实践能力情况和专业技能掌握情况的评价。

③情感态度和价值观层面的评价，包括对学生认知、行为倾向、审美、理性行为、道德等的评价。

二、高校思政课教学实效性评价体系的地位

高校不仅需要向大学生传授专业知识，还需要向大学生宣扬社会主义核心价值观等，以便提高大学生的思想道德水平。其中思政课教学是宣扬上述思想和价值观的主要途径之一，因此高校需要开展思政课教学。

党和政府高度重视思政课在高校的开展，所以高校要全力办好思政课。高校在开展思政课教学的过程中需要构建实效性评价体系，在构建实效性评价体系的过程中需要明确导向因素，同时要保持评价机制的完整性，坚持评价与建设相结合、服务与管理相统一。与此同时，在构建过程中，高校还需要兼顾思政课教学开展的具体情况，高效、系统地构建评价机制。这为思政课教学实效性评价体系的构建指明了方向。

思政课教学实效性评价体系的构建不仅是思政课建设的重要组成部分，也是助推思政课教学创新与改革的重要手段。

三、高校思政课教学实效性评价体系的作用

目前检验思政课教学活动效果的重要指标便是高校思政课教学实效性评价体系的设置，为了进一步开展思想政治教育活动和教学工作，高校必须设置科学、有效的评价体系，这样才能为教育工作者提供有力支持和参考。

（一）促进高校思政课教学工作科学开展

高校思政课的教学实施过程需要高质量、可操作的评价体系作为支撑，因为评价体系不仅可以直观反映教学效果，还有助于教学方法的创新和教学理念的改革。现阶段，我国构建的高校思政课教学实效性评价体系，主要依据相应的指标和量化标准，评判出思政课教学的效果和质量，通过质量和效果反馈帮助教师改进教学方法，帮助学生端正学习态度，从而让学生学习更加丰富的思想政治理论知识。

思政课和日常思政实践共同构成大学生思政教育工作，其中思政课是思政教育的核心内容，有助于从理论上提高大学生的思想政治素质，从而指导思政实践的开展。随着西方文化的进入和资本主义思想的冲击，我国思政教育在开展过程中呈现出新的特点，如模糊化、融合化等，这些新特点并不利于思政教育在高校的开展。因此，高校需要加强思政课教学，不断弱化外界因素对思政教育的不良影响。除此之外，经济全球化不断发展，世界呈现多极化趋势，世界文化交流不断加强，而我国也正处于社会转型期。基于这种大背景，不断强化高效思政课教学的实效性，有助于塑造大学生的价值观，帮助其树立正确的人生观，提高其思想道德水平和思想政治意识，使其积极投入社会主义建设。

（二）促进思政课改革，增强思政课教学效果

评价体系有助于及时反馈思政课教学的效果和质量，让学生检验自身学习的不足，让教师发现教学方法和教学理念的缺陷，从而积极创新教学方法和更新教学理念。这种做法有助于推动思政教育的改革，增强思政课教学效果，实

现思政课教学目标，提高思政课教学质量。

思政课教学的最终目的是提高大学生的思想道德素质，促进大学生的全面发展。在知识经济时代，人才是最宝贵的资源，然而人才并不是天生的，而是通过教育不断形成的。在教育过程中，学生不仅需要专业的知识和技能，还需要学习思想政治理论，这样才能积极、健康地成长，才能成为满足知识经济时代发展需求的综合性人才。因此，高校不仅需要开设专业课程，还需要设置思政课程，通过思政课程提高学生的综合素质，并通过思政课教学实效性评价体系评价学生的思想政治水平。评价结果有助于学生认识到自身学习的不足，从而积极学习思政课，所以思政课教学实效性评价体系有助于促进大学生朝着正确的方向发展，有助于增强思政课教学效果。

第二节　高校思政课教学
实效性评价体系的构建

一、高校思政课教学实效性评价体系构建的目标

教学实效性是高校思政课教学评价体系建立的前提。以教学实效性为根本标准构建高校思政课教学评价指标框架，有利于科学评价高校思政课教学。一套科学性与可操作性都很强的教学实效性评价体系，有助于高校培养出高素质的人才，有助于加强对社会性人才的培养。所以，高校在构建思政课教学实效性评价体系的过程中要以"培养社会主义人才"为主要目标，要使构建出的评价体系更具科学化、全面性、系统化。

目前，我国高校课堂是思政课教学开展的主要阵地，思政课教师通过规范化、专业化的形式对大学生展开全面的思政教育，从而完成高校思政课教学的

目标和任务，培养大学生正确的价值观和人生观，让大学生保持对社会主义的科学崇拜，同时不断完善大学生的人格。这就要求各高校不断完善思政课教学设计和教学评价体系，不断推动思政教育的开展。

思政课教学实效性评价体系可以直观反映学生的学习情况和教师教学工作的开展情况，规范教师在教学过程中的态度和行为，不断检验教师的教学成绩，督促教师改进教学方法，让学生端正学习态度。同时，思政课教学实效性评价体系可以为教师绩效考核和职称评定提供参考信息，让教师通过评价体系切身维护自身利益，这样有助于激发教师的教学热情，使其不断改进教学方法、创新教学理念，营造高效、活跃、积极的课堂气氛。

二、高校思政课教学实效性评价体系构建的原则

（一）科学性原则

构建高校思政课教学实效性评价体系的主要目标是通过思想教育培养综合性人才，促进教育目的的实现。教育评价受教育目的的影响，教育评价标准的制定需要以教育目的为参考依据。培养综合性人才既是教育事业发展的最终目标，也是高等教育的根本目标，同样是开设思政课的初衷。因此，在构建评价体系的过程中，高校需要强调人才培养的综合性，强调人才的自由全面发展。高校大学生是和谐社会的主要建设者，所以"促进人的自由全面发展"的理念已经成为高校思政教学的指导思想和评价依据。

高校在构建评价体系的过程中应遵循科学性原则还体现在不断强调科学性，即尊重客观教学事实、教学规律和教学内容，确保评价体系真实、客观地反映教学过程和教学效果等。收集的评价资料要全面、细致、独立。全面主要指信息的全面性。细致可以确保每一项可控因素经过细致的分析。独立则主要指可控因素直接的独立性、项目指标的独立性。按照这种思路构建的评价体系不仅具有较强的科学性，而且能与时俱进，不断适应教育改革的需要。

除此之外，评价指标和量化指标的科学性评价也有助于评价体系按照科学性原则构建，从而能真实反映教学效果，提高教学质量。评价指标和量化指标的科学性主要指评价者在评价过程中可以对评价对象进行规范的评价，而且可操作性较强。另外，评价体系还需要具有较强的创新性和目标性，以便揭示出教学活动的目标和本质，促使每一个教学指标独立存在，并且不会相互影响和制约。因此，为了保证评价体系的科学性，评价体系构建者可以从评价和量化指标入手，不断设计针对性强、可行性强的指标，保证评价体系的科学性。

（二）全面性原则

高校大学生思政课教学内容十分丰富，大学的每一个教学阶段都会设置思政课，不断向大学生渗透思想政治理论。因此，评价体系在构建过程中需要以反映高校教学实践为出发点，不断构建全面、客观和系统的体系框架，框架中既要包括重要参与者，如评价者与评价对象，还要包括评价标准、内容、方法和策略等，这样才能对高校思政课进行全面的评价。同时，所构建的评价体系需要不断加强每个教学阶段的联系，既要保证评价分阶段、分层次进行，还需要保证评价结果的整体性。

为了体现评价体系的全面性，评价体系构建者在构建过程中需要以思政课教学特点为基础，整体考察每一个要素，基于理论层面的认知，对可控变项进行筛选，尽可能全方位地考查评价内容，从而为评价活动争取足够的时间，以便保证评价活动在开展过程中更加全面，同时也不失有效性和公正性。此外，评价体系构建者还需要不断联合质量保证力量，不断激发评价体系的激励作用，全面满足教师、学生和校方的教学要求。

另外，高校思政课评价体系指标的选择需要遵循整体性原则，该原则能够保证评价体系构建的全面性。教学实践由多个可控变项构成，每个可控变项又由不同的环节连接，从而构成了一个完整的教学系统。因此，指标的选择需要以教学实践为基础，以增强每个指标的系统性和逻辑性为目的，从而保证教学实践再现的完整性和连贯性，为全面评价体系的构建奠定基础。

（三）可行性原则

任何评价体系的构建都需要考虑可行性，这样才能保证评价活动的正常开展，思政课教学评价体系在构建过程中也需要强调可行性。评价体系具有可行性的前提是评价对象踊跃参加。因此，在评价体系构建过程中构建者一定要给予评价对象充分的肯定和尊重，让他们积极参与，不断发挥他们的主观能动性，使其从主观上认可评价结果，以饱满的热情面对结果，然后按照结果不断改进自身的教学状况或学习情况。

应用性是高校思政课教学实效性评价体系最基本的属性，这一属性决定了评价体系的构建需要遵循可行性原则。如果评价体系构建成功，但一些评价指标使用难度大、指标数据的采集较为困难等，那么这样的评价体系依然无法发挥作用。因此，在选取评价指标时需要注重实用性、可操作性，应大范围地收集和验证评价指标，以保证评价体系的可行性。除此之外，可行性评价体系需要在推动思政课教学创新和改进的基础上构建，这样不仅有助于课堂教学的实施，还有助于课堂教学的协调发展。

教学目标是高校思政课教学评价的基础，评价主体内容可以根据实际情况分解为多个指标。指标的分解需要具体化，同时指标、项目、要素的语言表达还需要言简意赅，能够让评价者和评价对象直观了解。在理论的指导下，评价体系构建者可以构建出系统、全面和完整的评价体系，但实践操作过程中往往会出现各种问题和不利因素。因此，评价体系在构建过程中需要尽可能选择实用性强、可操作性强的指标，而且收集指标数据和资料的流程需要不断简化，各指标之间需要存在一定的关联性和逻辑性，既要杜绝冲突指标的存在，也需要避免重复指标的存在。

三、高校思政课教学实效性评价体系构建的标准

评价标准是衡量思想政治理论课教学的标尺，所以在构建评价体系的过程

中需要选择合理、正确的评价标准，保证评价结果的真实性和实效性。一旦评价标准过于模糊，就会影响评价活动的开展；如果评价标准错误，则会导致评价结果误差较大。无论哪种情况都不利于评价体系的构建。目前，高校思政课教学实效性评价体系构建的标准主要包括政治、道德、知识、能力标准。所以，在构建评价体系的过程中需要不断明确相关标准，保证评价效果的实效性。

（一）政治标准

高校思政课教学实效性评价体系在构建过程中往往将政治标准作为第一标准，以不断培养大学生的社会主义信仰。该标准的实现情况直接关系着高校思政课教学的开展情况，是衡量高校思政课教学质量的关键因素。评价体系在构建过程中需要通过政治性来衡量思政课教学的实效情况，所以政治标准是高校思政课教学实效性评价体系的主要标准之一。当代大学生是祖国的未来，他们需要具有坚定的政治方向、纯洁的政治信仰，并且要自觉践行社会主义核心价值观，积极、勇敢地担负起建设中国特色社会主义的责任。

这些政治标准既强调稳定性，还强调进步性，以保证大学生真正学习思想政治理论，并为祖国的建设贡献个人力量。

目前，思政课是党进行思政教育的主阵地，应该有严格的政治标准。教学内容的政治性是思政课和思政工作性质的综合体现，党性是其中的重要内容。思政课教学内容需要时刻保持党性，这样才能为思政课注入灵魂，使思政课教学变得更加具有实效性。思政课教学实效性评价体系的构建一定要遵守政治标准。

（二）知识标准

高校思政课教学评价体系在构建过程中还需要明确知识标准，因为思政课本身就具有一定的知识性，主要向大学生传授思想政治知识。因此，在学习思政课的过程中，学生需要深入了解思政教育的内涵，而不是对一些概念进行肤浅的理解和机械的认知。现阶段，大学生可以通过多种途径获得思政教育知识，这也决定了高校思政教育的渠道多种多样。但思政教育的主要阵地依然是课堂，所以教师需要充分发挥课堂教学的作用，不断让学生通过课堂掌握更加丰富的思政教育知识，不断体现出思政课教学的知识标准的重要性。

思政课教学实效性评价体系的知识标准主要指学生对思政理论的掌握程度、对教材的理解程度。使学生掌握知识是思政课开展的主要目的之一，即要求学生全面、系统、规范地掌握思政理论知识和道德知识。高校思政课的实效性还通过教学过程体现出来，教学过程可以体现学生对思政教育的接受程度、喜爱程度。学生只有从内心接受和认同思政教育，他们的思政能力和道德品质才能得到发展。所以，为了不断增强思政课教学的实效性，思政课教师需要不断将理论与实践联系在一起，采用创新的理念和方法实现思政课教学的知识传授功能。

知识传授效果评价的开展需要以教学内容为支撑，而且发挥支撑作用的教学内容需要具有一定的稳定性和科学性。基于教育理念进行研究，不难发现，稳定性较强、科学性较高的教学内容可以引起学生的共鸣，从而让学生自发接受和认可教学内容。一旦频繁更换教学内容或增减教学内容，就会使学生和教师从潜意识上认为思政教育具有动荡性，现行的教学内容面临着随着被替换的可能，这会降低学生和教师对思政课的重视程度。需要注意的是，我们强调的教学内容的稳定性并不是绝对的，而是相对于某一个阶段或时期而言的。这里强调的稳定性是针对当前而言的，在社会发展的推动下思政课教学内容需要进行适当的创新，以便摒弃落后的思想，增加新的观点，通过评价把教学改革引上正确的轨道。

（三）道德标准

道德标准是对思政课教学实效性进行评价的核心标准。在高校思政课教学活动开展过程中，教师可以通过多种渠道完成教学，如课堂教学、网络教学等，从而不断向学生传授理论知识和专业技能，然后指导学生健康地生活、学习，甚至以更加健康和饱满的姿态迎接工作。道德标准具有内在性，一旦学生形成优秀的品质和高尚的道德，就难以改变和消除。

知识传授是高校思政课教学的重要内容之一，但这种知识传授与其他学科存在着一定的差别，即教师在传授知识的过程中需要兼顾理论讲解和能力培养，从而让学生不断解决各种学习问题和生活问题。但知识传授的初衷依然是促进学生形成优良的思想道德品质和高尚的人格。所以说高校思政课教学在开展过程中依然需要注重学生道德水平的提高，评价体系的构建也需要将道德标准作为重要指标之一。众所周知，思政教育作用的发挥不会立竿见影，因为对学生品德的塑造是一个循序渐进的过程。因此，将道德标准作为思政课教学实效性评价体系的重要指标就显得尤为重要。

（四）能力标准

在高校思政课教学实效性评价体系的构建过程中，能力标准作为重要指标发挥着不可替代的作用。能力标准的明确需要在知识标准的基础上进行，但这并不意味着知识标准比能力标准更重要。

知识标准要求学生掌握思政教育的内涵，而能力标准则要求学生在思政教育内涵的指导下解决实践问题。能力的培养相对于知识的掌握来说所需的时间更加漫长，而且周期也较长。通常情况下，一些学生在接受思政教育之后可以形成一定的能力，而且在日常学习和生活中可以表现出来。但有一部分学生对知识的内化较慢，其能力需要在毕业或若干年后才能体现，而且学生通过思政课教学掌握的能力也会不断变化。所以，构建者在构建评价体系的过程中需要以辩证和发展的眼光看待能力标准，尽可能延长能力标准评价的时间，从而保证通过多种指标合理评价学生的能力。

由此可见，在思政课教学中，教师需要正确审视思政课，以发展的眼光，采用创新的方法推动思政课教学的开展，在讲授知识点和概念的同时不断设计问题，让学生积极踊跃地回答，通过"一问一答"的方式增强学生的思考能力和解决问题的能力，不断激发学生探索学习的兴趣，然后不断培养学生自主学习的能力。因此，在构建评价体系的过程中需要将能力标准纳入评价指标之中，这样才能让学生既能"学会"，又能"会学"，从而让学生发挥自身的主动性不断将理论付诸实践，并且了解理论形成的整个过程，不断解决生活和学习中的各种问题。所以说，在高校思政课教学开展过程中，知识传授和能力培养占据同样重要的地位。

将能力标准纳入评价体系之中，主要是为了评价学生的能力掌握情况，从而促使学生不断增强自身思政能力。由于教师在思政课教学开展过程中占据主导地位，所以教师需要扮演好自身的角色，不断强化学生对理性知识的认知。而且教师需要不断培养自身的教学能力，如引导学生正确判断自身行为和学习成果的能力，设计科学、合理和全面的教学内容的能力，较强的沟通能力和互动能力等。

由上可知，政治、知识、品德和能力标准是构成思政课教学实效性评价体系的主要标准。每一项标准都具有较强的科学性、全面性、客观性和发展性，有助于保证评价结果的实质性和动态性。而且这四项标准并不是独立存在的，每一项标准之间具有关联性，它们相互促进、相互作用，共同成为构建思政课教学实效性评价体系的重要标准。

四、高校思政课教学实效性评价体系的指标构建

思政课教学过程的评价不同于一般课程评价，它具有较强的独特性。首先，思政课的政治性较为鲜明，所以评价体系也具有一定的政治属性；其次，思政课教学目标的多样性使思政课教学评价具有高度复杂性；最后，思政课教学活动的多样化使其综合性特征不断显现。因此，思政课需要按照自身的特点进行评价指标的选择。

此处从思政课教学过程涉及的影响因素入手，分析不同影响因素的特点，然后基于其本质属性不断明确评价指标。

（一）教学过程评价的指标体系

1.一级指标

高校思政课教学主要以课堂的形式进行，课堂教学有助于教师发挥教材的教学价值，不断向学生传授理论知识和实践技能。所以本指标体系拟定的一级指标主要由教师、教材、课堂教学构成。

（1）教师

思政课教学具有较强的政治性，该政治性主要通过教师的传授和讲解得以体现，所以要求教师具有较高的思想政治水平。另外，一名合格的思政课教师同时还需要兼具理论素养和专业素质，这样才能促进思政课教学效果的全面提高。高校思政课的开展具有多项深远的意义，在开展过程中不仅向学生实施道德教育，还会向学生传授一些法律知识和理念追求。但随着我国社会转型期的到来，一些新问题不断出现在思政课教学之中，这就对思政课教师提出了新的要求，即思政课教师既要完成教学任务，还要不断解决各种问题，从而保证教学目标的高质量实现。另外，业务素质也是教师在实施思政课教学过程中不可或缺的个人素养，业务素质的提高有助于教师在教学过程中不断运用丰富的教学经验和创新的教学理念来提高自己的教学实践能力。教师的这种能力有助于转变学生的学习态度，引导学生以积极、热情的态度投入学习，从而不断提高思政课教学质量。

（2）教材

高校思政课需要不断优化教学内容，发挥教材的先导性作用，从而使教材更加立体化、多元化，呈现出新时代教材的思想性、可持续性和科学性。同时，在编写教材的过程中要兼顾教学要求、党和政府的指导精神，不同高校要结合自身办学特点编订教学要点。在教材使用过程中，学校和相关教育部门可以实时进行监测和跟踪，并将跟踪和监测结果反馈给广大师生，以供师生及时改进和优化。在编写教材时可以适当参考评价效果，以增强教材的实用性和适用性。将课程教材与评价体系相结合，有助于课程教材管理者进行正确的课程决策；有助于编写者不断优化教材内容和结构，促使教材质量不断提高；有助于课程实施者选择适合本地区、本校的优秀教材。

（3）课堂教学

思政课教学是动态的、不断变化的，整个教学过程由复杂的教学目标和教学系统构成。这个过程会基于教学目标不断集合各种教学要素，然后按照一定的教学规律有秩序地运行。

"课堂讲与学"是整个课堂教学的核心环节，既有助于教师将知识传授给学生，也有助于丰富学生的知识，促使学生个体行为发生明显的变化。通常情况下，"组织教学—回顾课程—传授新知识—对新知识进行巩固—布置作业"是课堂教学的步骤。一节好的思政课需要具备明确的教育目的，同时要兼顾科学性和思想性，教师要结合实际情况及时调整教学计划，促使教学活动顺利开展，并要根据学生对知识的掌握情况布置适宜的课外作业。

2.二级指标

教师二级指标：教师专业知识、教师职业道德、讲授能力。

教师的道德、知识、能力是高校思政课教学实效性评价指标的重要内容，不同学者对其的理解不同。在教师这个一级指标之下，笔者选取教师专业知识、教师职业道德、讲授能力作为二级指标。

教师在教学经验和教学方法的指导下不断转化知识，然后将知识源源不断地传授给学生。学生接受教师传授的知识，并在今后的工作岗位中运用。因此，教师自身需要拥有较丰富的专业知识，这是思政课教学评价不可或缺的一项。

教师的职业道德是教师个人内在品质的表现，教师履行职业道德责任对学生和社会都有积极意义。教师的职业道德不是靠国家的强制力形成的，而是在社会舆论、传统习惯、教师自身的信念以及接受的教育的基础上形成的。根据教师职业道德的内容、特点以及教师职业道德准则，结合指标体系的具体内容，笔者将教师的职业道德作为二级指标。

成功的课堂教学与教师过硬的讲授能力有着密切的联系，讲授能力有助于教学方式的创新，是教师需要掌握的最基本的能力。在我国传统课堂教学中，教师往往是教学主导者，需要根据自身的教学经验确定多讲什么、少讲什么、重点讲什么。因此，教师的讲授能力与课堂教学的效率有直接关系。

教材二级指标：教材结构、教材内容、教材实践性。

随着素质教育理念的不断深化，教材作为一种传统的教学工具，不断发挥出新的作用，不仅连接教师、学生、知识文化，还成为学生发挥学习能力和探索能力的主要"阵地"，为学生提供源源不断的知识资源。由此可见，对教材的评价需要从不同的维度出发。目前明确的维度主要包括可行性、导向性、思想文化内涵和教学特色等。结合不同维度的分析结果，笔者确定出三种教材评价的二级指标：教材结构、教材内容和教材实践性。

教材结构指教材的内部结构，主要包括文字和插图之间的关系、教学板块和教学内容之间的关系等，这些内部结构在安排和组织过程中需要符合学生的需求，遵循学生的认知规律。

教材内容指教材呈现的内容和知识资源，应基于不同的教学理念展现出人类的知识结晶。教材本是一个静态的事物，使用者需要不断发挥主观能动性才能促使教材发挥自身的教育价值。因此，教师的教学能力、学校的教学资源和学生的理解能力都会影响教材的实践性。所以教材要难易适中，要不断加强教材与教学环境、教学资源的融合，这样可以在无形中增强教材的实践性。

课堂教学二级指标：教学目标、教学内容、教学过程。

课堂教学是高校进行大学生思政课教学活动的主要渠道。课堂教学的实施情况与教学效果密切相关。目前，构成课堂教学的要素较多，主要包括教学参与者（教师和学生）、教学内容、教学方法、教学目标、教学语言等，这些教学要素有助于促进教师和学生的沟通与交流，而且也是教学评价内容的主要组成部分。笔者通过对上述要素进行筛选和甄别，最终确立的二级指标主要包括教学目标、教学内容和教学过程。

教学目标指教学活动的开展需要实现的目标和预期效果等，它既是教学活动的初衷，也是教学活动的最终目的。教学目标在实现过程中往往会将学习行为不断分解，按照顺序和复杂程度不断分为几个教学阶段和教学板块，循序渐进地引导学生学习，不断实现小目标，进而最终实现大的教学目标。教学目标可以从纵向和横向两方面指导教学活动的开展。

教学内容是课堂教学的"血肉"，一旦教学内容缺失，教学目标，尤其是技能目标就无从设置，教学难易点也无法明确，教学手段和方法也就无所适从。

作为课堂教学的重要影响因素，教学内容作为课堂教学的二级指标是必不可少的。

教学过程指教学活动开展的整个过程。在整个过程中，教师发挥引导作用，利用现有的教学资源不断将教学内容传授给学生，让学生重新审视世界，自发改变自身行为。由于教学过程具有动态性、持续性，所以其对于时间的要求较高，需要占用大部分课堂时间。

（二）教学效果评价的二级指标体系

1.一级指标

家长、实践单位和学生的评价往往构成追踪评价，用以评价教学效果。通常情况下，上述三种评价在效果评价体系中被视为一级指标。

（1）学生评价

学生评价包括学生理论知识评价、学生政治素养评价、学生道德素养评价。

学生理论知识评价：高校思政课是一门通过理论知识教学为思政教育提供服务平台的学科。教师要在理论知识的基础上采用不同的教学方法向学生传授一定的思政理论。教师的知识传授过程并不是盲目的，而是具有一定的针对性和科学性，能够达到塑造学生高尚人格的作用。

学生政治素养评价：高校思政课的设置主要是为了促进大学生接受专业的思政教育，让大学生明确自身的阶级性、党性等，从而不断培养学生的政治素质，使其更好地为社会服务。在政治素养培养过程中，学生需要不断增强政治觉悟、意识、判断力和敏锐性等，从而具有强烈的爱国情怀，坚决拥护党的路线、方针、政策。

学生道德素养评价：高校思政课要坚持知、情、意、行的协调统一，通过多种教育形式，如社会教育、家庭教育、学校教育和自我教育等，促进大学生全面学习和吸收思政理论，然后指导学生形成良好的个人修养，不断将所学理论付诸实践。由此可见，高校思政课教学既要求学生具有扎实的理论基础，还要求学生具备转化知识和内化知识的能力，这样才能促使其综合素质和道德素养的提高。

（2）家长评价

家长评价指家长对学生的评价。家庭是学生最初学习的阵地，家长是该阵地的教育者。家庭教育对学生的品德形成具有初步的影响，而且家庭教育自身具有奇特的功能，这种功能是其他教育形式无法替代的。所以，在开展高校思政课的过程中要适当结合家庭教育，让家长辅助思政课教学的开展。

因此，家长评价可以被纳入评价指标，而且需要以一级指标的形式存在。该指标要求家长评价学生接受思政课教学后的变化等，这种变化既包括横向变化，也包括纵向变化，可以较为全面地评价思政课教学效果。

（3）实践单位评价

该评价主要指实践单位对高校思政课教学的评价，这种评价主要产生于学生在实践工作中的种种表现，同时也包括纵向变化和横向变化。

实践单位是学生将思政课理论知识内化并付诸实践的主要阵地。把实践单位评价作为思政课评价中的重要指标有助于规范实践教学。工作实践是检验学生理论学习的验金石，所以实践单位给予的评价具有较高的客观性，可以真实地体现教学效果。

2.二级指标

评价体系中评价对象的选择需要遵循多元化原则，即从不同的角度选择评价对象，既要对学生进行评价，还需要对教师进行评价。对学生进行评价有助于学生检验自身的学习成果，对教师进行评价则可以帮助教师改进教学方法和手段。在评价的作用下，教师、学生和学校可以更新对思政课教学的认识，从而促进思政课教学质量的提高。

学生二级指标包括学生的知识掌握情况，学生的实践、创新能力，学生能否树立正确的情感、态度、价值观，学生对知识的理解和接受程度，学生主体性的发挥程度，等等。

学生家长二级指标包括子女思想道德情感变化、子女思想道德在行为上的变化、对子女思政课教学效果的认同程度。

用人单位二级指标包括入职学生思想道德素质整体情况、入职学生应用知识的能力、入职学生的思想政治觉悟。

第三节　高校思政课教学实效性评价体系的现状

现阶段，不同主体对高校思政课教学实效性的评价各不相同。

一、大学生对思政课教学实效性的评价

大学生对思政课教学实效性持有不同的评价观，部分同学认为，只要在思政课考试上获得高分，思政课教学就是有效的。部分同学觉得，如果能从思政课教学当中获得帮助，能使自己形成正确的思想观念，那么这门课程就是有实际作用的。还有部分同学觉得自己能够被思政课教学内容吸引，就说明这门课是成功并且有效的。

为了强调思政课的重要性，大多数学校采用全校统考、闭卷考试和考教分离的模式进行考核。因此，考试内容容易出现理论化和模式化的倾向，再加上一些学校往往对试卷本身的设计也有统一的要求，从而使考试变得单一化。这种模式一方面不利于任课教师在授课中将教材体系转化为教学体系，另一方面又缩小了思政课的考核内容，忽视了对学生品行、思想政治素质的考核。

二、高校对思政课教学实效性的评价

对于如何评价思政课教学的实效性，各个高校或者教育系统也有很多不一样的看法。有的高校将思政课的出勤率和课堂气氛作为评价标准，认为出勤率越高，课堂气氛越活跃，思政课教学的实效性就会越高。有的高校将教师的讲课质量作为衡量标准，认为授课教师将内容讲解得越透彻，语言表达越流畅，

思政课教学的实效性就会越好。还有部分高校则将学生的综合成绩作为衡量标准，认为学生的思政课考试成绩较高，教学的实效性就较好。

大部分高校的思政课考核采用综合性评价模式，即考试成绩为日常表现、实践工作和理论考试成绩的总和。这种模式较大地改变了传统的终结性评价方式。尽管高校和教师在不断创新和丰富考核方式和内容，使思政课的考核评价体系不断丰富和完善，但从实际的效果来看，目前的考核评价模式在内容和实质上未能适应现代教育理念。

总之，高校大多以教学效果为出发点来构建思政课教学实效性评价体系，没有跳出原来的框架，不是从整体、多角度来看待思政课教学，而是片面强调课堂效果和考试成绩，这在一定程度上阻碍了思政课教学的进一步发展。

三、社会对思政课教学实效性的评价

思政课教学的目的是取得良好的教育效果，并最终在日常生活和实践当中体现出来，所以思政课教学实效性评价体系的构建不能仅仅局限于课堂、学校，还需要从社会角度考虑。虽然传统的考试方式能够较好地考查学生对理论知识的掌握程度，也能督促学生提高理论修养，但是不利于培养学生的社会认知能力和适应能力。

由于社会环境因素比较复杂，所以评价角度也各有不同。从用人单位的角度来看，将被聘用员工的素质作为衡量标准，有利于在实际工作中检验学生在校期间接受的思政课教学的实效性。从学生所在家庭的角度来看，孝敬老人、爱护儿童可以作为衡量思政课教学实效性的重要指标。从国家层面来看，效忠国家、维护国家利益、坚定政治信仰，也是衡量思政课教学实效性的重要标准。所以，创建科学、统一的新时期高校思政课教学实效性评价体系对于社会、国家未来的发展都有着不可忽视的作用。

第四节 高校思政课教学实效性
评价体系的改革策略

一、建立科学的评价标准

第一，建立高校思政课教学实效性评价体系的政治标准。在构建高校思政课教学实效性评价体系的过程中，应该将政治标准作为第一标准，应结合高校思政课的政治性来衡量其实效性。第一，坚持中国共产党的领导；第二，坚定马克思主义信仰；第三，以有理想、有本领、有担当为根本要求，做中国特色社会主义事业的合格建设者和可靠接班人。

第二，建立高校思政课教学实效性评价体系的知识标准。思政课具有一定的知识性，主要是向大学生传授思想政治理论知识，因此高校在构建思政课教学实效性评价体系的过程中必须明确必要的知识标准。思政课教学不能让大学生停留在机械的认知和肤浅的理解上，应该让大学生深入理解思想政治知识，深刻学习思想政治的概念和内涵。

第三，建立高校思政课教学实效性评价体系的道德标准。道德标准作为思政课教学实效性评价体系的重要指标，具有稳定性和内在性，一经形成，很难消除。大学生品德的塑造不是一蹴而就的，思想政治教育的作用不是一步到位的，将道德标准作为评价体系的重要指标之一，是提升大学生整体道德水平的重要手段。

二、设定全面的评价内容

评价体系的构建要避免重理论轻实践的做法，避免考试的教材化和单一化，要兼顾理论与实践，将学生的过程性考试纳入考核，使教材体系向教学体系转化。评学是对高校学生思政课学习进行的评价，应以促进学生的全面发展为宗旨，以促进师生的良好交流为目标，最终应能够促进评价体系的不断完善。评教指的是对教师教学过程和教学结果的评价，具体包括对教师的知识储备、师德风貌、教学业绩等方面的评价。

三、采用多元的评价方式

（一）增强考核方式的目的性

考核要注重对学生情感态度、价值观念、行为表现等方面的评价，要完成从单一考试到综合考核的过渡。教师要选用适当的教学方法来开展教学活动，将考核置于教学之中，实现考核和教学目的的统一，解决考试与学习的错位问题，尊重学生的主体性，注重开放性，激发学生学习的自觉性，培养学生的创新思维。

（二）保证教学过程的标准性

要改革传统的单一课堂考试方式，初步形成线上线下、课内课外、校内校外多层次的"网络考核、实践考核、课堂考核、行为考核"体系。既要对学生的行为态度、课堂参与等进行细致的评价，还要对学生的精神风貌、团队精神、创新能力等进行细致评价。同时，要针对大学生的特点，细化教学过程评价，将过程评价和结果评价相结合，保证评价的客观、公平和公正。

（三）实现评价方式的多元性

教学评价模式是指依据某种教育理念或特定的教学评价目的选取一种或多种评价方式建立起的相对完整的综合评价体系。SPOC 教学模式是在教育信息化的背景下产生的，SPOC 教学平台为学生评价提供了完整的学习记录和评分记录，这些都为形成性评价提供了更多的基础数据。另外，评价内容还包括学生的参与度和分享度，尤其是讨论区的参与度和参与质量等，以便更加综合、全面地评价学生。

　　总之，只有制定科学、全面和可行的评价标准、评价内容和评价方式，才能形成完善的思政课教学实效性评价体系，才能不断提高高校思政课教学水平和大学生的综合素质。

第八章　高校思政课教学创新研究
——以"云课堂"为例

第一节　"云课堂"在高校
思政课教学中的优势

随着网络时代的到来,"云技术"迅速渗透到人们生活的各个领域,对教育行业也产生了巨大影响。为深化思政课改革,教师也多采用"云课堂"对高校学生进行教育,使云端教学成为一种新型的思政课教学方式。在信息化技术的推动下,传统的思政课堂发生了巨大的变化。思政课教师借助信息化平台整合教学资源和内容,构建以学生为主体、教师为主导、问题为中心、信息化为手段的教学体系,创造"人人皆学、处处能学、时时可学"的学习型环境,解决了传统授课模式不能解决的问题,让学生在信息化环境下反客为主,促进了师生双向沟通的最大化,使思政课入脑更入心。

"云课堂"是基于互联网云计算技术,使教学内容突破空间上的限制,实现远程教师授课、学生学习的信息化的课堂。"云课堂"在思政课教学中的优势有以下三点:

一、突破空间限制,覆盖范围广泛

2020年3月9日下午,由教育部社科司与人民网联合组织的"全国大学生同上一堂疫情防控思政大课"在"云端"开讲，全国大学生一同观看。这让高校学生了解到中国疫情的重要形势以及作为新时代青年学子如何用马克思主义的观点指导实践，为抗击疫情做出贡献。这种云端课堂打破了空间的限制，让学生在家里只需要一台电脑或者一部手机就可以感受到优秀思政课教师的魅力。这对于传统教学方式而言是很难实现的。在传统的思政课教学中，知识的传授基本在教室完成，但是"云课堂"依托互联网技术，直接将教室移至云端。在"云课堂"，学生直接使用电脑、手机等信息终端就能学习相关内容，而且这种学习不受时间的限制，学生在任何业余时间都可以选取相关内容学习，同时还可以与老师或其他同学探讨、交流。"云课堂"这种便捷的方式可让千万学生同时在线观看。只要想参与，不仅高校学生可以感受到思政课的精神力量，其他社会群体也可以在线观看，这种"以点带面"的教学模式极大地扩大了思政课的影响力。

"云课堂"使思政课教学范围更广。"云课堂"上的思政课学习材料，只要得到授权注册的学生都可以观看学习，学生的覆盖面更广，课程资源的使用效率更高。

对于思政课教师来说，"云课堂"是实用的辅助教学工具。在传统的思政课教学中，师生交流一般都在教室内完成，但有了思政课"云课堂"，教师可以依托互联网突破空间上的限制，向学生实时推送学习资料，检查学生的学习情况。

二、冲破时间限制，弹性直播回放

传统的思政课只在某一个具体时间段由教师在课堂上讲授，如果学生缺席就会影响成绩，虽然学生可以课下补课，但是想真正回到当时的课堂情境中去却很难。"云课堂"的课堂教学重播功能解决了这一难题，只要学生想学习，随时都可以到当时的课堂情境当中去，参与整个课堂思考。另外，如果有课上不理解的内容，学生也可重新进行补充学习。高校思政课教学的重点在于培养学生的社会责任感和对学生进行正确的价值导向，因此让学生准确把握思政课教师的教学神态以及教学语言非常重要。"云课堂"打破了时间的限制，让学生在课下有充裕的时间来体验思政课堂，而且重复收看更能提高学生的理解能力。

三、提高学习兴趣，增强学习效果

思政课教师在教学过程中要结合前沿问题不断调整课程内容与教学方式，采用最新的教学手段打造美丽课堂。"云课堂"上的教师可以根据学生的不同需求采用多种形式提高学生的学习兴趣，比如采用"微视频""微短剧"或者"直播课"等形式让思政课"活"起来。"微视频""微短剧"等形式可以让学生直观地感受到课堂所要传达的思想，提升学生的社会责任感。教学和直播相结合，可以让学生在娱乐中学习，使学生对思政课有更深的理解和体会。

第二节 "云课堂"在课程
教学中的应用现状

一、"云课堂"在课程教学中取得的成绩

（一）"云课堂"促进了高校师生的共同成长

学校要以学生的发展为本，紧紧抓住"情感教育"这一线索，以情感人，用情育人，最大限度地开发学生的潜能，全面发展学生的素质，为学生的可持续发展和终身发展奠基。"云课堂"上线后，高校更是在原有的基础上，充分

利用信息化手段，关注学生的个性发展，以达到教育教学效益的最大化。同时，面对"云课堂"，教师需要根据学科特点，深度挖掘与整合教材，并与信息技术进行融合，让教学内容更具趣味性、探索性。这样的课堂，对教师提出了更高的要求。教师必须能够熟练运用信息技术为自己的教育教学服务，而且要有开放的心态、创新的精神，有接受新事物的热情和智慧。因此，"云课堂"的实践促进了高校师生的共同成长。

1. "云课堂"——学生喜欢的学习场

"云课堂"培养了学生的问题意识，使学生学会了求知、求同、求异。教师在精心组织"云课堂"教学的过程中，非常重视培养学生的问题意识，在教学中重点培养学生独立发问的意识和能力，以及质疑的勇气和习惯。

"云课堂"培养了学生的合作学习能力，使学生学会思考、倾听、交流。在"云课堂"教学中，教师重视培养学生的合作学习能力。通过合作学习与探究活动，学生解决了学习中的疑问，学到了更多相关的知识。同时，学生的综合能力与素质也有所提高。另外，"云课堂"还能增进伙伴间的情感交流，培养学生的团结协作精神。

"云课堂"培养了学生的信息素养，使学生学会收集、选择、运用信息。教师在指导学生完成拓展与探究型作业时，鼓励学生使用各种信息技术，让学生在实践中提高信息素养，提高收集、选择、运用信息的能力。

"云课堂"关注学生的内在需求与外在发展。在"云课堂"这一新的教与学的模式下，课堂情境的创设更加生动，学生的学习方式更加灵活，学生学习的宽度和广度也不再受教师和同伴知识水平的局限，个体的学习需要更容易得到满足，学习效率大大提高。教师从知识传授者变为过程的设计者。在课堂上，师生一人一个信息化设备。通过服务平台，教师和学生紧密地联系在了"云空间"里。教师可以及时了解到每位学生的答题情况，掌握其理解知识的差异，根据学生的学习情况及时调整教学内容，强调重点，攻克难点，而平台系统的数据分析则能帮助教师在课后进一步对症下药，厘清每位学生的问题症结，从而找到适合这个班级、适合这个学生的最有效的教学策略。各种基于"云课堂"开发的课程、设计的活动丰富了学生的学习生活，并与学校原有的情感教育结合，找到了新的生长点，同时满足了学生的成长需求。

"云阅读"平台是在"云课堂"大背景之下研发的一项能够记录下每个班级以及个人借阅数据的平台。学生来到彩云图书馆借阅书目，"云阅读"平台便会在后台记录下每一位学生的借阅数据，如借阅时间、借阅书目和书目数等。同时，"云阅读"平台还会将同一个班级的学生数据归在一起，自动生成以班级为单位的借阅数据表。教师可以随时通过"云阅读"平台调取整个班级的借阅数据，宏观地了解班级的阅读情况。当有个性化需求时，教师还可以输入学生的姓名，调取某一位学生的借阅记录，了解个别学生的阅读兴趣，便于对学生进行个性化的阅读指导。

2."云课堂"——教师的专业成长平台

学校是教师"大展拳脚"的主阵地，在进行"云课堂"探索的今天，学校只有注重教师队伍的培养，才能保障学校的可持续发展，为全体师生的终身发展打下坚实的基础。

"云课堂"的理念是为学生提供随时、随地、随需的学习空间，而教师也在这样的空间里不断拓宽知识领域，提升学习能力。为了能够更快、更好、更准确地理解"云课堂"，教师认真钻研、学习，将所学的信息化知识与自身专业相结合，并提出了很多富有创造性、建设性的意见和措施，进而一一去探索、实践。许多教师在教学时更注重了解学生的需求，了解学生的实际状况，坚持用数据来分析学生，改进教学，"云团队"越来越壮大。

"教学研究月"活动就是指全体教师在为期一个月左右的时间里围绕研究的主题选择适合本学科和自身特点的研究专题，开展形式多样的研究活动，通过研究提高教学质量，提升专业水平。"云课堂"实践开展后进一步丰富了"教学研究月"活动的内涵，拓展了"教学研究月"活动的研究范围。教师在一次次汇报、展示中，将所学的信息化知识与自身专业相结合，提出了很多富有创造性、建设性的意见和措施，进而去一一探索、实践，不断拓宽知识领域，提升学习能力。

（二）"云课堂"促进了课堂教学的初步转型

通过收集、分析学生的各类数据，笔者总结出推进"云课堂"的五大策略：

第一，从单一分析走向多元分析。学习分析从原先单一的结果分析走向了对学习过程的分析，以及对结果和过程的交互分析和相关分析。"云课堂"全程关注每个学生的学习和掌握情况，并忠实记录下每一次学生思考、练习的各项数据，这些数据包括学生的计算时间、错误率，甚至能反映出学生每一步思考的过程。

第二，从浅层分析走向深层分析。数据的分析从刚开始的分析错误率和错误类别、错误原因等，渐渐朝着分析学生的兴趣爱好、学习习惯等更为个性化的方向发展，分析错题也不仅仅是分析错了哪些，而是分析学生的学习方法、学习习惯等。

第三，从学科分析走向协同分析。刚开始，各学科独立开展"云课堂"，互不干涉。随着研究的深入，在大量数据出现后，大家发现各个学科是有联系的，学生的学习是一个全方位的过程，学习的风格、兴趣、习惯对于各学科的作用是相似的，在某一个学科研究中收集到的数据可以为另一个学科的教学改进提供依据，这样，各学科的数据分析就可以互为补充，发挥出更大的作用。

第四，从应对式改进走向按需式改进。教学改进是教学活动的一个重要组成部分，通常这样的改进是在教学活动结束后进行的，如果一个班级或个别学生出现了问题，教师可以调整教学内容或对教学内容进行补充。现在，教师可以通过分析前期形成的各类数据在教学再设计时提出改进方案，使教学设计更具科学性和客观性。

第五，从教法改进走向学法改进。在研究之初，"云课堂"要求教师能够在实践中改进教学方法，全面了解学生的个性特点，把握因材施教等教学原则，提高课堂效益。随着研究的逐步推进中，"云课堂"也要求学生不断调整学习方法来适应学习内容，提高自身学习能力，促进其对知识的掌握与运用。

具体到教学实施的各个环节，"云课堂"的成效表现在以下方面：

1.教学目标由以学科知识为重点转向以学生需求为先

教学目标是指教学活动实施的方向和预期达成的结果，是一切教学活动的出发点和最终归宿。

在整个教学过程中，教学目标的制定是非常关键的一环，在教学活动中处于核心位置，它决定着教学行为，同时还是教学评价的依据，它既有定向功能又有调控功能。

第一，基于教师团队的教学目标。教师在教学目标制定中，将容易把控的学生对学科知识的掌握、技能的习得作为研究重点，忽略了学生的差异和需求，于是便出现了不同班级的教学目标、教学策略、教学过程完全相同的现象。解决这一问题的关键在于准确地分析学情，明确学生究竟需要学什么、怎么学。

第二，基于"数据分析"的教学目标。"云课堂"是在"云计算""大数据"的基础上产生的。"大数据"在教育领域的应用越来越引起人们的关注。对学生学习过程中产生的大量数据（数据主要来源于两个方面，即显性行为和隐性行为，其中隐性行为包括课外活动、学生之间的交往等不直接作为教育评价指标的活动，显性行为包括考试成绩、作业完成情况以及课堂表现等）进行分析，大数据模型以及显示的数据能够为学校管理和教师教学提供参考，帮助教师及时、准确地评估学生的学业情况，发现学生存在的问题，进而预测学生未来发展的可能。

随着"云课堂"的开展，学生在学习过程中会产生一定数量的数据。新开发的"云设备"不断采集着各种数据。而这些数据全部来自现代技术的客观记录，运用一定的科学方法对这些真实数据进行分析，能够帮助教师实现对学情的客观把控，使制定的教学目标更贴近学生的实际情况。

2.教学实施由以教为主转为以学为重

课程改革理念强调"完善学习方式，拓展学习空间"，倡导将自主探究、实践体验、合作交流的学习方式与接受性学习方式有机结合，将"做""想""讲"有机统一，合理、灵活地利用各种课程资源和信息技术进行学习，通过多种途径满足学生多样化和个性化的发展需求。这也是"云课堂"在教学中所追求的目标。"云计算"和"大数据"等现代技术的引入，"云平台"的构建，"云系列"设备的诞生，使这一先进理念在教学中的应用更加深入，使教学实施由以教为主转为以学为重。

（1）翻转课堂，教学起步于学生的实际情况

翻转课堂是一种重新调整课堂内外的时间，将学习的决定权从教师身上转移到学生身上的教学模式。在这种教学模式下，学生能利用课堂内的宝贵时间，更主动地专注于项目的学习，共同研究、解决问题，从而获得更深层次的理解。教师不再占用课堂的时间来讲授知识，而是要求学生在课外自主学习。学生既可以看视频讲座、阅读功能强大的电子书，还能在网络上与别的同学讨论，并随时查阅需要的材料。教师也能有更多的时间与每个人交流。

对于翻转课堂这种全新的教学模式，"云课堂"并不是照单全收。"云课堂"依据学生的认知水平和年龄特点，打造了适合学生学习的翻转课堂教学模式：网上自学、前测（确定起点）—解决问题、中测（确定达标）—拓展学习、后测（确定结果）—布置作业（分层要求）、辅导。

网上自学的内容一般不超过 10 分钟，以小视频的形式呈现，内容为本课学习的知识和技能，视频中教师的讲述、板书的要点与生动有趣的画面有机结合，吸引学生的注意力，激发学生的学习兴趣。学生可以根据自己的学力，确定观看的次数，在确认自己学会的基础上完成前测。

教师可以在平台上及时看到学生前测的结果以及相应的数据反馈，然后对教学目标、教学内容以及教学过程等作出调整，立足学生的知识基础，组织学生解决前测中出现的问题。

在课堂教学过程中，教师引导学生梳理学到的知识、技能，教师讲授的时间大大缩减，而学生之间交流的机会大大增加。解决学生产生的问题成为学习的主要任务，强烈的求知欲促使他们更加努力地学习，而学生之间的差异正好成为合作学习的前提，他们互补、互动，共同完成学习任务。中测的结果决定了拓展学习的难易度，不会让学生产生厌学情绪。后测让每位学生收到为自己量身定做的作业。在这一模式中，学生成了学习的主人，充分发挥了学习的主动性。

（2）及时反馈，教学生成于学习现状

"云课堂"实现了对课堂教学中学生学习情况的及时反馈，能让教师及时了解课堂练习的错误率、学生在练习过程中出现的共性问题等，生成了新的教

学资源。错误率超过一定数值意味着学生学习遇到了困难。在传统教学中，由于不能准确掌握这一信息，教师常常会按照教学计划继续教学。一旦教学内容难度较大，一部分学生便会失去学习的兴趣。同样，对于学生已掌握的内容，如果教师还是一遍遍地去讲解，就会让学习变得索然无味，使一部分学生游离于学习之外。

无论是放慢速度，重新来过，还是按照计划，继续推进，抑或是跳跃前进，挑战极限，课堂中的及时反馈让教学每一环节的推进都基于学生的学习现状，学生总能在"跳一跳"后，摘到果实，这既能使学习过程始终充满探究的乐趣，也能使学生不断体验成功的喜悦。课堂因为学生的积极投入而变得生机勃勃。

（3）分层作业，教学促进了学生发展

在作业量已经非常合理的今天，为什么还会有学生觉得课业负担重，还会有意无意地逃避作业？长久以来，对学生的作业要求是整齐划一。学力不足的学生觉得难，不会做，是耗费时间；学力有余的学生觉得简单，不想做，是浪费时间。说到底，这是因为作业缺少针对性。

"云课堂"平台记录了学生在课堂学习中每一次练习的过程与结果，并且能够根据学生的基础题、拓展题和提高题的正确率，生成适合每位学生学力的作业单。学力不足的学生可以继续练习基础题，学有余力的学生只需挑战提高题，而中等学力的学生可以在拓展题外，尝试一下提高题。

有针对性的作业可以帮助不同学力的学生夯实基础、拓展知识、提高能力，满足了不同学生的需求，促进了学生的发展。

3.师生关系由以教师为主导转向以学生为主体

师生关系是指教师和学生在教育、教学过程中结成的相互关系，包括彼此之间的地位、作用和态度等。师生关系是教育活动过程中最基本、最重要的关系。良好的师生关系，是提高学校教育质量的保证，也是校园文化的重要方面。良好的师生关系应该表现为教师和学生在人格上是平等的，其进行的交互活动是民主的，产生的氛围是和谐的。

（1）"云课堂"实现了教师面向全体学生

先进的教育理念引领着教师的实践，在日常教育教学过程中，受时间、空间的限制，要百分之百地实现教师面向全体学生其实并不容易。在课堂教学中，受教学时间以及教学进度的影响，教师无法保证与每位学生进行互动。在课余时间，教师除了解决突发情况，进行个别辅导，很少有机会长时间地与学生交流互动。所以很多时候师生之间的了解还是浅显的，教师不一定能够深入学生的内心世界，触及学生的真正需求。于是常常会出现这样的怪圈：教师觉得自己是为学生考虑，但学生不一定理解教师的良苦用心；教师觉得对每位学生都关心到位了，可还有学生觉得没有受到教师的关注。

"云课堂"教学模式让教师能够真正地面向全体学生。在课堂教学中，教师可以通过手中的终端设备看到每一位学生的学习情况，使个别辅导更具针对性，让需要帮助的学生获得"及时雨"。即使教师在课堂上无法及时指导每一位学生，在课后也可以通过调阅平台记录的数据，准确地了解学生的学习，完成对学生的有针对性的辅导。

通过各类数据分析以及在日常教育、教学活动中对学生的观察，教师对学生的各个方面有了比较全面、客观的了解。建立在这种了解基础上的师生关系更加和谐。

（2）"云课堂"助推了学习共同体的形成

学校班级学习共同体是由学习者（学生）和助学者（教师）共同组成，以完成共同的学习任务为载体，以促进成员的全面成长为目的，强调在学习过程中以相互作用式的学习观为指导，通过人际沟通、交流和分享各种学习资源来相互影响、相互促进的学习集体。它更加强调人际心理相容与沟通，在学习中发挥群体动力作用。

"云课堂"基于学生现有的学习水平和存在的问题，使师生在同一个平台上完成教与学。在"云课堂"上，学生的求知欲更为强烈，兴趣更为浓厚，而学生之间的个体差异让生生之间互帮互助，共同完成学习任务。通过"云平台"，人人可以随时提问，教师和学生均可成为助学者。这样的教学模式对教师的专业水平提出了更高的要求，因此"云课堂"所形成的一个班级或几个平行班级组成学习共同体，实现了教学相长。

（3）"云课堂"促使师生交流及时、畅通

要想建立良好的师生关系，教师必须与学生进行有效、畅通的交流，实现师生情感的互动。

"云社区""云阅读"等设备与软件都具备了留言、对话功能，教师和学生可以随时、随地、随需进行交流，他们既可以在群体中交流，也可以一对一交流。学生既可以选择在校与教师面对面交流，也可以在网络平台上进行私密的谈话。教师也可以根据平台记录的学生活动轨迹、学习数据以及留言等，及时了解学生的思想动态、学习现状、兴趣爱好等，主动寻找学生进行交流沟通。这样的交流以了解为根本，以情感为基础，师生间心理相容，排除交流的障碍，在彼此信任的交流中产生正面反应，形成相互吸引的心理凝聚力，使课堂充满欢快活泼、和谐民主的气氛。

（三）"云课堂"拓展了学校课程的广度和深度

1.优化课程实施，提高课程实效

在"云课堂"的助力下，学校不断优化课程实施，提高课程实施效果。在不断完善课程体系、保障课程落地实施的过程中，"云课堂"要求学校牢牢把握三个支点。

（1）更新教育观念是构建学校课程的出发点

在信息技术的大背景下，学校教育要突出一个"人"字，不能造成新的"信息孤岛"。学校要坚持把学生的发展放在首位，让课程贴近生活、走近学生。学校要以质疑的眼光、否定的态度、发展的思路对教学现状进行反思，并不断进行创新，鼓励教师乐思、勤思、善思，使教师不断改进教学行为，凸显教学智慧，追求教学成效。

（2）共研课程规划是实施学校课程的着力点

学校的课程规划是由多元化团队共同研究产生的，这个团队由课程决策者（校长）、课程设计者、课程实施者、课程评价者组成。学校的课程规划具有明确的课程目标，其以学生为主体，以教师为主导，而"云课堂"则强调制定多维的课程目标，夯实学科基础，使课程目标符合学生的个性特点。

（3）形成管理机制是实施学校课程的关键点

学校要积极打造课程改革的合作共同体，合作制定课程规划，分项目制定课程计划，明确相关人员的职责，为课程的实施、评价和调适打好基础，在实施过程中逐步完善申报、奖励、监控等机制。合作与监控作用于三类课程，同时作用于课程整体规划。"云课堂"作为一种新型的助力途径，更加注重过程资料的积累。

2.丰富课程内容，深化情感教育

学校积极探索将基础型课程、拓展型课程、探究型课程适度整合的途径和方法，构建由"陶冶心灵的情感教育系列课程""以生命教育为主题的系列课程""激发爱国情感的国防教育系列课程""融入生活的社会学习活动系列课程""提升综合能力的创新实践系列课程"等七个板块构成的系列化校本课程体系；尝试用信息化手段，创建随时、随地、随需的"云课堂"，以丰富课程内容，深化情感教育。

（1）基础型课程

"云课堂"的精髓是"因材施教"，是在原有情感课堂的基础上，加强对学生的个别化指导，让每个学生都在原有的基础上得到提高。"云课堂"尝试依托平台，为分析平台搜集的各项研究数据，改进教学方式提供技术支持。学习分析主要对学生生成的海量数据进行解释和分析，以评估学生的学术发展，预测学生未来的表现，并发现潜在的问题。学习分析的基础是海量数据，对象是学生及其学习环境，目的是评估学生、发现潜在问题、优化学习过程。因此，学习分析的数据来自明确的学生行动，对数据进行分析和建模，有助于师生实现教学目标。

（2）拓展型课程

学校要设计学生感兴趣的拓展型课程，找准资优生的生长点，开发中等生的兴奋点，弥补学困生的空白点。以拓展型课程的"巧手坊"课程为例，该课程鼓励学生动脑、动手完成小制作，然后通过"虚拟成像"的形式来展示学生的作品，让他们感受到成功的喜悦，而增强现实技术的应用让展示讲解的形式更加生动有趣。在"云剧场"拓展课程中，学生学习了戏剧表演，并当了爱国主义教育基地的讲解员。利用信息化手段营造的虚拟背景能够灵活地变换场景，并形成互动，让学生很快进入角色，提高了学生的表演能力。几十门拓展型课程的开发吸引了更多学生参与其中，从而开阔了学生视野，丰富了学生的学习体验。

（3）探究型课程

为使学生得到更全面的发展，探究型课程为学生搭建了一个个平台，真正做到了让学生走出课本，走出教室，走出校园，走向社会。在探究型课程中，学生通过小组活动进行合作学习。小组成员共同查询资料，完成课题，并在课堂上向其他小组成员介绍自己的探究成果。这样的课程形式既激发了学生学习的积极性，又提高了学生的交流、合作能力，使学生在合作学习中共同进步。

二、"云课堂"在课程教学中应用的问题

随着"云课堂"在高校思政课中的应用越来越广泛，范围越来越大，一系列问题也随之显露出来，引发人们思考。

（一）"云课堂"依赖网络，部分学生上课受限

"云课堂"最大的特点就是通过网络把课程传授给学生，所以网络覆盖面是影响学生上课的重要因素。首先，网络的覆盖程度是一个重要问题。随着全面小康社会的建成，我国几乎可以达到网络的全覆盖，即使是偏远的山区也基本可以接收网络信号。但是由于地理位置的限制，这些地区的网络信号很弱，打电话还可以，收看直播课程就较为困难。无线网络在山区的普及程度远不及城市，一些山区的居民认为安装无线网络没什么用处。其次，同时在线的人数也会影响上课效果。当直播间的人数比较多时，课程卡顿的现象经常出现，这也会影响教学效果。

（二）"云课堂"时间较长，教师在讲授时劳心、劳神

与传统面授教学模式不同，"云课堂"往往采取教师端直播、学生端听讲的方式。传统面授教学中，50 分钟的一节课往往包含教师讲授（占 70%左右）和师生互动或小组讨论（占 30%左右）。但在"云课堂"模式下，由于教师与学生不能进行面对面的交流，加之网络延迟、卡顿等不确定因素，教师在授课过程中一边想要完成正常的教学进度，一边想要实现与学生的互动，反而更加劳心、劳神。

（三）"云课堂"只能保证在线率，很难确保学习效率

由于一些软件开发功能的限制，比如微信、QQ 等视频软件，同一屏幕可以容纳的最大人数有限，因此思政课这种学生人数众多的课程无法利用这种方式授课，只能选择直播的形式。通过这种形式，学生可以看到教师，而教师主要通过上线人数来统计大家的出勤率。

但是由于教师不能看到每个学生，因此学生的线上出勤率可能达到了，但是线下的实际学习效率却难以监测。有的学生只在电脑前挂线，还有的上课一会就离场了，这些情况教师不能及时发现。加之学生层次不一，多数学生在回答教师所提问题时往往人云亦云，没有独立思考的过程，教师亦无法实时掌握学情，进行有效互动，最终导致多数学生的课堂参与度不高。在思政课这个培养学生社会责任的主要阵地中，如何在"云课堂"教学中保证学生的听课效率，使思政课真正走进学生心里，是教师面临的一大挑战。

（四）教师和学生不能真实接触，很难达到"共情"

在整个教学过程中，思政课教师要做的不仅仅是传授书本知识，更重要的是在教学过程中通过自己的人格魅力来影响学生，使学生在学习过程中感受到自己的影响力和感染力。但"云课堂"不能很好地达到这种教学效果。简单的视频画面感虽然也可以让学生看到教师的神态表情，聆听教师的语言艺术，但是很难让学生真切地从教师的神态、语言、动作中感受到教师内心的情感变化。

另外，从教师的角度来说，如果没有学生配合，自己的教学情绪也会受到一些影响，进而影响教学效果。

（五）未能改变传统"教师讲、学生学"的方式

相比传统教学中"教师讲、学生学"的教学方式，"云课堂"模式下观看直播的学生人数较多，加之多数学生对思政课不够重视，因此传统的"教师讲，学生学"的教学模式仍未得到彻底改变。

第三节 "云课堂"模式下高校
思政课教学改革路径探索

一、"云课堂"模式下高校思政课建设的优化路径

开设思政课的意义是在传授马克思主义理论知识的基础上，引导大学生承担社会责任。高校要坚持以马克思主义理论为指导，创新教学方法，让思政课通过"云端"深入学生心里，扩大覆盖面，在保证净化网络空间的前提下提升思政课教学质量，力图让高校学生树立正确的政治观、道德观，发挥大学生的磅礴力量。

（一）设置专门的教育服务网址，保障教学顺畅

在教学期间网络时刻保持畅通是保障教学顺利进行的基本前提。网络是思政"云课堂"的重要载体，保证网络状态良好是上好思政"云课堂"的基础条件。因此，解决网络问题是关键。相关部门可以考虑为有需要的学生安装专门

的教育网络，以保证其能按时上课。在网络畅通时刻观看思政课不仅能让学生学到知识，也能让家长和学生共同体验中国特色社会主义的美好。另外，高校可以设置专门的教育服务网址，保证千万学生同上一节"思政大课"，而网络画面清晰、课程流畅更有利于达到教学目标。

（二）升级"云课堂"系统，保证教学效果

高校可以升级"云课堂"系统，使教师可以远程控制学生的学习界面，将思政课内容直接传给学生终端，保证学生学习内容的真实性。系统要支持线上课程签到、线上提问、线上交作业等，力图还原最真实的课堂教学模式。思政课堂需要在传授知识的同时做到理论联系实际，所以教师需要通过观察学生的行为等判断教学是否达到目标，因此升级"云课堂"系统是优化思政课教学的重要手段。

（三）树立正确的教学理念，提高对思政课的重视程度

思政课教师要树立正确的教学理念，提高对思政课的重视程度。思政课教师要了解当前国内外发展局势，掌握国家最新要求，善于引导学生从积极客观的角度看待问题。尤其是在"云课堂"教学中，教师要将教学内容和学生的实际生活联系起来。网络信息内容广、传播速度快，教师要及时筛选教学信息，利用"云课堂"的优势把国内外的要事和日常小事等运用到教学中，保证思政课教学的时效性和实效性，让学生在分析实际问题的过程中发散思维、明辨是非，在日常生活中安全、合理地利用网络传播正能量。

（四）因地制宜、因时制宜、因材施教

全国思政课教材虽通用高等教育出版社出版的系列教材，但各高校自身所处的教学环境决定了它们面临不同的思政课教育现状。以医学类院校为例，在校学生大部分是医学生，公共卫生方面的先进人物事迹、正能量案例，都可作为思政课教师的生动教学素材。

另外，由于各高校的教学水平和质量参差不齐，学生的层次和学习能力也有所不同。思政课教师要在充分把握学情的基础上，合理分析学校的教学现状，并结合学生的专业特点和学科特点，有计划、有针对性地安排自己的教学内容。

（五）引才聚才、育才用才

办好思政课关键在教师，关键在发挥教师的积极性、主动性、创造性。思政课教师要给学生的心灵埋下真善美的种子，引导学生扣好人生第一粒扣子。因此，对大学生进行思想政治教育的关键在于提高高校思政课教师的能力与水平。

高校思政课不同于其他课程，要求教师既具有高超的业务水平和教学能力，又具有强大的责任心。这就需要各高校既做到引才聚才，又做到育才用才。各高校应多发挥"传帮带"作用，使青年思政课教师在有经验的教师的帮助下快速成长为优秀教师，从而为高校培育更多的社会主义建设者和接班人。

（六）不断优化教学方法和教学手段

当下，思政课改革正处在攻坚期，各高校思政课教师应因势而变，因势而行，学习全国各高校"云课堂"的优秀教学案例，在今后的教学工作中，继续将传统线下教学模式同各类"云课堂"教学平台结合起来，做到思维新、视野广，努力更新知识体系，不断优化教学方式与教学手段，练就过硬的教学本领，最终实现全员、全过程、全方位育人。

二、"云课堂"模式下高校思政课混合式教学模式的创新应用

随着信息技术的不断发展，"云课堂"模式越来越多地被应用在教育教学当中。对高校思政课进行基于"云课堂"的混合式教学模式改革，在思政课教

学方法上进行创新，有利于提高高校思政课的教学实效。

"混合式教学模式"中的"混合"是传统的面对面课堂教学与网络学习的混合，是自主学习、协作学习、接受学习、发现学习的混合，是真实的教室环境与虚拟的网络环境的混合，是师生线下交流与线上交流的混合。混合式教学模式以学生为主体，以教师为主导，能够监控学生线上线下学习的全过程并对学生的学习情况进行反馈。混合式教学模式既能发挥线上教学的优势，又具备传统课堂教学的优点，是目前应用最广的信息化教学模式。

与 MOOC 等在线开放视频课程相比，"云课堂"实现了教学过程中教师的管理、师生的实时互动与学生的自主学习相结合。"云课堂"具有以下三方面的应用价值：

第一，教师身份由课堂的教授者变成了学习的管理者。"云课堂"为教学活动的开展提供了全面的在线教学管理功能，如智能考勤、学习进度监测、实时讨论互动、智能作业批阅、在线测验等。教师通过"云课堂"能对学生的学习过程进行实时控制和监管，真正成为"学习的指导者和促进者"，这体现了教师在学习过程中的主导作用。

第二，突出了学生的主体地位，培养了学生参与学习的主体意识。与 MOOC 等在线开放视频课程相比，"云课堂"教学的各个环节都能体现学生的主体性。在课前学习阶段，学生通过"云课堂"平台完成对课程基础知识的学习；在课堂讨论阶段，师生通过讨论完成课堂教学；在课后巩固阶段，学生通过查缺补漏、完成作业和网络学习进行知识巩固。每个教学环节都体现了"以学为主"，突出了学生的主体地位。

第三，实现了从"以教为主"向"以学为主"的转变。MOOC 等在线开放视频课程的重点是将录制好的教师讲课的视频放到网上供学生学习，突出教师"教"的过程。"云课堂"提供的全面教学管理功能，使思政课教师能够参与在线课程建设与管理，通过对资源、作业、测试、统计、通知、论坛等多功能模块的管理，实现师生间的资源共享、实时交流与学习反馈，实现教学从"以教为主"向"以学为主"的转变。

（一）混合式教学模式创新设计

基于"云课堂"开展的混合式教学是以学生为主体的个别化教学。而程序教学是个别化教学的典型代表。笔者依据程序教学原则的有关理论，设计了一种基于"云课堂"的混合式教学模式。

1."小步子"与积极反应

"云课堂"所呈现的教学内容根据知识结构进行划分，前后各个知识点之间相互联系。学生完成的每个知识的学习，都能为下一个知识的学习做铺垫，而下一个知识的学习是在前一个知识的学习之后进行的。因此，知识点前后的难度系数相差不大，更容易让学生获得成功，进而激发起学生在线学习的热情。同时，学生在完成某个知识的学习之后，"云课堂"能够为学生提供及时的测试，让学生从中获得成就感，以维持学生积极的学习状态，促使学生产生进一步学习的欲望，进而使学生始终处于一种积极参与的学习状态。

2.即时反馈

在学生进行课前知识学习、及时参与测试和完成课堂发布的任务之后，"云课堂"平台将实时展示学生的学习进度、所获得的成绩以及答题情况等信息，以增进学生对自我学习状态的认知。学生在完成某个知识的学习或通过某项目任务测试之后，即可跳转到下一个知识点的学习，这种跳转是一种反馈：告诉学生他已经完成了当前知识点的学习，能够参与下一个知识点的学习挑战。

3.自定步调

"云课堂"平台允许每个学生在课前选择合适的速度参与学习，这样学生就有了自主学习和思考的时间，就更容易获得成功。在课上，教师可运用大数据技术对每个学生的课前学习情况进行可视化分析，以及时发现问题，调整和优化后续课程的教学设计，并为生成个性化项目实践任务和开展个性化教学提供依据。在课后，教师可依据学生的课前学习和课中任务完成情况实施过程性学习评价。

（二）混合式教学资源创新设计

掌握学习理论认为，只要给予足够的时间和适当的引导，所有的学生都可以对大部分内容达到掌握的程度。"云课堂"具有丰富的教学资源，可供学生反复学习，同时能够突破时间和空间限制，保证学生通过互联网随时随地进行学习。外国脑科学研究的 10 分钟法则表明，如果学生集中观看视频的时间控制在 5～8 分钟，则更有利于其对隐性知识的学习。科学地设置教学内容，安排好教学时间节点，让学生有节奏地参与个性化学习，是确保教学质量和提高学生学习效果的关键。因此，基于"云课堂"的混合式教学需要将课程的教学任务划分为连续的教学单元。每个教学单元包含一组小课，每组小课由一个个微视频串联起来，能够让学生系统地学习视频。这有助于学生快速适应视频教学方式，进而提高学习效率。

（三）混合式教学过程创新设计

基于传统教学模式与"云课堂"教学模式在高校思政课教学中应用的优缺点，我们将传统教学模式与"云课堂"教学模式有机融合，充分发挥传统教学模式和"云课堂"教学模式的优点，规避各自的缺点。基于"云课堂"的高校思政课混合式教学模式分为三个阶段，分别为课前预习阶段、课堂讲授阶段和课后复习阶段。

1.课前预习阶段

课前预习阶段的教学在"云课堂"教学平台完成。

首先，教师通过推送思政课要解决的教学问题和与教学相关的教学课件、案例、视频等来引导学生进行课前预习，培育他们预习的习惯和自主学习的能力，并通过学生在"云课堂"教学平台上的学习打卡来进行预习考勤，通过学生在云课堂上的预习记录来给予思政课的平时成绩加分，进而激发学生的学习积极性。

不同于 MOOC 类在线视频课程可以直接利用建好的网络课程资源，"云课堂"要求思政课教师自主建立课程学习平台。思政课教师需要登录"云课堂"

教学平台自主构建网上课程，并在课程平台发布教学要点、传递学习资源、设计预习思考题、发起学习任务，让学生自主学习，为学生的课前学习做好铺垫。教师在自主构建课程、传递学习资料、进行课程教学管理时，能够根据学生的实际情况进行设计与取舍，突出教师的主导性。

其次，学生借助手机、电脑等移动终端设备，突破时空的限制，随时随地开展自主学习。当在课前学习过程中遇到疑问时，学生可以马上在"云课堂"平台向教师或同学提问，并能及时得到解答；学生也可以将疑问记录下来，带到课堂上与教师、同学进行面对面的讨论交流。通过"云课堂"平台，教师和学生之间可以实现互动，共同讨论预习过程中碰到的问题。

最后，学生需要在"云课堂"平台上撰写简短的预习感受，教师可通过学生的预习感受找出学生在预习过程中碰到的问题。对于个别学生的问题，教师可在平台上单独解答；对于很多学生存在的共性问题，教师应在课堂上重点讲解。

2.课堂讲授阶段

课堂讲授阶段强调面对面教学，也是最重要的教学阶段。在这一阶段，教师不仅传授知识，还肩负着引领学生价值观，让学生做到"真懂、真信、真用、真行"的责任。在这一阶段，教师利用一个课时讲解当前教学内容中的重点、难点，将当前教学内容的核心与关键点传递给学生，同时对教学重点、难点进行拓展式讲解，让学生能够从整体上理解和掌握知识。同时，只用一个课时的时间让教师进行课堂精讲也能解决传统课堂"满堂灌"引发的课堂枯燥、抬头率低、学生被动学习等问题。课堂讲授阶段具体包括三个环节：

首先，讲解授课计划中的重点、难点。思政课最核心的任务是培养社会主义事业的建设者和接班人，教师要通过课堂讲授，给学生提供正确的政治理论引导，帮助学生树立正确的政治理想。

其次，组织学生讨论学习。教师要通过讨论社会热点、难点问题，给学生答疑解惑，并培养学生思考问题、分析问题和解决问题的能力。讨论的问题主要有三类。第一类是学生在预习时碰到的共性问题，此时教师要通过课堂理论知识的讲授，引导学生对问题产生新的认识和新的理解。第二类是教师针对教学重点设计的问题，此时教师要通过学生讨论与自己的点评进一步巩固课堂知识。第三类是学生现场提出的与教学内容相关的问题，此时教师要和同学一起讨论解答，以解决学生的困惑。

最后，总结知识，梳理课堂讲授的知识体系。

3.课后复习阶段

在课后复习阶段，学生要完成教师在"云课堂"平台上布置的课后学习任务。课后复习阶段主要分为两部分：

首先，教师向"云课堂"平台上传课后学习任务，学习任务一般包括练习题、课后阅读拓展和思政课社会实践。选择题主要是为了检验学生对课程中重要知识的掌握情况；案例分析题则是为了检验学生对课程相关知识的学习、理解情况，并培养学生运用理论知识解决实际问题的能力。课后阅读拓展则向学生提供与课程相关的阅读资料，进一步拓宽学生的知识面。思政课社会实践则是指教师根据具体的教学内容，在"云课堂"平台上推送适合学生的课后社会实践项目，如推荐学生去爱国主义教育基地参观、做大学生生活水平调研等，引导学生走出校门去思考和分析社会问题。

其次，在课堂学习结束后，教师要根据学生的学习情况适当调整自己的教学进度，完善"云课堂"教学平台上的教学内容，让学生的学习更完善、更有针对性。学生登录"云课堂"平台查阅学习资料，与教师、同学进行交流，完成教师布置的课后作业，并将作业提交到"云课堂"的作业模块。教师在线批阅并反馈给学生，既能全面了解学生对教学内容的掌握情况，又能对不同学生进行差异化指导。学生最后结合教师的反馈和"云课堂"平台上的学习资源，对自己尚未完全掌握的内容进行重复学习，不断巩固。另外，教师还可以利用"学习通"的测试模块开展阶段小测试。学生可以通过相关测试及时了解自己对知识的掌握情况。

三、"云课堂"模式下高校思政课拓展实践的创新应用

（一）"云课堂"模式下的创新应用——"云剧场"

"云剧场"是"云课堂"的拓展型课程内容，它具有全息投影、手势控制等功能，是具有创新性的现代信息技术。学生可以在"云剧场"这个现代媒体中，开展一系列有意义、有趣味、有自主性的活动，社团也可以利用这个平台模拟现场培训、排练、讲解。

现代信息技术广受学生欢迎。在思政课中运用现代信息技术，一方面可以实现德育的网络化、信息化，另一方面可以实现传统思政教育与现代信息设备、技术的有机整合，能够对学生进行生动、形象、活泼的思政教育，扭转思政课教学方法单一的局面，使学生乐意接受。

1."小空间、新技术"的社团活动设计

高校要通过社团活动设计，充分发掘"云剧场"这一先进技术的优势，为学生提供一个开放的、更为广阔的学习途径，促进学生主动学习、综合学习、探究学习、实践学习。社团活动的设计要立足帮助学生了解爱国主义文化，树立国家意识，增强自豪感，自觉弘扬优秀传统文化。具体的培养目标细化为：通过学习与实践，进一步拓展社团活动中爱国主义教育的内容，丰富社团活动的形式，优化社团活动设计；通过学习与实践，丰富学生的学习生活，促进学生个体的身心发展，提升日常生活的品质，培养学生的爱国主义精神；通过学习与实践，激发学生自主探究的欲望，培养学生独立思考与解决问题的能力。

2."小空间、大容量"的"云剧场"校本课程

"云剧场"首先将中共一大会址作为试点设计，把这个爱国主义教育基地的音频影像资料全部整合到"云剧场"资源库中，使学生在进行社团活动时可以根据需要随时调用。

学科性爱国主义教育，是指通过课程进行爱国主义教育。高校要通过开发校本课程、设立选修课等形式在"云剧场"平台进行爱国主义教育。

渗透性爱国主义教育，是指把爱国主义教育与学科教学相结合，在学科教

学中渗透爱国主义教育的内容。在学科教学中渗透爱国主义教育，是指以爱国主义教育为内容，用课程的结构、要素来构思教学过程，完善教学方法，强化教学效果。教师在设计时可采用两种思路：一是以课本剧的形式呈现教学内容，二是以课本剧的结构设计教学过程。

表演性爱国主义实践活动教育，是指以爱国主义为主题进行实践活动，通过各种爱国主义主题实践活动达到教育的目的，具体可以采用课本剧编演、红色基地讲解等方式进行。

高校要从"丰富感知，完善人格"和"提升能力，全面发展"等方面提炼和总结"云剧场"的独特功能，通过爱国主义校本课程来开发学生心智，提高学生综合素质。

3. "小空间、多变化"的灵动课程设置

（1）统一整合素材资源

"云剧场"能够将各种不同类型的教育资源进行统一整合，用虚拟化的场景将这些资源呈现出来，供学生进行表演和学习。

（2）增强学习自主性

课程的时间、节奏可以由学生自主安排、自由选择。"云剧场"完全可以实现现场实践的效果。在"云剧场"，学生拥有更多的时间、机会自主选择感兴趣的爱国主义教育内容。"云剧场"为学生自主开展爱国主义教育活动提供了更广阔的平台、更无限的可能。学生不再受时间、空间的限制，可以通过表演、讲解、演讲、辩论等形式，随时、随地、随需地进行学习、实践。

（3）拓展课程内涵

"云剧场"包含信息平台，可以容纳海量的爱国主义教育资源，为丰富原有的社团活动内容提供了可能。"云剧场"可以实现场景再现，在逼真的环境中，学生沉浸在多感官的体验世界中，在视觉上、听觉上耳目一新。这种身临其境的体验，能增强学生对历史事件的感受，提高学生的学习积极性。"云剧场"为学生打开了一个更为广阔的学习视角。

（4）突破课程形式

基于"云剧场"的社团活动强调学生在实践中体验、感受。社团活动关注

学生的学习方式，旨在促进学生主动学习、合作学习。为了鼓励学生自主选择、自主策划、自主合作，教师借助技术平台，整合了多种教育资源，在活动过程中鼓励学生合作解决问题，并在学生需要的时候及时提供帮助。社团活动的形式突破了原有单一的讲解形式，融入了小组表演、小剧目、研讨互动等学生喜闻乐见的形式。

（5）延伸课程活动范围

受时间、空间的限制，原本社团活动范围仅局限于学校周边，现在有了"云剧场"这个平台，学生就可以在更大的范围内进行社团活动，真正地实现了"随时、随地、随需"。有了"云剧场"，社团活动课程将从课堂延伸到课外。

（6）互助共进

在以往的社团活动课程中，教师单方面地提供学习材料，学生只需按部就班地进行演练学习即可。现在学生可以自主选择自己喜欢的内容，收集整理相关资料，编写学习教材，设计讲稿。教师作为支持者，在学生学习、体验、实践中发现学生的问题，适时给予学生各种支持，帮助学生不断进步。在这个过程中，教师观察学生行为，了解学生的想法，并及时为学生提供帮助，其自身的能力也得到了发展。

（二）北华航天工业学院的"云课堂"实践

2020 年，北华航天工业学院马克思主义学院在全球暴发新冠肺炎疫情，学生不能正常到校学习的形势下，积极探索思政课授课新方式，依托学校的大数据中心，以"云课堂"的方式多次组织全校近万名学生同上"思政公开课"，取得了良好的教学效果，受到了多家媒体的报道（如图 8-1 所示）。

河北廊坊：网络直播思政课 两会精神进校园

2020-06-04 18:42:59　来源：新华社

新视频　　　　　　　+关注

01:09

近日，北华航天工业学院将思政课搬进"网络直播间"。广大师生以网络视频的方式一起学习全国两会精神。

记者：张硕 报道员：李强

浏览量：114.5万

师生云端同上"两会"精神专题"思政公开课"

2020-06-05 18:03:39　来源：河北新闻网

为提升青年学子的思想政治素养，培育和践行社会主义核心价值观，深化广大青年学子对全国"两会"精神的领会和理解，5月29日上午，学校马克思主义学院举办2020年全国"两会"精神专题"思政公开课"，以"云中课堂"的方式向全校学生开放，全校近5000余名学生一起同上一堂"思政公开课"。

图 8-1　新华社、河北新闻网报道"云课堂"

北华航天工业学院通过"云课堂"实现了师生同上一节思政课的目的，让思政课堂"配方"先进、"工艺"精湛、"包装"时尚，把思政课讲得"有滋有味"，让学生想听、爱听，听了受益，切实提高了思政课的感染力、说服力、渗透力和影响力，打造了高质量的"思政金课"。

第九章 高校思政课实践教学创新研究——以"实践研学"为例

第一节 高校思政课中实践研学的内涵和作用

一、高校思政课实践研学的内涵

（一）高校思政课实践研学"三部曲"

1.协同创作实践研学

协同创作实践研学，是指大学生在理论学习的基础上，以"学习团队"为单位，自主协同创作完成和演绎"我心中的思政课"学习作品。协同创作实践研学让大学生在创作和演绎体现其学习成果和思想政治素养的作品的过程中进一步升华理论认识，同时锻炼大学生的自主学习、自主创作和团队合作能力。

作品的表现形式应该是开放性的，要灵活、多样并顺应信息时代的特征，如利用抖音、快手等平台创作"我心中的思政课"微视频等，当然还可以利用传统的形式，如大学生讲思政公开课、开展社会调查等。

创作微视频，是指大学生学习团队通过自主创作情景剧、表演剧、微电影等形式，讲述思政课学习过程中的精彩故事，表现大学生的思想道德素养和法律素质，并以艺术赏析的形式，表达大学生丰富的思想和情感世界。大学生讲思政公开课，是指大学生学习团队围绕思政课所学理论，选择教学专题，搜集资料，进行教学设计，制作课件，准备讲义，开展教学的活动。大学生讲思政公开课通过课堂反转，表现大学生的理论学习水平和能力，并充分锻炼大学生的表达能力。开展社会调查是指大学生学习团队就当前社会热点、焦点问题以及大学生最关切的社会问题开展深入、广泛的调研，并形成调查报告。开展社会调查不仅让大学生深入社会，了解和把握现实，而且集中体现了学习团队运用所学理论分析问题、解决问题的能力，对大学综合实践能力的提升很有帮助。

上述由大学生学习团队自主协同创作完成学习作品的实践研学旨在引导学生深化对思政理论的理解，展现大学生的马克思主义理论素养和精神风貌。学习团队各成员通过实践研学，不仅可以极大地提高对思想理论的认识，而且有助于培养自主学习、协作学习、创新学习的理念，提升表达、创新、合作等综合实践能力。这种实践研学模式不仅能够充分发挥学生的学习积极性、能动性，而且能保障所有学生全员、全过程、全方位参与，使每个学生都能在团队合作中找到适合自己的角色，发挥所长，实现自我价值，培养良好的人际关系。

2.竞赛激励实践研学

竞赛激励实践研学通过开展公开、公正、公平竞赛的方式充分展示大学生的思想政治素养和精神风貌，并激励更多大学生热爱思政课学习与实践，让思政教学更具感染力和吸引力。

竞赛激励实践研学一方面激发了学生的学习积极性，另一方面扩大了思政课教学的影响力，实现了理论课堂的时空延伸，形成了以竞赛为载体的紧张活泼、灵活多样的思政课"第二课堂"，起到了教学示范、扩大影响的作用。高校还可以通过竞赛发现和选拔人才，对有特长的优秀学生开展更具针对性的培养，进而由点到线、由线到面地带动和影响更多的学生。

竞赛激励实践研学的参赛作品以大学生在思政课学习过程中完成的思政学习微视频、公开课、社会调查等作品为主。竞赛激励实践研学既是对大学生协同创作实践研学的鼓励和肯定，又是对协同创作实践研学的进一步升华和延伸，从而使思政课实践研学更具延续性和系统性，更具说服力和影响力。

竞赛激励实践研学虽是思政课实践研学的一种形式，但不应局限于课内或班内，而应在学校整体范围甚至在各省市展开，以更有力地激发学生、扩大影响，让更多的大学生体会思政课的魅力。

竞赛激励实践研学旨在通过竞赛的途径激励学生学习思政课。对于有突出表现和特别贡献的大学生，高校应给予特殊的奖励，而最好的奖励就是开展考察参与实践研学，给他们提供机会深入社会，通过社会考察或参与志愿者活动提升自己。

3.考察参与实践研学

考察参与实践研学，是思政课教学与学校、社会思想政治教育工作深度融合，实现"大思政"教育的有效形式，由马克思主义学院等思政课教学单位、高校宣传部、学生工作处、团委等党政部门以及爱国主义教学基地、志愿者协会等社会组织合力组织完成。考察参与实践研学包括组织大学生参与精准扶贫、城市服务、敬老助残等志愿者活动，开展关于"红色记忆""行业精神""伟人事迹""改革前沿""开放口岸"等思想政治教育主题的考察活动，等等。考察参与实践研学通过"现场教学""亲身体验"的方式对大学生进行"实体式"思政教育，充分发挥实践教学基地的"场效应"，加强和深化大学生对思政课上所学的马克思主义理论知识的理解和运用。

考察参与实践研学让大学生深入社会，通过亲身经历感受社会的发展变化，将思政小课堂与社会大课堂深度结合，使其由内而外地理解中国特色社会主义制度的优越性、坚持中国共产党的领导等，从而更加坚定"四个自信"，树立"四个意识"，进一步做到爱国、励志、求真、力行，成为德智体美劳全面发展的社会主义建设者和接班人，为全面建设社会主义现代化强国，实现中华民族伟大复兴的中国梦而努力奋斗。

为实现这一目标，高校应大力组织大学生开展考察参与实践研学活动。但现实中这种实践研学活动很难开展，因此也很少开展。因为考察参考实践研学活动客观上不能实现大学生的全员、全过程参加，而且要求大学生深入社会，对安全、经费等方面的要求较高。所以，考察参与实践研学一方面需要特别强调对学生的选拔、组织以及经费和安全保障等工作，另一方面需要高校与社会组织高度重视及通力合作，实现高校各部门之间以及高校与社会各单位之间协同实践育人。

（二）高校思政课实践研学"双机位"

1.高校思政课实践研学主体的"双机位"

高校思政课实践研学的主体是从事实践活动，在实践中学习，进而提高或形成新的理论认识的具有主观能动性的人。从"教"与"学"相辅相成、教学相长的基本规律看，高校思政课实践研学活动应该是教师与学生双主体共同参与，因此要保障主体的"双机位"顺利运行。

在高校思政课实践研学过程中，大学生因为是实践研学活动及其成果的创作者、完成者和实施者，所以处于主体地位，但思政课教师在大学生实践研学过程中并不是旁观者。思政课教师因为是实践研学活动的设计者、组织者、指导者以及评判者，因而同样要全身心地参与到实践研学活动中，为大学生实践研学搭建平台、维持秩序等。大学生的实践研学活动要在思政课教师的指导下完成，教师的指导要起到思想启发、政治导向和组织保障等作用，故其主导作用不可缺失。因此，在高校思政课实践研学活动中，教师与学生"双主体"应该是双向互动的关系。一方面，教师通过指导充分调动学生的主动性、自觉性和能动性，发挥了学生的主体作用；另一方面，在对学生的研学活动进行指导、评判的过程中，教师进一步掌握了学生的思想实际，提高了认识，实现了教学相长。

高校思政课实践研学主体的"双机位"，一是指教师要"放权给学生"，让大学生自主设计、创作、实施实践研学活动，使大学生在实践研学活动中实现知、情、意、行的统一，进而升华思想认识，内化高尚品德；二是指思政课教师要强化自己的主体责任，加强对社会现实问题和学生思想实际的关注，给大学生以正确的方向指导，帮助大学生辩证理解和把握中国特色社会主义实践中的重大现实问题，正确认识世界和中国发展的百年未有之大变局，从而正确认识和担当起当代大学生的时代责任和历史使命。

2.高校思政课实践研学载体的"双机位"

高校思政课实践研学的载体是承载实践研学活动并呈现实践研学成果的工具、平台或者路径。随着信息时代的到来，信息技术高速发展，高校思政课实践研学的载体应与时俱进地发展为线上和线下两大载体，即实践研学活动运用"云端"与"实体"两个平台和路径，实现载体的"双机位"运行。

传统意义上实践研学的载体更多为实体性的思政课堂或者课外学生组织，如社团、学生会等。这些实体性组织固然是非常重要且不可或缺的，但在当前的信息时代，网络资源和网络生存方式已深刻影响人们的生存与发展，"互联网＋"的思维模式和运行模式已深入各行各业、各个领域、各个社会群体，尤其是深入被称为"网络原住民"的当代大学生群体。

高校思政课教学实践研学活动主要在课外完成。思政课教师要引导学生充分利用手机、笔记本电脑等工具，运用快手、抖音等平台，创作微电影等形式的研学成果，并通过"云课堂"等各种线上平台呈现和展示。这不仅是思政课教学适应信息化发展的必然要求，而且符合当代大学生的时代特征，能够激发大学生的学习兴趣和积极性。更重要的是，线上载体易于传播，对于扩大实践研学的号召力和影响力极其有效。因此，当前高校思政课实践研学线上与线下双载体同时并举、相互补充的"双机位"运行保障机制同样不可或缺。

当然，线上载体的易传播性决定了确保每一个线上传播的思政理论实践研学作品的政治性、正确性至关重要，这就要求学生的实践研学过程及成果必须经过教师的严格指导，教师要对学生的作品承担共同的创作和传播责任，这也是高校思政课实践研学教师、学生"双主体"参与的要求和体现。

3.高校思政课实践研学环体的"双机位"

高校思政课实践研学的环体指开展实践研学活动的场域或者环境。

高校思政课实践研学的场域不能局限于课内、校内，而要走出校门，深入社会大课堂。因此，高校思政课实践研学的环体必然包括校内和校外两大环体，即要坚持学校和社会双场域"双机位"运行。

校内环体是当前开展思政课实践研学的主要场域。校外环体包括爱国主义教育基地、党政机关、企事业单位等，高校需要根据自己的地理位置、学校特色、实际需要等深入挖掘并主动对接校外环体。各社会组织应根据高校的需求和申请，积极对接和配合，建立思政课实践教学基地，合力完成大学生的"大思政"实践研学活动。这就要求各高校、各社会组织、各社会群体等给予思政课实践研学高度重视和大力支持，并形成高校和地方党委负责的思政课建设主体责任机制，以保障高校思政课实践研学校内和校外两大环体，即学校和社会双场域的"双机位"运行，实现思政小课堂与社会大课堂的有机融合，汇聚形成全社会办好思政课的强大合力，推动形成全党、全社会努力办好思政课的良好局面。

二、实践研学在高校思政课实践教学中的作用

（一）实践研学的育人价值

思政课实践研学的育人价值是全方位、多维度的。从宏观层面上看，它是高校实现立德树人根本任务的内在要求，能够有力推进政府、社会、学校协同挖掘和编制"教育资源图谱"，合力构建"三全育人"共同体；从微观层面上看，它是促进高校转变教育方式、提升教育实效性的有效途径。

1.实践取向，促进形成知行合一的品质

知行合一是衡量高校思政教育实效性和检验大学生思想政治素质的标准。历史遗存、精神印记、示范基地等蕴含着丰富的思政教育价值，在传承红色基因、推进新发展理念方面发挥着不可替代的作用。大学生通过实践研学，在自主参与和亲身体验中看到的场景更为直观，听到的故事更为精彩，得到的感悟更为深刻，这种实践研学取向打破了传统思政课堂满堂灌的模式，使大学生将书本理论知识与现实生活在真实的情境中有效衔接，有利于培育大学生爱党、爱国、服务人民、与人为善、自强不息等优秀品质，有利于大学生形成知行合一的品质。

2.植入耦合，推动内在教育价值的转化

当代大学生通过就地、就近开展实践研学，植入红色文化基因，促进"第

一课堂"与"第二课堂"、校内与校外、理论与现实的有效衔接，通过将红色历史与现代社会发展更加紧密地联系起来，促进实践研学与高校思政课的耦合，有力地推动了思政课内在教育价值的转化。

（二）实践研学为高校思政课注入新鲜活力

1.丰富高校思政课的内容

高校思政课的内容是育人目标的实现载体。随着时代的发展、进步，高校思政课的内容还将不断丰富。实践研学的开放性和多样性能够很好地满足高校思政课教学内容与时俱进的时代要求，能够使大学生更直观地了解思想政治理论教育知识点的深层次内涵，进而不断地提升大学生思想政治教育的成效，同时也有利于大学生在亲身实践中更加深刻地领会和理解上好思政课的重要性。

2.转变思政课教学的方法

实践研学让大学生在研中学、学中思，这种润物无声、育人无痕的独特思政教育方法对学生情感陶冶、理想激励的效果更为持久。实践研学的体验性，让大学生在特定的时空场景中受到爱国主义、理想主义教育，其教育效果比课堂上的讲解更好。实践研学的实践性，让教师可以根据研学中历史人物的感人事迹、实际情境的巨大变化，以及学生在实践研学中表现出来的特点，对思政教育方法进行优化组合和灵活运用，从而增强思政教育的生命力。

3.拓展思政课资源的渠道

实践研学形式与思政课内涵的耦合突破了高校思想政治教育资源局限于校园、课堂、书本的困境，最大限度地推动了思政课教育供给侧与需求侧资源在校园内外的良性互动，促进了研学成果的价值转化。实践研学还促进了多层次、多形态、多类型的资源整合，打破了传统思维，凸显了学生本位，满足了学生成长发展的诉求，进一步拓展了思政课资源的渠道。

4.优化思政课评价的模式

思政课是一个复杂的系统工程，其教育评价也就不宜仅采用考试的方式进行。实践研学的交互性使大学生在研学实践体验中潜移默化地实现知、情、意、行等方面的发展，随之而来的思政课教育评价也将由课堂考卷评分法转向通过深入观察和深度交流而进行的准确的诊断性评价与发展性评价，这为多主体、全方位、组合式的思想政治教育评价提供了难得的机遇，有利于改变相对单一的传统评价模式。

第二节　高校思政课实践
教学的现状

一、高校思政课实践教学的成绩

（一）各方对实践教学的思想认识逐步提高

从目前来看，随着国家政策的出台以及重要教育会议对高校思政课实践教学的不断强调，我们已经认识到思政课实践教学是提高高校思政课实效性的一个基本手段。随着研究的深入，实践教学日益受到高校思政课教师的关注，因为它在促进学生健康成长和提高各项能力等方面具有巨大的作用。

（二）高校重视实践教学的开展

高校思政课实践教学实施至今，已经取得了很大的成就，涌现出许多鲜活的案例。各大高校贯彻教育部相关文件和重要教育会议精神，根据自己学校的具体教学状况，借鉴其他高校在教学实践中取得的丰富且较为成熟的经验，制定出适合本校的课内实践教学计划和教学大纲。很多高校将思政课课内实践教学当成重要的教学内容，使课内实践教学的开展配合着其他形式的实践教学活动，共同发挥着实践教学的育人作用。

1.东北林业大学的"三三"式实践教学模式

东北林业大学经过多年的思政课实践教学探索，初步总结出"三三"式实践教学模式。

第一，参与主体的"三突出"模式。"三突出"模式指出，参与思政课实践教学的主体包含学校、思政课教师、大学生。学校要突出对实践教学的重视和协调，特别是在活动组织和经费保障方面；思政课教师要强化在实践教学活动中的指导作用；大学生要突出在实践教学中的主体作用。

第二，具体操作的"三结合"模式。"三结合"模式是指集中实践和零散实践相结合、课外实践和课内实践相结合、校内实践和校外实践相结合。

第三，目标追求的"三提高"模式。"三提高"模式即大学生的综合素质、思政课的教学效果、思政课教师的实践教学指导能力都要得到提高。

在"三三"式实践教学模式中，东北林业大学强调了课内实践教学的重要性，提出要通过课堂实践突出大学生的主体作用，采用课内实践与课外实践相结合的形式，开展丰富多彩的实践教学活动，以此来提高思政课教学效果。

2.北京科技大学的"三合一"实践教学模式

北京科技大学十分重视实践教学，已经形成了课内实践教学、校内实践教学和校外实践教学有机结合的实践教学模式。这种实践教学模式最显著的特点是以课内实践教学为指导，在课程教学过程中贯穿马克思主义文献阅读和理解、主要问题讨论、实践调查总结、话剧演出等形式多样的教学活动，并在逼真的情境中进行学习，把思想政治理论学习与情境结合在一起，增强学生的体验感和情感参与。

北京科技大学马克思主义学院探索出了"课题化、全员化、开放化"的课堂实践教学三原则，构建起学院、教师、学生逐级落实的责任制，不仅提高了学生的学习兴趣，还使学生主动参与到课堂实践教学中，从而取得了非常好的教学效果。

3.海南大学的"一主三辅"实践教学模式

该模式中的"一主"为课内实践教学，"三辅"分别为校内实践、校外实践和网络实践。"三辅"以课内实践教学为中心，对课内实践教学中所学内容进行进一步的扩展、深入和变通，使之真正成为学生自己的知识。课内实践教学是指在课堂上充分发挥学生的积极性、主动性，让学生以马克思主义的世界观、方法论分析和解决问题，以更好地掌握所学知识的教学活动。海南大学已经成功地开发出了社会热点分析、大众焦点透视、理论难点解析、读书交流、历史剧表演、道德剧表演、模拟法庭等多种形式的课内实践教学形式，取得了良好的教学效果。

（三）思政课教学的实效性不断增强

思政课具有很强的理论性，然而当代大学生的自我意识很强，纯粹的理论性教学不仅不能满足他们的实际需要，反而容易使他们对思政课产生反感。这样是难以提高思政课教学的实效性的。思政课教师对这种情况深有体会，所以他们都在努力寻求能够切实提高思政课教学效果的方法。而课内教学实践具有灵活、多样的特点，简便而又容易操作，覆盖面广，能够发挥理论联系实际的优势，使枯燥的理论变得形象、具体，从而能增强学生学习思政课的兴趣，提高思政课教学的实效性。

二、高校思政课实践教学中存在的问题

高校思政课实践教学包含着多重要素和复杂的矛盾。因此，我们在研究高校思政课实践教学时要增强问题意识，以问题为切入点，这样才能推动高校思政课的发展。

（一）高校思政课实践教学覆盖面不够

多年来，由于受到多种条件的限制，各高校思政课实践教学活动的覆盖面极其有限，这在一定程度上影响了思政课的教学效果。

第一，目前大多数高校的思政课实践教学主要还是以校内为主，在校外的覆盖面明显不足。高校设计与组织的实践教学活动，目前大多是由学校自身负

责。出于安全和经费等因素的考虑,多数高校以校内的思政课实践教学活动来取代校外的思政课实践教学活动,这使得思政课的实践教学活动缺乏社会力量的广泛参与和有效引领,也就达不到良好的教学效果。

第二,高校在设置与组织思政课实践教学活动时多以一些常规性的活动为主,活动形式的全面性明显不够。实地参观、实地调研、助教锻炼和体验式教学是开展实践教学活动的主要方式,高校往往容易忽略网络新媒体所蕴含的思想政治教育功能。新兴网络媒体是开展实践教学的强大助力,但是受传统教学思维的影响,一些高校未能有效利用,这使得实践教学活动的种类有限。

第三,实践教学活动难以在学生中大范围普及。当前高校开展的思政课实践教学活动的参与主体大多是一些表现较为优秀的学生,这使得实践教学活动的普及率较低。受活动经费、活动场地和安全性等因素的影响,高校思政课实践教学根本无法实现全员参与。目前很多高校开展的思政课实践教学活动,基本上都只选拔少部分优秀学生参与,以少数学生来代替全体学生,这样一来教师就难以从整体上把握真实的教育效果,学生也很难真正通过实践教学活动来提高自己的实践能力。

(二)高校思政课实践教学经费不充分

与传统的课堂教学相比,高校开展的思政课实践教学需要的经费更多。雄厚的资金支持是高校思政课得以顺利开展的必要保证。但是在具体的思政课教学过程之中,经费往往不能够得到有效的保证,难以满足实际的教学需要。

第一,高校思政课实践教学经费的来源渠道狭窄且数目稀少。目前各高校的经费难以满足实践教学活动中所必需的吃、住、行等方面的开支。同时,高校面临着教学与行政等多重工作任务,自身难以再划拨出一定的专项资金作为开展思政课实践教学活动的经费,且学校与企业的合作也很有限,这导致高校即使有好的活动项目也由于缺乏引进资金的渠道而难以展开。

第二,高校思政课实践教学的经费使用不能很好地落实到位。国家和教育部门并没有明确规定具体应该由哪个部门来负责落实实践教学的经费使用,也没有明确说明应该如何正确使用这些经费,这就不免会造成经费使用难以落实到位的尴尬局面。经费使用落实不充分的问题严重影响着高校思政课实践教学活动的顺利开展，也不利于切实提高思政课教学的实效性。

（三）高校思政课实践教学内容设计不完善

教学内容直接影响着教学的实际效果，在整个教学体系中居于核心地位。因此，高校在开展思政课实践教学时必须注重教学内容设计的合理性，但是现实中教学内容设计不合理的问题仍然存在。

第一，高校思政课在实际教学的过程中存在着实践内容与课本理论知识脱节的问题，未能很好地将理论与客观实际相结合来解决社会的现实问题，因而大学生难以在实践教学活动之中深化对相关理论的认识，这不利于教学效果的提高，会使整个思政课实践教学活动流于形式，也就失去了教学的真正意义。

第二，高校思政课在实践教学过程中存在着教学内容缺乏鲜明时代性的问题，不能很好地体现出高校思想政治教育本应该具有的时代特色，也未能够充分融入符合大学生兴趣和需求的时代元素，从外在形式上表现为整个思政课实践教学内容缺乏吸引力，课程的活力不足，未能将大学生感兴趣的时代热点及时地引入教学之中，不能很好地引起大学生的共鸣。

第三，高校思政课在实践教学过程中存在着教学内容缺乏系统性的问题，未能形成一个科学而完整的实践教学体系。目前，在该课程中可用于实践教学的内容还是零散的、碎片化的。高校缺乏明确的教学计划和教学进度安排，导致教学内容僵化而且不完整。

（四）高校思政课实践教学方法缺乏灵活性

好的教学方法是实践教学能够取得良好效果的重要因素。好的教学方法能够让大学生将所学知识内化于心，并能在实践中自觉践行。但是，目前高校思政课存在着教学方法缺乏灵活性的问题。

第一，高校思政课实践教学方法过于单一。目前高校思政课在实践教学过程中主要还是运用课堂案例教学法，这种教学方法从一定意义上来说具有生动性，在一定程度上能够取得比较好的教学效果，但是也限制了学生实践能力的发展和主体性的发挥，不能充分地调动学生的学习热情。

第二，高校思政课实践教学方法缺乏有效的针对性。目前不同思政课程的实践教学方法大同小异，教师没有结合具体的课程内容和课程性质进行有针对性的选择，难以突出不同课程的教学重点，弱化了每一门课程自身的教育意义，也不利于发挥思政课应有的活力。

第三，思政课实践教学的评价方法僵化。目前高校开展思政课实践教学仍然采用传统的评价机制，大学生上交一份调研报告或者心得体会就标志着一次教学活动的完成，整个教学活动中没有一个系统的环节让学生反馈自己的收获和存在的问题，因而教师无法真实、准确地了解学生的学习效果，也无法客观地评价教学效果，也就很难顺利地完成教学任务。

高校思政课实践教学在教学方法上缺乏灵活性，导致大学生不能很好地学习到知识，也就难以实现课程的教学目标，从而不利于提高教学实效性。

第三节　高校思政课实践
研学的对策及案例

一、高校思政课实践研学的对策

（一）细化目标，指向高校思政课的核心素养

在设计研学课程目标时，教师要充分考虑学生的基础和学习能力，从学科专业视角确定内容、设计活动，实现研学内容与学科知识的紧密结合，让学生能够清晰地知道研学主题课程可能与思政课中的哪些知识有关、如何用已学到的相关知识解决实际问题、在活动中要经历什么学习过程、应用哪种学习方法、

培养何种学科素养。确定研学目标时，教师要站在立德树人的高度，从知识、技能、素养三个维度进行考量，要设计准确、符合实际的素养目标，不能设计没有依据的目标。

（二）明确内容，联系高校思政课的知识要点

教师要注重研学内容与高校思政课知识的有效关联，挖掘研学内容所涉及的高校思政课的知识背景，依托研学中观察到的现象，提出有教育意义的问题，让学生学会用所学知识解决现实中的问题。只有将研学内容与高校思政课的知识建立起关联，才能实现研学过程中"研"与"游"的和谐统一。研学内容表述要具体、明确，可以以条目式的任务单的形式呈现。

在设计典型性研学课程时，高校要组建相关学科的教师团队进行整体设计，让不同学科的教师从不同学科的视角设计问题、挖掘知识内涵，保障研学内容"研"的深度和"学"的品质。

（三）参与探究，促进活动形式的多样化

研学活动要想具体细化、形式多样、可操作，可采用观察、拍照、绘制、实验、制作、探究、访谈、社会调查、运动体验等形式。在活动中，学生要更加注重提出问题、做出假设、选择方法、研究验证、总结观点、交流评价等过程。研学实践课程的活动设计应贯穿整个学段，而内容的深层挖掘、活动的多维设计可为学生提供更多的选择，让学生在有限的时间内有更强的主动性完成其更感兴趣的活动。

（四）多维评价，注重评价发展价值

研学评价要突出对学生发展价值的评价，充分肯定学生活动方式和问题解决策略的多样性，坚持过程性评价和结果性评价相结合、小组评价和个人评价相结合，注重发展性评价。评价的成绩来源：①学生在研学过程中的表现（过程性评价），如合作意识、观察能力、行动能力、实验能力等，可分等级记录在

案；②学生的研学成果（即结果性评价），研学成果可通过调研报告、检测报告、示意图、实物标本、演示文稿等方式呈现，最好可物化、可见，最好是动手实践的产物，如观测后填写的实验数据、小制作、照片、简图、示意图等，优秀者记入学生成长记录袋。

研学评价可以采用"自评＋他评＋教师评"的方式，鼓励学生进行自我评价，并与同伴进行合作交流和经验分享。教师要将学生在研学活动中的各种表现和活动成果作为分析课程实施状况与学生发展状况的重要依据，综合评价学生的研学态度、研学过程、研学成果。

（五）学习培训，提升教师专业素养

在研学实践中，教师的指导至关重要。高校要通过系统培训，提升教师的研学课程设计能力与实施水平，具体包括提升目标制定、内容挖掘、活动设计等课程设计能力以及线路选择、时间安排、天气预案、安全保障等实际操作能力。

二、高校思政课实践研学案例——"追寻党的足迹，讲好党的故事"

2021 年，在中国共产党成立 100 周年之际，北华航天工业学院马克思主义学院全体思政课教师以党史教育为契机，带领由优秀学生代表组成的 11 个实践研学小分队，分赴河北乐亭李大钊纪念馆、中共一大会址、遵义会议旧址、井冈山革命根据地旧址、革命圣地延安、西柏坡、北京双清别墅、改革开放的窗口深圳等地，开展"追寻党的足迹，讲好党的故事"实践研学活动。

在本次实践研学活动中，思政课教师带领实践研学小分队在两个月的时间里跨越了 8 个省（市），进行了 11 场现场教学，行程超过两万千米。参加实践研学的师生沿着党的足迹，跨越时空录制了上百段精美的教学短视频。此次实践研学活动是思政课教学改革的一次成功尝试，得到了师生的广泛认可，被中

央电视台新闻频道、学习强国、中国教育新闻网、中国青年网、搜狐、河北新闻网等多家媒体报道（如图 9-1、图 9-2、图 9-3 所示）。

图 9-1　参加研学的学生接受中央电视台新闻频道采访

图 9-2　长城网采访参加研学活动的教师

人民网 people.cn 人民网 >> 河北频道

北华航天工业学院：追寻党的足迹 搞好思政教学

2021年05月23日13:58 来源：人民网-河北频道

北华航天工业学院马克思主义学院以党史学习教育为契机，全体34个教师带领优秀学生代表组成11个小分队，分赴乐亭、上海、嘉兴、井冈山、遵义、延安、西柏坡、北京、深圳、雄安等革命老前辈生活、工作和战斗过的地方，开展"追寻党的足迹，讲好党的故事"实践研学，走进实践大课堂，取得良好的思政效果。

河北新闻网 教育>>教育热点>>

北华航天工业学院打造党史学习教育思政实践"金课"

2021-04-14 10:32:01 来源：河北新闻网

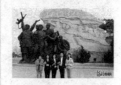

"身临其境，听'赶考'路上声音的回响，高唱团结就是力量，真的是热血沸腾。"4月9日上午，在西柏坡七届二中全会会址外，北华航天工业学院B19921班周梦晗同学这样说道。

图 9-3 人民网、河北新闻网报道"实践研学"

参 考 文 献

[1] 白双翎.高校思政课教学评价指标体系构建研究[J].现代教育管理，2021
（9）：49-55.

[2] 白夜昕.问题引领式：提升高校思政课教学水平的新途径[J].黑龙江高教
研究，2010（8）：152-154.

[3] 包丽颖.信息技术与高校思政课教学深度融合的实践探索[J].中国高等教
育，2021（23）：32-34.

[4] 曹胜亮.新时代高校思政课教师角色定位再思考[J].湖北社会科学，2021
（5）：156-161.

[5] 曹水群.思政课网络实践教学及其优势发挥[J].高教学刊，2018（17）：94-96.

[6] 常肖晶.高校思想政治理论课实践教学及对策研究[D].沈阳：辽宁大学，
2019.

[7] 陈善友.高校思想政治理论课教学实效性强化路径和评价体系[J].佳木斯
职业学院学报，2016（8）：169-170，172.

[8] 董金明，陈梦庭.新时代立德树人视角下高校思政课教学的难题与对策
[J].中国高等教育，2019（6）：34-36.

[9] 董兰.高校思想政治理论课教学中的问题教学法研究[D].武汉：中南财经
政法大学，2019.

[10] 丰丽娟."云课堂"下高校思政课建设的优势、问题及优化路径研究[J].
太原城市职业技术学院学报，2020（6）：172-173.

[11] 冯刚，陈梦霖.高校思政课实践教学的内涵、价值及其实现[J].学校党建
与思想教育，2021（18）：4-9.

[12] 顾以传，刘银华.论新时代高校思政课实践教学模式创新[J].学校党建与
思想教育，2020（24）：57-58.

[13] 和春红，赵昆.论"互联网＋"时代高校思政课教学中的师生互动[J].现

代教育科学，2020（2）：56-60.

[14] 侯灵华.微电影教学法在思想政治理论课实践教学中的应用[J].作家天
地，2021（25）：191-192.

[15] 黄建诗.慕课在高校思想政治理论课运用中的影响和对策研究[D].重庆：
重庆大学，2018.

[16] 黄萍，李君，孙红竹.高校思想政治理论课"3＋2"实践研学及运行[J].
高教学刊，2021，7（23）：193-196.

[17] 李倩.榜样教育法在当前大学生思想政治教育中的运用研究[D].太原：
山西师范大学，2018.

[18] 李亚美，姜天宠.高校思政课实践教学与第二课堂的功能定位及其协同[J].
学校党建与思想教育，2021（18）：18-20，38.

[19] 林榕.增强高校"思政课"实践教学实效性的若干思考[J].呼伦贝尔学
院学报，2017，25（03）：127-130.

[20] 林彦虎，李家富.论贯穿"政治—知识—生活"维度的高校思政课教学
[J].广西社会科学，2021（3）：178-183.

[21] 刘晶.信息化技术下的高职院校思政课教学模式研究：以常州工程职业技
术学院"云课堂"为例[J].现代交际，2020（19）：4-6.

[22] 陆启越.高校思政课过程性评价模型与体系建构[J].江苏高教，2021
（10）：74-80.

[23] 马建之.浅析高校思政课教学的针对性和实效性[J].湖北社会科学，2006
（12）：174-175.

[24] 孟祥鹏.以教学实效性为根本标准的高校"思政课"教学评价体系构建[J].
吉林工程技术师范学院学报，2017，33（11）：18-21.

[25] 潘坤，王继红.红色档案助力高校思政课教学刍议[J].学校党建与思想教
育，2021（2）：57-58.

[26] 邱冬梅.中华优秀传统文化融入高校思政课的路径[J].学校党建与思想
教育，2020（24）：51-52.

[27] 尚宝朋.浅谈学校道德教育中榜样教育方法的伦理学追问[J].当代教育

实践与教学研究，2016（12）：260.

[28] 孙希颜.高校思政课与校园文化协同育人创新路径研究[D].无锡：江南大学，2019.

[29] 王筠榕.关于加强高校思政课教学有效性与针对性的思考[J].教育与职业，2014（33）：154-155.

[30] 王茜.创新创业教育融入高校思政理论课教学研究[D].温州：温州大学，2019：11-37.

[31] 王琴."微电影"教学法在高校思想政治理论课中的运用[J].电影评介，2017（12）：101-103.

[32] 王晓芳.基于云课堂的混合式课程教学设计与实施[J].襄阳职业技术学院学报，2019，18（5）：45.

[33] 王英杰.研究学生：提升高校思政课教学实效性的重要环节[J].思想理论教育导刊，2021（9）：124-127.

[34] 魏勃.提升高校思政课教学实效性探究[J].学校党建与思想教育，2019（16）：33-35.

[35] 魏婷."微课"在高校思政课中的运用研究[D].沈阳：辽宁大学，2021.

[36] 谢玉龙，程建伟.基于云课堂的高校思政课混合式教学模式研究[J].知识经济，2019（31）：176-177.

[37] 徐洪军.优秀传统文化融入地方高校思政课教学探索：以绥化学院为例[J].职业技术教育，2019，40（5）：72-75.

[38] 许洋毓.新时代成人高校思政课教学实效性研究[J].成人教育，2018，38（4）：76-79.

[39] 薛月琦.高校思政课与创新创业教育的衔接路径研究[J].创新创业理论研究与实践，2021，4（2）：30-31.

[40] 燕文奇.高校思想政治理论课"四位一体"实践教学模式构建研究[D].长春：吉林建筑大学，2019.

[41] 杨柳.慕课背景下高校思想政治理论课的实效提升研究[D].济南：山东大学，2016.

[42] 杨永志.高校思政课教学如何贯彻"重点透彻"方针[J].人民论坛,2019
（30）：101-103.

[43] 姚利民.高校思政课教学质量的现状与提升策略[J].大学教育科学,2019
（5）：20-21,122.

[44] 衣安琪.社会热点案例教学法在高校思政课中的运用研究[D].济南：山
东大学,2019.

[45] 张瑾瑜.高校思想政治理论课教学实效性评价体系研究[J].法制与社会,
2018,（23）：185-186.

[46] 张君弟,彭媚娟,黄文勇.高校思政课教学理念变革探究[J].高等农业教
育,2015（6）：70-73.

[47] 张丽君.基于云课堂的高校思政课混合教学改革初探[J].开封教育学院
学报,2019,39（5）：209-210.

[48] 张姝,邓淑予.高校思政课教师教学核心能力结构模型建构[J].四川师范
大学学报（社会科学版）,2021,48（6）：11-20.

[49] 张涛华.新时代高校思政课教师队伍建设略论[J].学校党建与思想教育,
2021（11）：61-63.

[50] 张煜.高校思想政治理论课教学实效性评价体系研究[D].南京：南京林
业大学,2017.

[51] 赵恺.问题教学法及其高校思政课教学中的作用研究[J].教育文化论坛,
2017,9（3）：105-108.

[52] 钟春华.高校思政课教学创新着力点浅谈[J].中国高等教育,2011（24）：
28-29.

[53] 周伯平.微电影教学法提升高校思想政治理论课实效性的优势[J].祖国,
2019（14）：212,192.

[54] 周慧杰,速继明.试论加强高校思政课教学的有效性与针对性[J].黑龙江
高教研究,2010（11）：137-139.

[55] 朱杨莉.新时代中华优秀传统文化融入高校思想政治理论课教学研究[D].
杭州：杭州电子科技大学,2019.